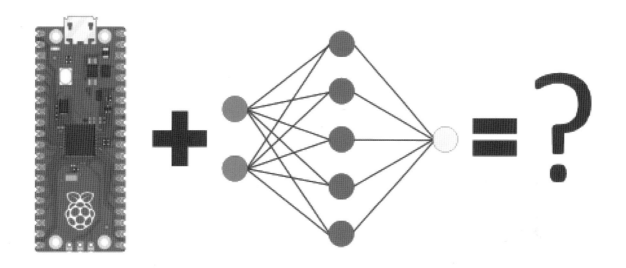

인공지능 딥러닝 직접 코딩하기
with 라즈베리파이 피코
인공지능 딥러닝 알고리즘 구현과 활용

인공지능 딥러닝 직접 코딩하기
with 라즈베리파이 피코
인공지능 딥러닝 알고리즘 구현과 활용 A.I. 키트 초특별가 29,000원

1판 1쇄 인쇄 | 2021년 11월 25일
1판 1쇄 발행 | 2021년 11월 30일

지 은 이 | 서민우 저
발 행 인 | 김병성
발 행 처 | 앤써북

주   소 | 경기도 파주시 탄현면 방촌로 548
전   화 | 070-8877-4177
팩   스 | (031)942-9852
등 록 번 호 | 제 382-2012-0007호
도 서 문 의 | 앤써북 http://answerbook.co.kr

I S B N | 979-11-85553-89-4 13000

> [안내]
> • 이 책은 다양한 전자 부품을 활용하여 예제를 실습할 수 있습니다. 단, 전자 부품을 잘못 사용할 경우 파손 외 2차적인 피해가 발생할 수 있으니, 실습 시 반드시 책에서 표시된 내용을 준수하여 사용해야 함을 고지합니다.
> • 이 책에 내용을 기반으로 실습 및 운용 결과에 대해 저자, 소프트웨어 개발자 및 제공자, 앤써북 출판사, 서비스 제공자는 일체의 책임지지 않음을 안내드립니다.
> • 이 책에 소개된 회사명, 제품명은 각 회사의 등록 상표 또는 상표이며 본문 중 TM, ©, ® 마크 등을 생략하였습니다.
> • 이 책은 소프트웨어, 플랫폼, 서비스 등은 집필 당시 신 버전으로 설명하였습니다. 단, 독자의 학습 시점에 따라 책의 내용과 일부 다를 수 있습니다.

Preface

머리말

지난 2020년 처음으로 5개 대학에서 신설된 인공지능관련학과는 2021년 42개 대학에 추가로 신설되어 2022년에는 인공지능관련학과를 가진 대학이 총 48개에 이르게 됩니다. 거기에 더해 인공지능 관련된 수업이 고등학교, 중학교, 초등학교까지 도입되고 있습니다. 이러한 추세는 인공지능의 중요성과 미래 수요를 충분히 설명하고도 남습니다. 이 책은 이러한 상황을 위해 준비되었습니다. 이 책에서는 인공지능과 관련된 2가지 오해를 푸는 방법을 제시하고 있습니다.

첫 번째, 인공지능은 고사양의 컴퓨터 환경이 필요할 것 같다는 오해입니다. 이 책에서는 아두이노와 같은 저사양 컴퓨터인 라즈베리파이 피코 상에서 인공지능을 학습시키는 방법을 소개합니다. 두 번째, 인공지능은 수학적으로 어렵다는 오해입니다. 이 책에서는 인공지능의 주요한 알고리즘을 중학교 수준의 수학으로 풀어나갑니다.

독자 여러분은 이 책을 통해서 4가지 주요 기술을 습득하게 됩니다. 첫 번째 파이썬 언어를 공부하고 활용할 수 있게 됩니다. 두 번째 인공지능의 딥러닝 알고리즘을 직접 구현해보고 활용할 수 있게 됩니다. 세 번째 텐서플로우를 활용하여 인공지능 프로그램을 작성할 줄 알게 됩니다. 네 번째 라즈베리파이 피코를 이용하여 하드웨어를 제어할 수 있게 됩니다. 이 책은 총 4개 장과 1개 부록으로 구성되며 다루는 내용은 다음과 같습니다.

Chapter 01에서는 인공지능의 딥러닝을 이해해 봅니다. 첫 번째, 딥러닝의 핵심인 인공 신경망이 무엇인지 알아보고, 딥러닝에 대해 어떤 학습 방법이 있는지 살펴보고, 생물학적 신경과 비교해 보며 딥러닝의 인공 신경망을 이해해 봅니다. 두 번째 딥러닝에 대한 기본 예제를 구글의 코랩과 Keras 라이브러리를 이용해 수행해 보면서 딥러닝을 접해봅니다. 세 번째 중고등학교 때 배웠던 기본적인 함수를 딥러닝의 인공 신경망으로 구현해 보면서 딥러닝의 인공 신경망과 함수의 관계를 이해해 봅니다.

Chapter 02에서는 파이썬 인공지능(A.I.) 키트를 살펴보고, 파이썬 인공지능 개발 환경을 구성하고, 라즈베리파이 피코 용 파이썬이 제공하는 패키지를 이용하여 파이썬 인공지능(A.I.) 키트 상에 있는 LED, 버튼, 부저, 빛 센서, RGB 네오픽셀, RGB LCD 등의 하드웨어를 제어해 봅니다.

Chapter 03에서는 파이썬을 이용하여 기초적인 딥러닝 알고리즘을 살펴보고 구현해 봅니다. 첫 번째, DNN 라이브러리를 이용하여 2차 함수를 라즈베리파이 피코 상에서 근사해 봅니다. 두 번째, 딥러닝의 단일 인공 신경 알고리즘을 살펴보고 구현해 봅니다. 이 과정에서 순전파, 목표 값, 평균값 오차, 역전파 오차, 오차 역전파, 학습률, 경사 하강법, 인공 신경망 학습 등에 대한 용어를 정리하고 구현에 적용해 봅니다. 세 번째, 다양한 인공 신경망을 구현해 봅니다. 구체적으로 2입력 1출력 인공 신경, 2입력 2출력

Preface

머리말

인공 신경망, 3입력 3출력 인공 신경망, 2입력 2은닉 2출력 인공 신경망에 딥러닝 알고리즘을 적용해 봅니다. 네 번째, 딥러닝에서 주로 사용되는 활성화 함수인 sigmoid, tanh, ReLU, softmax를 살펴보고 적용해 봅니다. 또 softmax와 관련된 cross entropy 오차 함수에 대해서도 정리해 봅니다.

Chapter 04에서는 NumPy 라이브러리를 이용하여 행렬 기반으로 DNN 알고리즘을 구현하고 활용해 봅니다. 행렬을 이용하면 딥러닝 알고리즘을 일반화하여 자유자재로 인공 신경망을 확장할 수 있습니다. 첫 번째, NumPy를 이용하여 2입력 2출력 인공 신경망, 3입력 3출력 인공 신경망, 2입력 1출력 인공 신경, 1입력 1출력 인공 신경, 2입력 2은닉 2출력 인공 신경망을 구현해 봅니다. 이 과정에서 딥러닝 학습에 필요한 행렬 계산식을 유도하고 일반화합니다. 두 번째, 직접 구현한 NumPy DNN 라이브러리를 활용해 봅니다. 이 과정에서 7세그먼트 입력 2진수 출력 인공 신경망, 초음파 센서 자율주행 인공 신경망에 DNN 라이브러리를 적용해 봅니다.

부록에서는 편미분을 통한 역전파 수식 유도 과정을 자세히 소개합니다.

생각보다 인공지능은 어렵지 않습니다. 그에 반해 인공지능의 힘은 알파고와 같이 지대합니다. 요술램프를 문지르는 정도로 쉽지만 '지니'와 같은 힘을 가진 인공지능을 공부하지 않는다면 그것은 독자 여러분의 큰 손해가 될 것입니다. 인공지능 공부합시다!

저자씀

Hands-on supplies

이 책의 실습 준비물

이 책에서 실습으로 사용하는 전체 부품은 〈라즈베리파이 피코 with 인공지능〉 키트에 모두 포함되어 있습니다.

• 〈라즈베리파이 피코 with 인공지능〉 키트 : 라즈베리파이 피코 인공지능 키트는 다음 그림과 같이 라즈베리파이 피코와 라즈베리파이 피코 A.I. 쉴드, LCD로 구성되어 있습니다.

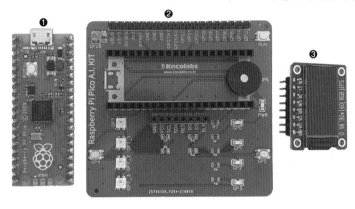

❶ 라즈베리파이 피코
❷ 라즈베리파이 피코 인공지능 키트
❸ 80×160 RGB LCD
※ 위 구성품 외에 PC와 연결을 위한 [micro b USB] 케이블이 필요합니다.

키트 구매처

• **코코랩스** : http://www.kocolabs.co.kr
• **키트명** : 〈라즈베리파이 피코 with 인공지능〉 키트
• **가격** : 29,000원(초특별가/부가세가 포함되지 않은 가격입니다.)
  단, 업체의 사정과 부품 시세 변동에 따라 조정될 수 있습니다

Reader Support Center

독자 지원 센터

독자 문의

앤써북 공식 카페의 [도서별 독자지원센터]–[인공지능 딥러닝 with 라즈베리파이 피코] 게시판에서 [글쓰기] 버튼을 클릭하여 책 실습과 직접 연관된 질문할 수 있고 저자로부터 답변 받을 수 있습니다. 단, [카페 가입하기] 버튼을 클릭하여 앤써북 카페에 회원가입 후 진행할 수 있습니다.

책 소스 다운로드

책 소스 파일은 게시판 공지 글인 3955번 "〈인공지능 딥러닝 직접 코딩하기 with 라즈베리파이 피코〉 책 소스 다운로드 받기" 게시글을 클릭한 후 [첨부파일]을 클릭해서 다운로드 받습니다. 다운로드 받은 책 소스는 압축을 풀면 쳅터별 소스 파일과 관련 파일을 확인할 수 있습니다.

Contents

목차

CHAPTER 02 파이썬 인공지능(A.I.) 키트 시작하기

Contents

목차

Contents

목차

CHAPTER 03 인공 지능의 딥러닝 알고리즘 동작 원리 이해와 구현

Contents

목차

CHAPTER
04

NumPy DNN 구현과 활용

APPENDIX	편미분과 연쇄법칙을 통한 역전파 수식 유도

인공 지능 딥러닝의 이해

이번 장에서는 인공지능의 딥러닝을 이해해 봅니다. 첫 번째, 딥러닝의 핵심인 인공 신경망이 무엇인지 알아보고, 딥러닝에 대해 어떤 학습 방법이 있는지 살펴보고, 생물학적 신경과 비교해 보며 딥러닝의 인공 신경망을 이해해 봅니다. 두 번째 딥러닝에 대한 기본 예제를 구글의 코랩과 Keras 라이브러리를 이용해 수행해 보면서 딥러닝을 접해 봅니다. 세 번째 중고등학교 때 배웠던 기본적인 함수를 딥러닝의 인공 신경망으로 구현해 보면서 딥러닝의 인공 신경망과 함수의 관계를 이해해 봅니다.

01 _ 인공 신경망의 이해

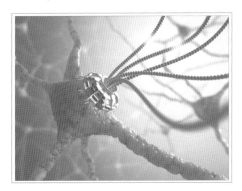

▲ 그림 1-1

인공 신경망은 딥러닝의 약진에 의해 최근 몇 년 동안 주목을 받아왔습니다. 그러면 인공 신경망은 무엇이고 어떻게 만들어졌을까요? 여기서는 인공 신경망의 바탕이 되는 실제 생체 신경의 구조와 구성 요소를 살펴보고 그것들이 어떻게 인공 신경의 구조와 구성요소에 대응이 되는지 살펴봅니다.

01-1 인공 신경망이란?

독자 여러분은 지금까지 왜 사람에게는 아주 간단하지만 컴퓨터에게는 상상할 수 없을 정도로 어려운 일들이 있는지 궁금해 한 적이 있나요? 인공 신경망(ANN's : Artificial neural networks)은 인간의 중앙 신경계로부터 영감을 얻어 만들어졌습니다. 생체 신경망과 같이 인공 신경망은 커다란 망으로 함께 연결되어 있는 인공 신경을 기반으로 구성됩니다. 개개의 인공 신경은 생체 신경과 같이 간단한 신호 처리를 할 수 있도록 구현되어 있습니다.

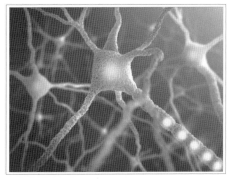

▲ 그림 1-2

인공 신경망으로 할 수 있는 일들

그러면 우리는 인공 신경망으로 무엇을 할 수 있을까요? 인공 신경망은 많은 문제 영역에 성공적으로 적용되어 왔습니다. 예를 들어 다음과 같은 문제들에 적용되었습니다.

- 패턴 인식에 의한 데이터 분류
- 그림에 있는 이것은 나무인가?

- 입력 데이터가 일반적인 패턴과 맞지 않았을 때의 이상 감지
- 트럭 운전사가 잠들 위험이 있는가?
- 이 지진은 일반적인 땅의 움직임인가 아니면 커다란 지진인가?

- 신호 처리
- 신호 거르기
- 신호 분리하기
- 신호 압축하기

- 예측과 예보에 유용한 목표 함수 접근
- 이 폭풍은 태풍으로 변할 것인가?

이런 문제들은 조금은 추상적으로 들립니다. 그래서 몇 가지 실제로 적용된 응용 예들을 보도록 합니다. 인공 신경망은 다음과 같은 것들을 할 수 있습니다.

- 얼굴 확인하기
- 음성 인식하기
- 손 글씨 읽기
- 문장 번역하기
- 게임 하기(보드 게임이나 카드 게임)
- 자동차나 로봇 제어하기
- 그리고 더 많은 것들!

인공 신경망을 이용하면 세상에 있는 많은 문제들을 해결할 수 있습니다. 독자 여러분도 해결하고 싶은 문제가 있다면, 인공 신경망을 이용해 해결할 가능성이 있습니다. 인공 신경망을 통한 문제 해결은 이제 선택이 아닌 필수가 되어가고 있으며, 인공 신경망을 통한 문제 해결 능력은 여러분에게 더 많은 기회를 줄 것입니다.

인공 신경망의 구조

인공 신경망을 구성하는 방법은 다양합니다. 예를 들어 다음과 같은 형태로 인공 신경망을 구성할 수 있습니다. 다음 그림에서 옅은 회색 노드로 표현된 은닉 층이 2층 이상일 때 심층 신경망(DNN)이라고 합니다.

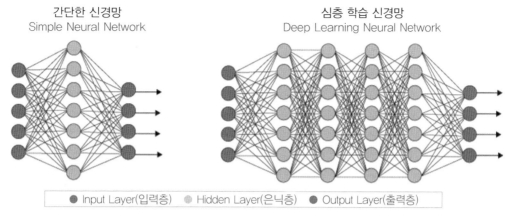

간단한 신경망
Simple Neural Network

심층 학습 신경망
Deep Learning Neural Network

● Input Layer(입력층)   ● Hidden Layer(은닉층)   ● Output Layer(출력층)

▲ 그림 1-3

다음은 CNN 형태의 인공 신경망입니다. CNN은 이미지 인식에 뛰어난 인공 신경망으로 이미지의 특징을 뽑아내는 인공 신경망과 분류를 위한 인공 신경망으로 구성됩니다.

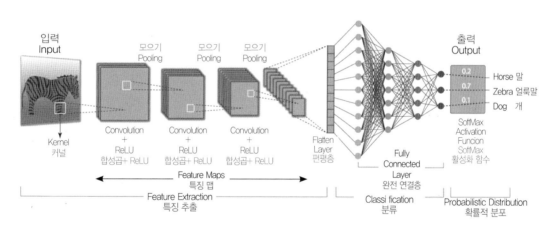

합성곱 신경망
Comvolution Neural Network(CNN)

▲ 그림 1-4

다음은 RNN 형태의 인공 신경망입니다. 아래 그림에서 왼쪽에 있는 그림은 RNN 형태의 신경망으로 노드에서 나온 값이 다시 되먹임 되는 형태로 인공 신경망이 구성됩니다. 오른쪽에 있는 그림은 한 방향으로만 신호가 흐르는 기본적인 인공 신경망입니다. RNN 형태의 인공 신경망은 문장 인식에 뛰어난 인공 신경망입니다.

반복 신경망 구조
Recurrent Neural Network structure

Recurrent Neural Network
반복 신경망

Feed-Forward Neural Network
순전파 신경망

▶ 그림 1-5

인공 신경망은 구성 방법에 따라 동작 방식도 달라집니다. 가장 간단한 인공 신경망의 구조는 신호가 한 방향으로 흐르는 인공 신경망으로 다음과 같은 형태입니다.

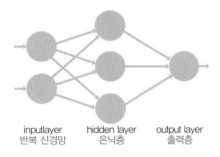

inputlayer   hidden layer   output layer
반복 신경망   은닉층   출력층

▲ 그림 1-6

일반적으로 인공 신경망은 3개의 층으로 구성됩니다. 각각 입력 층, 은닉 층, 출력 층이라고 합니다. 입력 층은 입력 신호를 받아서 다음 층에 있는 은닉 층으로 보냅니다. 은닉 층은 하나 이상 존재할 수 있습니다. 마지막에는 결과를 전달하는 출력 층이 옵니다.

01-2 인공 신경망의 학습 방법

전통적인 알고리즘들과는 달리 인공 신경망은 프로그래머의 의도대로 작업하도록 '프로그램 되거나' 또는 '구성되거나' 할 수 없습니다. 인간의 뇌처럼 인공 신경망은 하나의 일을 수행할 방법을 직접 배워야 합니다. 일반적으로 인공 신경망의 학습 방법에는 3가지 전략이 있습니다.

지도 학습

가장 간단한 학습 방법입니다. 미리 알려진 결과들이 있는 충분히 많은 데이터가 있을 때 사용하는 방법입니다. 지도 학습은 다음처럼 진행됩니다. 하나의 입력 데이터를 처리합니다. 출력값을 미리 알려진 결과와 비교합니다. 인공 신경망을 수정합니다. 이 과정을 반복합니다. 이것이 지도 학습 방법입니다. 예를 들어 엄마가 어린 아이에게 그림판을 이용하여 사물을 학습시키는 방법은 지도 학습과 같습니다. 한글, 숫자 등에 대한 학습도 지도 학습의 형태입니다. 아래에 있는 그림판에는 동물, 과일, 채소 그림이 있고 해당 그림에 대한 이름이 있습니다. 아이에게 고양이를 가리키면서 '고양이'라고 알려주는 과정에서 아이는 학습을 하게 됩니다. 이와 같은 방식으로 인공 신경망도 학습을 시킬 수 있으며, 이런 방법을 지도 학습이라고 합니다.

동물 그림판			
얼룩말	낙타	원숭이	사슴
여우	사자	멧돼지	호랑이
표범	코뿔소	늑대	곰
하마	오랑우탕	강아지	고양이

▲ 그림 1-7

과일 그림판			
레몬	포도	딸기	복숭아
바나나	사과	산딸기	키위
자몽	귤	체리	라임
양파	가지	옥수수	토마토

▲ 그림 1-8

비지도 학습

비지도 학습은 입력 값이 목표 값과 같을 때 사용하는 학습 방법입니다. 예를 들어, 메모리 카드 게임을 하는 방식을 생각해 봅니다. 메모리 카드 게임을 할 때 우리는 그림에 표현된 사물의 이름을 모르는 상태로 사물의 형태를 통째로 기억해야 합니다. 그리고 같은 그림을 찾아 내며 게임을 진행하게 됩니다. 이와 같이 입력 값과 출력 값이 같은 형태의 데이터를 학습할 때, 즉, 입력 값을 그대로 기억해 내야 하는 형태의 학습 방법을 비지도 학습이라고 합니다.

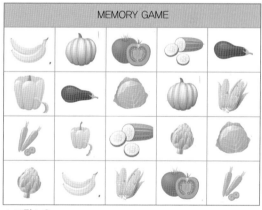

▲ 그림 1-9

강화 학습

인공 신경망이 익숙하지 않은 환경에서 시행착오를 통해 이익이 되는 동작을 취할 확률은 높이고 손해가 되는 동작을 취할 확률은 낮추게 하는 학습 방법입니다. 즉, 이익이 되는 동작을 강화해가는 학습 방법입니다. 예를 들어, 우리가 익숙하지 않은 환경에서 어떤 동작을 취해야 하는지 모를 때, 일단 할 수 있는 동작을 취해보고 그 동작이 유리한지 불리한지를 체득하는 형태의 학습 방식과 같습니다. 이 과정에서 유리한 동작은 기억해서 점점 더 하게 되고 불리한 동작도 기억해서 점점 덜 하게 됩니다.

▲ 그림 1-10

▲ 그림 1-11

01-3 인공 신경 살펴보기

앞에서 우리는 인공 신경망에 대해 살펴보았습니다. 그러면 인공 신경망은 무엇으로 구성될까요? 여기서는 인공 신경망을 구성하는 인공 신경에 대해 생물학적 신경과 비교해 보면서 그 내부 구조를 살펴보도록 합니다.

인공 신경과 생물학적 신경

인공 신경망의 구성요소는 인공 신경입니다. 인공 신경이라는 이름은 생물학적 신경으로부터 얻어졌습니다. 인공 신경은 우리 두뇌의 구성 요소 중 하나인 생물학적 신경의 동작을 따라 만들어진 모형(model)입니다. 즉, 인공 신경은 생물학적 신경의 모형입니다.

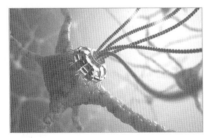
▲ 그림 1-12

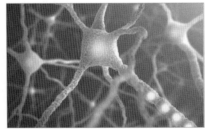
▲ 그림 1-13

생물학적 신경은 신호를 받기 위한 여러 개의 가지 돌기(dendrities), 입력받은 신호를 처리하기 위한 신경 세포체(cell body), 다른 신경들로 신호를 내보내기 위한 축삭돌기(axon)와 축삭돌기 말단으로 구성됩니다.

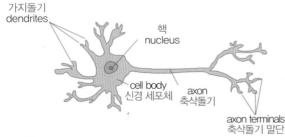
▲ 그림 1-14

특히 축삭돌기 말단과 다음 신경의 가지 돌기 사이의 틈을 시냅스라고 합니다.

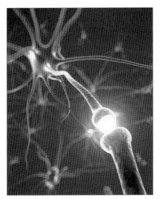

▲ 그림 1-15

시냅스는 신경결합 부라고도 하며 한 신경에서 다른 신경으로 신호를 전달하는 연결지점을 말합니다. 인공 신경은 데이터를 받기 위한 여러 개의 입력 부, 입력받은 데이터를 처리하는 처리부, 그리고 여러 개의 다른 인공 신경들로 연결될 수 있는 하나의 출력부를 가집니다. 특히 인공 신경의 출력부에는 다음 인공 신경의 입력부에 맞는 형태의 데이터 변환을 위한 활성화함수가 있습니다.

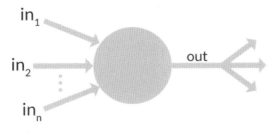

▲ 그림 1-16

인공 신경 내부 살펴보기

이제 인공 신경 안으로 들어가 봅니다. 어떻게 인공 신경은 입력을 처리할까요? 독자 여러분은 하나의 인공 신경 안에서 그 계산들이 실제로 얼마나 간단한지 알면 깜짝 놀랄 수도 있습니다. 인공 신경은 세 개의 처리 단계를 수행합니다.

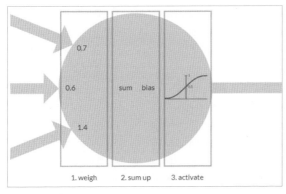

▲ 그림 1-17

❶ 각각의 입력 값은 가중치에 의해 커지거나 작아집니다

하나의 입력 신호(데이터)가 들어올 때 그 신호는 그 입력에 할당된 하나의 가중치(weight)에 의해 곱해집니다. 예를 들어, 하나의 인공 신경이 그림과 같이 3개의 입력을 가진다면, 그 인공 신경은 각 입력에 적용될 수 있는 3개의 가중치를 가집니다. 학습 과정에서 인공 신경망은 결과 값과 목표 값의 오차를 기반으로 가중치들을 조정합니다. 생물학적 신경의 가지 돌기가 그 두께에 따라 신호가 더 잘 전달되거나 덜 전달되는 것처럼 인공 신경의 가중치도 그 값에 따라 신호(데이터)가 커지거나 작아집니다. 가중치는 다른 말로 강도(strength)라고도 합니다. 즉, 가중치는 입력 신호가 전달되는 강도를 결정합니다. 입력 신호가 작더라도 가중치가 크면 신호가 커지며, 입력 신호가 크더라고 가중치가 작으면 내부로 전달되는 신호는 작아집니다. 인공 신경의 가중치는 생물학적 신경의 가지 돌기의 두께로 비유할 수 있습니다.

❷ 모든 입력 신호들은 더해집니다

가중치에 의해 곱해진 입력 신호들은 하나의 값으로 더해집니다. 그리고 추가적으로 보정 값(offset)도 하나 더해집니다. 이 보정 값은 편향(bias)이라고 불립니다. 인공 신경망은 학습 과정에서 편향도 조정합니다. 편향은 하나로 더해진 입력 신호에 더해지는 신호로 신호를 좀 더 크게 하거나 또는 좀 더 작게 하는 역할을 합니다. 즉, 신호를 조금 더 강화하거나 조금 더 약화하는 역할을 합니다.

❸ 신호를 활성화합니다

앞에서 더해진 입력신호들은 활성화함수를 거쳐 하나의 출력 신호로 바뀝니다. 활성화 함수는 신호 전달 함수라고도 하며 신호의 형태를 다른 인공 신경의 입력에 맞게 변경하여 출력하는 역할을 합니다. 생물학적 신경을 시냅스가 연결하는 것처럼 활성화함수는 인공 신경을 연결하는 역할을 수행합니다.

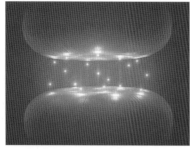 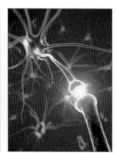

▲ 그림 1-18　　　　　　　　　　　　　　　　　▲ 그림 1-19

다음은 인공 신경망에 사용되는 활성화함수입니다. 활성화 함수는 인공 신경망의 활용 영역에 따라 달리 사용됩니다.

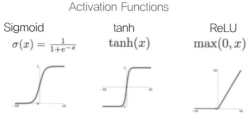

▲ 그림 1-20

일반적으로 출력 값을 0에서 1사이의 값으로 하고자 할 경우엔 sigmoid 함수, 출력값을 -1에서 1사이의 값으로 하고자 할 경우엔 tanh 함수, 0보다 큰 출력 값만 내보내고자 할 경우엔 relu 함수를 사용합니다. 특히 다음은 분류를 위해 출력 층에 사용할 수 있는 활성화 함수입니다.

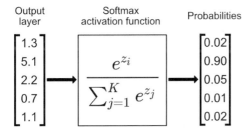

▲ 그림 1-21

활성화 함수에 대해서는 뒤에서 자세히 살펴보도록 합니다. 여기서는 활성화 함수로 이러한 함수들이 사용된다는 정도로 이해하고 넘어갑니다.

인공 신경 함수 수식

다음은 하나의 인공 신경과 그 인공 신경으로 들어가는 입력 값 x의 집합, 입력 값에 대한 가중치(신호 강도) w의 집합, 편향 입력 값 1, 편향 b, 가중치와 편향을 통해 들어오는 입력 값들의 합, 그 합을 입력으로 받는 활성화 함수 f, 활성화 함수 f의 출력 out을 나타냅니다.

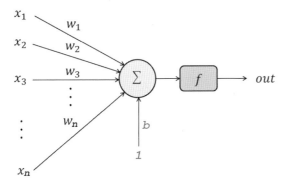

▲ 그림 1-22

인공 신경의 수식은 일반적으로 다음과 같습니다.

$$out = f(x_1 \times w_1 + x_2 \times w_2 + x_3 \times w_3 + ... + x_n \times w_n + 1 \times b)$$
$$out = f(\sum_{i=1}^{n} x_i \times w_i + 1 \times b)$$

예를 들어, 활성화 함수가 sigmoid 함수일 경우 인공 신경의 수식은 다음과 같습니다.

$$out = \cfrac{1}{1 + e^{x_1 \times w_1 + x_2 \times w_2 + x_3 \times w_3 + \dots + x_n \times w_n + 1 \times b}}$$

$$out = \cfrac{1}{1 + e^{\sum_{i=1}^{n} x_i \times w_i + 1 \times b}}$$

또, 활성화 함수가 relu 함수일 경우 인공 신경의 수식은 다음과 같습니다.

$$out = \max(0, x_1 \times w_1 + x_2 \times w_2 + x_3 \times w_3 + \dots + x_n \times w_n + 1 \times b)$$

$$out = \max(0, \sum_{i=1}^{n} x_i \times w_i + 1 \times b)$$

이러한 수식들은 뒤에서 자세히 구현해 보면서 그 동작들을 이해합니다. 여기서는 개략적으로 살펴보고 넘어가도록 합니다.

다음은 가장 간단한 형태의 인공 신경입니다.

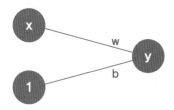

이 인공 신경의 수식은 다음과 같습니다.

y = x*w + 1*b

우리는 뒤에서 이 인공 신경을 직접 구현해보면서 인공 신경의 동작을 살펴봅니다.

이상에서 인간의 두뇌를 모델로 한 인공 신경망, 인공 신경망으로 할 수 있는 일들, 인공 신경망의 구조, 인공 신경망의 학습 방법, 생물학적 신경과 인공 신경과의 관계, 인공 신경의 구성 요소를 살펴보았습니다. 이 과정에서 인공 신경의 수식은 생물학적 신경으로부터 직관적으로 유도된 것을 알 수 있었습니다. 인공 신경의 수식은 간단한 형태의 수식이지만 이러한 인공 신경으로 망을 구성할 때는 아주 큰 힘을 발휘하게 됩니다.

02 _ 딥러닝 맛보기

이 단원에서는 기본적인 딥러닝 예제를 수행해보고, 머신 러닝이 무엇인지 알아봅니다. 그리고 구글이 제공하는 코랩 개발 환경을 구성한 후, 기존 방식의 함수 정의 방식과 머신 러닝 방식의 신경망 함수를 생성하고 사용해 봅니다.

02-1 Hello 딥러닝

여기서는 인공 신경망의 기본적인 "Hello, World"를 소개합니다. 기존 프로그래밍에서는 명확한 규칙을 가진 함수를 정의하면서 프로그래밍 합니다. 그러나 인공 신경망을 이용한 프로그래밍에서는 입력 값들과 출력 값들의 관계를 기반으로 인공 신경망 함수를 만듭니다. 인공 신경망 함수를 만드는 과정을 인공 신경망 함수 학습 또는 훈련이라고 합니다. 학습이나 훈련의 과정을 거치면 인공 신경망 함수는 내부적으로 입력 값과 출력 값들의 관계를 기반으로 만들어진 규칙을 가지게 됩니다. 인공 신경망 함수를 만드는 것은 찰흙으로 그릇을 빚는 것과 같습니다. 처음엔 그릇을 만들 찰흙만 준비된 상태에서 조물조물, 주물주물 하면서 그릇을 만들어 가듯이 초기화되지 않은 인공 신경망을 준비한 후, 조물조물, 주물주물 하면서 입력 값과 출력 값을 연결해 주는 인공 신경망 함수를 만들어 가게 됩니다. 이렇게 만들어진 인공 신경망 함수를 이용하여 새로운 입력 값에 대해 출력 값을 예측합니다.

▲ 그림 1-22

다음 그림을 살펴봅니다. 여러분은 운동 추적을 인식하는 프로그래밍을 하고 있습니다. 여러분은 한 사람이 걷고 있는 속도를 규칙으로 하여 그 사람의 활동을 예측할 수 있습니다.

```
if(speed < 4) {
        status = WALKING;
}
```

▲ 그림 1-23

여러분은 다른 규칙을 추가하여 달리기도 예측할 수 있도록 프로그램을 확장할 수 있습니다.

```
if(speed < 4) {
        status = WALKING;
} else {
        status = RUNNING;
}
```

▲ 그림 1-24

마지막 규칙으로 여러분은 비슷하게 자전거 타기 예측을 추가할 수 있습니다.

```
if(speed < 4) {
        status = WALKING;
} else if(speed < 12) {
        status = RUNNING;
} else {
        status = BIKING;
}
```

▲ 그림 1-25

그러면 다음과 같은 상황은 어떨까요? 여러분은 프로그램에 골프 같은 동작을 포함하고자 합니다. 그런데 골프 같은 동작을 예측하기 위한 규칙을 만들어낼 방법이 명확하지 않습니다.

```
if(speed < 4) {
        status = WALKING;
} else if(speed < 12) {
        status = RUNNING;
} else {
        status = BIKING;
}
// 어떻게 하지?
```

▲ 그림 1-26

골프 치는 동작을 인식할 수 있는 프로그램을 작성하는 것은 정말 어렵습니다. 그러면 어떻게 해야 할까요? 여러분은 ML(Machine Learning, 기계학습)을 이용하여 그 문제를 풀 수 있습니다!

02-2 머신러닝은 무엇일까요?

앞에서 소개된 프로그램을 짜기 위한 기존 방법을 생각해 봅니다.

▲ 그림 1-27

여러분은 프로그래밍 언어로 규칙을 가진 함수(Rules)를 정의합니다. 여러분의 프로그램에서 그 함수는 값(Data)을 받아 내부적으로 처리한 후, 결과 값(Answers)을 내어 놓습니다. 동작 감지의 경우에, 그 규칙들(동작의 형태들을 정의하기 위해 여러분이 작성한 코드)은 값들(사람의 움직임 속도)을 입력으로 받아 답을 생성합니다. 그 답은 사용자의 동작 상태(그들이 걷고 있었는지, 달리고 있었는지, 자전거를 타고 있었는지, 또는 다른 무언가를 하고 있었는지)를 결정하기 위한 함수로부터 나오는 값입니다.

ML을 통한 동작 상태를 감지하기 위한 프로그래밍 과정도 이전 방법과 아주 유사합니다. 단지 입출력 항목들의 위치가 다릅니다.

▲ 그림 1-28

규칙을 정의하고 그것들을 프로그래밍 언어로 표현하는 대신에, 여러분은 데이터(값)와 함께 답들(값, 일반적으로 라벨이라고 불립니다)을 제공합니다. 그리고 기계(Machine)는 답들과 데이터간의 관계를 결정하는 규칙들을 만들어 냅니다. 그림에서 Data에는 라벨도 포함됩니다. 예를 들어, 여러분의 활동 감지 데이터는 ML 기반 프로그램 안에서 다음과 같이 보일수 있습니다.

```
0101001010100101010
1001010101001011101
0100101010010101001
0101001010100101010
```

Label = WALKING

```
1010100101001010101
0101010010010010001
0010011111010101111
1010100100111101011
```

Label = RUNNING

```
1001010011111010101
1101010111010101110
1010101111010101011
1111110001111010101
```

Label = BIKING

```
1111111110100011101
0011111010111110101
0101110101010101110
1010101010100111110
```

Label = GOLFING

▲ 그림 1-29

여러분은 각각의 동작에 대해 많은 데이터를 모아서 "이것은 걷기처럼 보이는 것이야", 또는 "이것은 뛰기처럼 보이는 것이야"라고 말하기 위해 모은 데이터에 라벨을 붙입니다. 이 동작 데이터와 라벨을 컴퓨터에 넣어줍니다. 그리고 나면, 컴퓨터는 데이터를 이용하여 특정한 동작을 나타내는 명확한 패턴이 무엇인지 결정할 수 있는 규칙을 만들어낼 수 있습니다.

전통적인 프로그래밍에서, 여러분의 코드는 일반적으로 여러분이 정의한 함수를 위주로 작성됩니다. ML 기반 프로그래밍에서, 여러분은 데이터와 라벨을 이용하여 인공 신경망 함수를 만들어 사용하게 됩니다. 인공 신경망 함수는 일반적으로 모델이라고 불립니다. 인공 신경망 함수는 우리가 원하는 어떤 기능을 유사하게 수행하는 모델 함수라고 생각할 수 있습니다.

여러분이 다음 그림을 통해 원하는 기능을 수행하는 인공 신경망 함수를 만들었다면 이제 여러분은 그 함수를 이용할 수 있습니다.

▲ 그림 1-30

여러분이 만든 인공 신경망 모델 함수는 다음과 같이 사용됩니다.

▲ 그림 1-31

여러분은 학습을 통해 만들어진 인공 신경망 모델 함수에 어떤 데이터를 주고 그 인공 신경망 모델 함수는 학습을 통해 얻은 그 규칙들을 사용하여 답을 예측 합니다. 예를 들어, "그 데이터는 걷기처럼 보여요", 또는 "그 데이터는 골프 치기처럼 보여요"처럼 예측을 합니다.

02-3 구글 코랩 개발 환경 구성하기

독자 여러분의 첫 번째 인공 신경망 함수를 만들어 보기 위해 먼저 프로그래밍 환경을 구성해 봅니다. 일반적으로 인공 지능 프로그램은 파이썬 기반으로 작성됩니다. 여기서는 손쉽게 파이썬 환경을 구성하여 간단한 인공 신경망을 구성한 후, 학습을 수행해 봅니다. 구글에서 제공하는 코랩을 이용하면 복잡한 환경을 구성하지 않고 인공 신경망 관련 실습을 수행할 수 있습니다. 뒤에서는 파이썬으로 인공 신경망 함수를 직접 구현해 보면서 내부적으로 동작하는 원리를 자세히 살펴봅니다.

1 다음과 같이 [google colab]을 검색합니다.

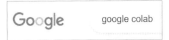

▲ 그림 1-32

2 다음 사이트를 찾아 들어갑니다.

▲ 그림 1-33

3 다음과 같이 구글 코랩 홈페이지가 열립니다.

▲ 그림 1-34

4 다음은 구글 코랩에 대해 소개하고 있습니다. 복잡한 구성이 필요치 않으며, GPU 기능도 제공합니다.

▲ 그림 1-35

5 다음과 같이 [파일]--[새 노트] 메뉴를 선택합니다.

▲ 그림 1-36

6 구글 코랩을 사용하기 위해서는 구글 계정이 필요합니다. 구글 계정이 있는 독자는 로그인을 수행합니다.

▲ 그림 1-37

7 구글 계정이 없는 독자는 계정을 생성합니다. 다음과 같이 [계정 만들기]--[본인 계정] 버튼을 눌러 계정을 생성합니다. 여기서는 구글 계정 생성 과정을 소개하지 않습니다.

▲ 그림 1-38   ▲ 그림 1-39

8 다음은 구글 코랩 파이썬 작성 화면입니다.

▲ 그림 1-40

9 다음과 같이 파일의 제목을 HelloML로 변경합니다. 제목 부분에 마우스 왼쪽 클릭한 후, 제목을 변경합니다.

▲ 그림 1-41

02-4 기존 방식의 함수 정의와 사용

먼저 기존 방식으로 함수를 정의하고 사용하는 과정을 살펴봅니다.
다음은 중학교 때 배운 함수식입니다.

y = f(x) = 3*x + 1 (x는 실수)

이 식에서

x가 1일 때 y = f(1) = 3*1 + 1이 되어 y는 4가 됩니다.

x가 2일 때 y = f(2) = 3*2 + 1이 되어 y는 7이 됩니다.

x가 −1일 때 y = f(−1) = 3*(−1) + 1이 되어 y는 −2가 됩니다.

이 함수를 그림으로 표현하면 다음과 같습니다.

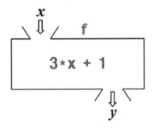

▲ 그림 1_42

함수 정의하고 사용해 보기

이제 기존 방식으로 함수 f를 정의하고 사용해 봅니다.

1 다음과 같이 예제를 작성합니다.

```
124_1.py

01 def f (x) :
02        return 3*x + 1
03
04 x = 10
05 y = f(x)
06
07 print('y:', y)
```

01, 02 : f 함수를 정의합니다.

04　　 : x 변수를 생성한 후, 10으로 초기화합니다.

05　　 : f 함수에 x를 인자로 주어 호출한 후, 결과 값을 y 변수로 받습니다.

07　　 : print 함수를 호출하여 y 값을 출력합니다.

2 다음은 구글 코랩에 작성한 화면입니다.

```
1 def f (x) :
2   return 3*x + 1
3
4 x = 10
5 y = f(x)
6
7 print('y:', y)
```

▲ 그림 1-43

3 ⊙ 버튼을 눌러 프로그램을 실행시킵니다. 다음과 같이 31이 표시되는 것을 확인합니다.

```
y: 31
```

▲ 그림 1-44

02-5 머신러닝 방식의 신경망 함수 생성과 사용

이번엔 ML 방식으로 인공 신경망 함수를 학습시키고 학습된 함수를 사용하는 과정을 살펴봅니다.
다음과 같은 모양의 인공 신경망을 구성하고 학습시켜 봅니다.

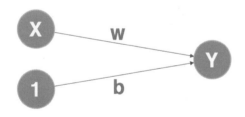

▲ 그림 1-45

먼저 다음과 같은 숫자들의 집합 X, Y를 살펴봅니다. 독자 여러분은 숫자들 간의 관계가 보이시나요?

X:	-1	0	1	2	3	4
Y:	-2	1	4	7	10	13

▲ 그림 1-46

독자 여러분은 X, Y 숫자들을 보면서, X 값은 왼쪽에서 오른쪽으로 1씩, Y 값은 3씩 증가하는 것을
눈치 챘을 수 있습니다. 그럴 경우 독자 여러분은 아마도 Y는 3*X 더하기 또는 빼기 얼마와 같다고
생각했을 겁니다. 그리고 나서, 독자 여러분은 아마도 X가 0일 때, Y가 1인 것을 보았을 겁니다. 그
리고 독자 여러분은 마침내 관계식 Y=3*X+1에 도달했을 겁니다.

독자 여러분이 유추해 낸 방식은 인공 신경망이 데이터(X, Y 값)를 이용하여 학습(또는 훈련)을 통해 데이터(X, Y)간의 관계를 발견하는 방식과 같습니다.

이제 이 식을 인공 신경망이 유추해 내는 과정을 살펴봅니다. 그러기 위해 먼저 필요한 것은 무엇일까요? 바로 데이터입니다. 다음으로 필요한 것은 그릇을 만들기 위해 찰흙이 필요한 것과 같이 학습되지 않은 인공 신경망입니다. 인공 신경망에 X 집합과 Y 집합을 주면, 인공 신경망은 학습을 통해 X와 Y간의 관계를 알아낼 수 있어야 합니다. 인공 신경망 함수는 일반적으로 인공 신경망 모델이라고 합니다. 모델은 우리말로 모형을 의미하며, 함수 모형으로 이해할 수 있습니다. 즉, 학습을 통해 만들어진 인공 신경망 함수는 Y=3*X+1 함수의 모형 함수입니다. 인공 신경망 함수는 Y=3*X+1 함수를 흉내 내는 함수라고 할 수 있습니다. 그래서 인공 신경망 함수를 근사 함수라고도 합니다.

1 다음과 같이 [+ Code] 버튼을 누릅니다. 실행 창의 경계에 마우스 커서를 대면 버튼이 나타납니다.

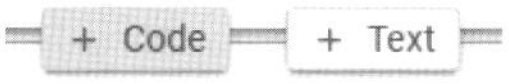

```
+ Code      + Text
```

▲ 그림 1–47

2 다음과 같이 예제를 작성합니다.

```
125_1.py
01 import tensorflow as tf
02 import numpy as np
03
04 xs = np.array([-1.0, 0.0, 1.0, 2.0, 3.0, 4.0])
05 ys = np.array([-2.0, 1.0, 4.0, 7.0, 10., 13.])
06
07 model = tf.keras.Sequential([
08     tf.keras.layers.InputLayer(input_shape=(1,)),
09     tf.keras.layers.Dense(1)
10 ])
11
12 model.compile(optimizer='sgd', loss='mean_squared_error')
13
14 model.fit(xs, ys, epochs=5)
15
16 p = model.predict([10.0])
17
18 print('p:', p)
```

01 : import문을 이용하여 tensorflow 모듈을 tf라는 이름으로 불러옵니다. tensorflow 모듈은 구글에서 제공하는 인공 신경망 라이브러리입니다.

02 : import문을 이용하여 numpy 모듈을 np라는 이름으로 불러옵니다. numpy 모듈은 행렬 계산을 편하게 해주는 라이브러리입니다. 인공 신경망은 일반적으로 행렬 계산식으로 구성하게 됩니다.

04, 05 : np.array 함수를 이용하여 앞에서 살펴본 6 개의 X, Y 값을 준비합니다. np.array 함수는 tensorflow 라이브러리
에서 데이터를 처리할 때 사용하는 배열을 생성합니다.

07~10 : tf.keras.Sequential 클래스를 이용하여 가장 간단한 인공 신경망을 생성합니다. 여기서 생성한 인공 신경망의 모
양은 다음과 같습니다.

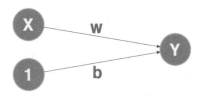

▲ 그림 1-48

이 신경망은 하나의 인공 신경으로 구성됩니다. 인공 신경망의 내부 구조는 뒤에서 자세히 살펴봅니다. 생성된
인공 신경망은 일반적으로 모델이라고 합니다. 모델은 모형을 의미하며, 주어진 데이터에 맞추어진 원래 함수를
흉내 내는 함수인 근사 함수를 의미합니다.

07, 10 : 파이썬의 리스트를 나타냅니다.

08 : tf.keras.layers.InputLayer 함수를 이용하여 내부적으로 keras 라이브러리에서 제공하는 tensor를 생성하고, 입력 노드
의 개수를 정해줍니다. tensor는 3차원 이상의 행렬을 의미하며, 인공 신경망 구성 시 사용하는 자료 형입니다.

09 : tf.keras.layers.Dense 클래스를 이용하여 신경망 층을 생성합니다. 여기서 Dense는 내부적으로 Y = X*w + b 식
을 생성하게 됩니다. 이 식에 대해서는 뒤에서 실제로 구현해 보며 그 원리를 살펴보도록 합니다.

12 : model.compile 함수를 호출하여 내부적으로 인공 신경망을 구성합니다. 인공 신경망을 구성할 때에는 2개의 함
수를 정해야 합니다. loss 함수와 optimizer 함수, 즉, 손실 함수와 최적화 함수를 정해야 합니다. 손실 함수와 최
적화 함수에 대해서는 뒤에서 구현을 통해서 자세히 살펴봅니다. 손실 함수로는 mean_squared_error 함수를 사
용하고 최적화 함수는 확률적 경사 하강(sgd : stochastic gradient descent) 함수를 사용합니다. mean_squared_
error, sgd 함수는 뒤에서 직접 구현해 보도록 합니다.

14 : model.fit 함수를 호출하여 인공 신경망에 대한 학습을 시작합니다. fit 함수에는 X, Y 데이터가 입력이 되는데 인공 신경망
을 X, Y 데이터에 맞도록 학습한다는 의미를 갖습니다. 즉, X, Y 데이터에 맞도록 인공 신경망을 조물조물, 주물주물 학습
한다는 의미입니다. fit 함수에는 학습을 몇 회 수행할지도 입력해 줍니다. epochs는 학습 횟수를 의미하며, 여기서는 5회
학습을 수행하도록 합니다. 일반적으로 학습 횟수에 따라 인공 신경망 근사 함수가 정확해 집니다.

16 : model.predict 함수를 호출하여 인공 신경망을 사용합니다. 여기서는 학습이 끝난 인공 신경망 함수에 10.0 값을
주어 그 결과를 예측하도록 합니다. 예측한 결과 값은 p 변수로 받습니다.

18 : print 함수를 호출하여 예측한 결과 값을 출력합니다.

3 다음은 구글 코랩에 작성한 화면입니다.

```
1 import tensorflow as tf
2 import numpy as np
3
4 xs = np.array([-1.0, 0.0, 1.0, 2.0, 3.0, 4.0])
5 ys = np.array([-2.0, 1.0, 4.0, 7.0, 10., 13.])
6
7 model = tf.keras.Sequential([
8   tf.keras.layers.InputLayer(input_shape=(1,)),
9   tf.keras.layers.Dense(1)
10 ])
11
12 model.compile(optimizer='sgd', loss='mean_squared_error')
13
14 model.fit(xs, ys, epochs=5)
15
16 p = model.predict([10.0])
17
18 print('p:', p)
```

▲ 그림 1-49

4 ▶ 버튼을 눌러 프로그램을 실행시킵니다. 다음과 같이 학습이 진행되는 것을 확인합니다.

▲ 그림 1-50

❶ model.fit 함수 내에서 5회 학습이 수행됩니다.

❷ loss는 오차를 나타냅니다. 학습이 진행될수록 오차가 줄어드는 것을 확인합니다. 오차에 대해서는 뒤에서 자세히 살펴봅니다.

❸ model.predict 함수를 수행한 결과 값입니다. 입력 값 10.0에 대하여 21.39265를 출력합니다. 우리는 31에 가까운 값이 출력되기를 기대하고 있습니다.

5 예제를 다음과 같이 수정합니다.

```
14 model.fit(xs, ys, epochs=50)
```

14 : 학습을 50회 수행시켜 봅니다.

6 버튼을 눌러 프로그램을 실행시킵니다. 다음은 마지막 5회 학습의 내용입니다.

```
   1/1 [==============================] - 0s 6ms/step - loss: 0.0016
Epoch 46/50
   1/1 [==============================] - 0s 5ms/step - loss: 0.0013
Epoch 47/50
   1/1 [==============================] - 0s 5ms/step - loss: 9.9620e-04
Epoch 48/50
   1/1 [==============================] - 0s 6ms/step - loss: 7.9501e-04
Epoch 49/50
   1/1 [==============================] - 0s 4ms/step - loss: 6.3650e-04
Epoch 50/50
   1/1 [==============================] - 0s 4ms/step - loss: 5.1155e-04
WARNING:tensorflow:8 out of the last 15 calls to <function Model.make_p
   p: [[30.94326]]
```

▲ 그림 1-51

입력 값 10.0에 대하여 30.94326를 출력합니다. 31에 충분히 가까운 값이 출력되는 것을 볼 수 있습니다. 훈련이 진행되면서 손실은 더 작아집니다.

7 예제를 다음과 같이 수정합니다.

```
14 model.fit(xs, ys, epochs=500)
```

14 : 학습을 500회 수행시켜 봅니다.

8 ▶ 버튼을 눌러 프로그램을 실행시킵니다. 다음은 마지막 5회 학습의 내용입니다.

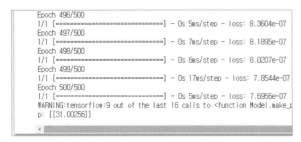

```
Epoch 496/500
1/1 [==============================] - 0s 5ms/step - loss: 8.3604e-07
Epoch 497/500
1/1 [==============================] - 0s 7ms/step - loss: 8.1895e-07
Epoch 498/500
1/1 [==============================] - 0s 6ms/step - loss: 8.0207e-07
Epoch 499/500
1/1 [==============================] - 0s 17ms/step - loss: 7.8544e-07
Epoch 500/500
1/1 [==============================] - 0s 5ms/step - loss: 7.6956e-07
WARNING:tensorflow:9 out of the last 16 calls to <function Model.make_p
p: [[31.00256]]
```

▲ 그림 1-52

입력 값 10.0에 대하여 31.00256을 출력합니다. 31에 더 가까워진 값이 출력되는 것을 볼 수 있습니다. 학습을 500회 수행했을 때, 31에 충분히 가까운 결과 값이 출력되는 것을 볼 수 있습니다. 여기서 학습시킨 인공 신경망 함수는 Y=3*X + 1 함수를 흉내 내는 근사함수입니다.

02-6 축하합니다!

믿거나 말거나, 독자 여러분은 ML에 있는 대부분의 개념을 살펴보았습니다. 앞으로 독자 여러분은 훨씬 더 복잡한 데이터에 대해서도 여기서 배운 ML을 사용할 것입니다.

여기서 독자 여러분은 ❶ np.array 함수를 이용하여 X, Y 데이터를 준비해 보고, ❷ tf.keras.Sequential 클래스를 이용하여 인공 신경망을 정의해 보았으며, ❸ model.compile 함수를 호출하여 인공 신경망을 구성해 보았습니다. 그 과정에서 ❹ 손실 함수 mean_squared_error와 ❺ 최적화 함수 sgd를 사용해 보았습니다. 그리고 ❻ model.fit 함수를 호출하여 X, Y 데이터에 대한 학습을 수행해 보았습니다. 마지막으로 ❼ model.predict 함수를 호출하여 새로운 값 10.0 값에 대한 예측을 수행해 보았습니다.

이 과정이 인공 신경망과 관련된 전체적인 과정들입니다. 앞으로 독자 여러분은 이 과정들을 이용하여 복잡한 데이터에 대한 인공 신경망도 다루게 됩니다.

03 _ 인공 신경망과 근사 함수

인공 신경망 함수는 일반적으로 인공 신경망 모델이라고 합니다. 모델은 우리말로 모형을 의미하며, 모형 함수로 이해할 수 있습니다. 모형 함수는 어떤 함수를 흉내 내는 함수를 말하며, 근사 함수라고 합니다. 여기서는 독자 여러분이 중·고등학교 때 배운 여러 가지 수학 함수를 인공 신경망을 이용하여 학습시켜 보며 인공 신경망의 근사 함수 특징을 이해해봅니다.

03-1 2차 함수 근사해 보기
여기서는 먼저 다음 2차 함수를 근사하는 인공 신경망 함수를 생성해 봅니다.

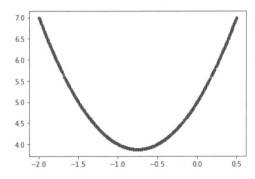

$$y = 2x^2 + 3x + 5 \ (-2 \leq x \leq 0.5)$$

▲ 그림 1-53

x 좌표의 범위는 −2에서 0.5까지입니다.

2차 함수 그리기
1 다음과 같이 [+ Code] 버튼을 누릅니다. 실행 창의 경계에 마우스 커서를 대면 버튼이 나타납니다.

[+ Code] [+ Text]

▲ 그림 1-54

2 다음과 같이 예제를 작성합니다.

```
131_1.py
01 import numpy as np
02 import time
03 import matplotlib.pyplot as plt
04
05 NUM_SAMPLES = 1000
06
07 np.random.seed(int(time.time()))
08
09 xs = np.random.uniform(-2, 0.5, NUM_SAMPLES)
10 np.random.shuffle(xs)
11 print(xs[:5])
12
13 ys = 2*xs**2 + 3*xs + 5
14 print(ys[:5])
15
16 plt.plot(xs, ys, 'b.')
17 plt.show()
```

01 : import문을 이용하여 numpy 모듈을 np라는 이름으로 불러옵니다. 여기서는 numpy 모듈을 이용하여 07, 09, 10, 13 줄에서 x, y 값의 집합을 동시에 처리합니다.

02 : import문을 이용하여 time 모듈을 불러옵니다. 07줄에서 임의 숫자(난수) 생성 초기화에 사용합니다.

03 : import문을 이용하여 matplotlib.pyplot 모듈을 plt라는 이름으로 불러옵니다. 여기서는 matplotlib.pyplot 모듈을 이용하여 16, 17줄에서 그래프를 그립니다.

05 : NUM_SAMPLES 변수를 생성한 후, 1000으로 초기화합니다. NUM_SAMPLES 변수는 생성할 데이터의 개수 값을 가지는 변수입니다.

07 : np.random.seed 함수를 호출하여 임의 숫자 생성을 초기화합니다. time.time 함수를 호출하여 현재 시간을 얻어낸 후, 정수 값으로 변환하여 np.random.seed 함수의 인자로 줍니다. 이렇게 하면 현재 시간에 맞춰 임의 숫자 생성이 초기화됩니다.

09 : np.random.uniform 함수를 호출하여 (-2, 0.5) 범위에서 NUM_SAMPLES 만큼의 임의 값을 차례대로 고르게 추출하여 xs 변수에 저장합니다.

10 : np.random.shuffle 함수를 호출하여 임의 추출된 x 값을 섞어줍니다. 이렇게 하면 임의로 추출된 x 값의 순서가 뒤섞이게 됩니다. 인공 신경망 학습 시에 데이터는 임의 순서로 입력되는 것이 중요합니다. 데이터가 임의 순서로 입력될 때 모델의 정확도가 높아지기 때문입니다.

11 : print 함수를 호출하여 xs에 저장된 값 중, 앞에서 5개까지 출력합니다. xs[:5]는 xs 리스트의 0번 항목부터 시작해서 5번 항목 미만인 4번 항목까지를 의미합니다.

13 : 다음 식을 이용하여 추출된 x 값에 해당하는 y 값을 얻어내어 ys 변수에 저장합니다. y 값도 NUM_SAMPLES 개수만큼 추출됩니다.

$$y = 2x^2 + 3x + 5$$

파이썬에서 *는 곱셈기호, **는 거듭제곱기호를 나타냅니다.

14 : print 함수를 호출하여 ys에 저장된 값 중, 앞에서 5개까지 출력합니다.

16 : plt.plot 함수를 호출하여 xs, ys 좌표 값에 맞추어 그래프를 내부적으로 그립니다. 그래프의 색깔은 파란색으로 그립니다. 'b.'은 파란색을 의미합니다.

17 : plt.show 함수를 호출하여 화면에 그래프를 표시합니다.

③ ▶ 버튼을 눌러 프로그램을 실행시킵니다. 다음은 실행 결과 화면입니다.

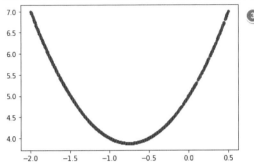

① xs에 저장된 값 중 앞에서 5개까지 출력 결과입니다. 이 값은 실행할 때마다 달라집니다.

② ys에 저장된 값 중 앞에서 5개까지 출력 결과입니다. 이 값은 실행할 때마다 달라집니다.

③ $y = 2x^2 + 3x + 5$ 함수의 (–2, 0.5) 범위에서의 그래프입니다.

▲ 그림 1-55

실제 데이터 생성하기

이번엔 y값을 일정한 범위에서 위아래로 흩뜨려 실제 데이터에 가깝게 만들어 봅니다. 이 과정은 y 값에 잡음을 섞어 실제 데이터에 가깝게 만드는 과정입니다.

① 다음과 같이 예제를 수정합니다.

```
131_2.py
01 import numpy as np
02 import time
03 import matplotlib.pyplot as plt
04
05 NUM_SAMPLES = 1000
06
07 np.random.seed(int(time.time()))
08
09 xs = np.random.uniform(-2, 0.5, NUM_SAMPLES)
10 np.random.shuffle(xs)
11 print(xs[:5])
12
13 ys = 2*xs**2 + 3*xs + 5
14 print(ys[:5])
15
16 plt.plot(xs, ys, 'b.')
17 plt.show()
18
19 ys += 0.1*np.random.randn(NUM_SAMPLES)
20
21 plt.plot(xs, ys, 'g.')
22 plt.show()
```

19 : np.random.randn 함수를 호출하여 정규분포에 맞춰 임의 숫자를 NUM_SAMPLES의 개수만큼 생성합니다. 정규분포
는 가우스분포라고도 하며, 종 모양과 같은 형태의 자연적인 분포 곡선입니다. 예를 들어, 키의 분포와 같이 자연적인
분포를 의미합니다.

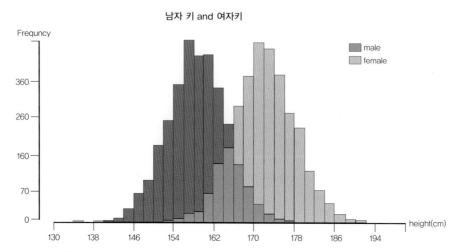

생성된 숫자에 0.1을 곱해 ys에 더해줍니다. 이렇게 하면 ys값은 원래 값을 기준으로 상하로 퍼진 형태의 자연스런 값
을 갖게 됩니다.

21 : plt.plot 함수를 호출하여 xs, ys 좌표 값에 맞추어 그래프를 내부적으로 그립니다. 그래프의 색깔은 초록색으로 그립
니다. 'g.'은 초록색을 의미합니다.

22 : plt.show 함수를 호출하여 화면에 그래프를 표시합니다.

2 ▶ 버튼을 눌러 프로그램을 실행시킵니다. 다음은 실행 결과 화면입니다.

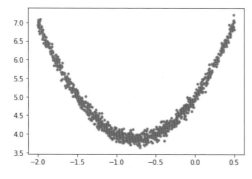

▲ 그림 1-56

마지막에 표시된 그래프의 모양이 원래 모양에서 상하로 퍼진 형태로 나타나게 됩니다. 여기서 생
성된 데이터는 인공 신경망 학습에 사용되며 원래 곡선에 가까운 근사 곡선을 생성하는 인공 신경망
함수를 만들게 됩니다.

훈련, 실험 데이터 분리하기

여기서는 앞에서 생성한 x, y 데이터를 훈련 데이터와 실험 데이터로 분리해 봅니다. 훈련 데이터는 인공 신경망을 학습시키는데 사용하는 데이터이며, 실험 데이터는 학습이 잘 되었는지 확인하는 데이터로 사용합니다.

1 다음과 같이 예제를 수정합니다.

```
131_3.py
01 import numpy as np
02 import time
03 import matplotlib.pyplot as plt
04
05 NUM_SAMPLES = 1000
06
07 np.random.seed(int(time.time()))
08
09 xs = np.random.uniform(-2, 0.5, NUM_SAMPLES)
10 np.random.shuffle(xs)
11 print(xs[:5])
12
13 ys = 2*xs**2 + 3*xs + 5
14 print(ys[:5])
15
16 plt.plot(xs, ys, 'b.')
17 plt.show()
18
19 ys += 0.1*np.random.randn(NUM_SAMPLES)
20
21 plt.plot(xs, ys, 'g.')
22 plt.show()
23
24 NUM_SPLIT = int(0.8*NUM_SAMPLES)
25
26 x_train, x_test = np.split(xs, [NUM_SPLIT])
27 y_train, y_test = np.split(ys, [NUM_SPLIT])
28
29 plt.plot(x_train, y_train, 'b.', label='train')
30 plt.plot(x_test, y_test, 'r.', label='test')
31 plt.legend()
32 plt.show()
```

24 : NUM_SAMPLES에 0.8을 곱한 후, 정수로 변경하여 NUM_SPLIT 변수에 할당합니다. 현재 예제의 경우 NUM_SPLIT 변수는 800의 값을 가집니다. 1000개의 x, y 데이터 값 중 800개는 훈련 데이터로, 200개는 실험 데이터로 사용합니다.

26 : np.split 함수를 호출하여 1000개의 값을 가진 xs를 800개, 200개로 나누어 각각 x_train, x_test에 할당합니다. x_train 변수는 1000개의 값 중 앞부분 800개의 값을 할당 받고 x_test 변수는 나머지 200개의 값을 할당받습니다.

27 : np.split 함수를 호출하여 1000개의 값을 가진 ys를 800개, 200개로 나누어 각각 y_train, y_test에 할당합니다. y_train 변수는 1000개의 값 중 앞부분 800개의 값을 할당 받고 y_test 변수는 나머지 200개의 값을 할당받습니다.

29 : plt.plot 함수를 호출하여 x_train, y_train 좌표 값에 맞추어 그래프를 내부적으로 그립니다. 그래프의 색깔은 파란색으로 그립니다. 'b.'은 파란색을 의미합니다. label 매개변수에는 'train' 문자열을 넘겨줍니다. 이 문자열은 31줄에 있는 plt.legend 함수에 의해 그래프에 표시됩니다.

30 : plt.plot 함수를 호출하여 x_test, y_test 좌표 값에 맞추어 그래프를 내부적으로 그립니다. 그래프의 색깔은 빨간색으로 그립니다. 'r.'은 빨간색을 의미합니다. label 매개변수에는 'test' 문자열을 넘겨줍니다. 이 문자열은 31줄에 있는 plt.legend 함수에 의해 그래프에 표시됩니다.

31 : plt.legend 함수를 호출하여 범례를 표시합니다.

32 : plt.show 함수를 호출하여 화면에 그래프를 표시합니다.

2 ▶ 버튼을 눌러 프로그램을 실행시킵니다. 다음은 실행 결과 화면입니다.

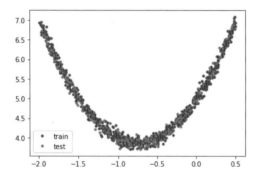

▲ 그림 1-57

파란색 점은 x_train, y_train의 분포를 나타내며, 빨간색 점은 x_test, y_test의 분포를 나타냅니다. x_train, y_train 데이터는 인공 신경망 학습에 사용되며 원래 곡선에 가까운 근사 곡선을 생성하는 인공 신경망 함수를 만들게 됩니다. x_test, y_test 데이터는 학습이 끝난 인공 신경망 함수를 시험하는데 사용합니다.

인공 신경망 구성하기

이번엔 인공 신경망 함수를 구성한 후, 학습을 수행하지 않은 상태로 시험 데이터를 이용하여 예측을 수행한 후, 그래프를 그려봅니다. 여기서는 다음과 같은 모양의 인공 신경망을 구성합니다. 입력 층 xs, 출력 층 ys 사이에 단위 인공 신경 16개로 구성된 은닉 층 2개를 추가하여 인공 신경망을 구성합니다.

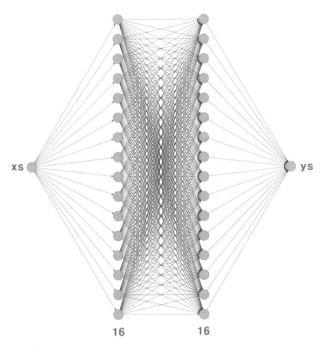

xs

ys

16   16

▲ 그림 1-58

1 다음과 같이 예제를 수정합니다.

```
131_4.py
01 import numpy as np
02 import time
03 import matplotlib.pyplot as plt
04
05 NUM_SAMPLES = 1000
06
07 np.random.seed(int(time.time()))
08
09 xs = np.random.uniform(-2, 0.5, NUM_SAMPLES)
10 np.random.shuffle(xs)
11 print(xs[:5])
12
13 ys = 2*xs**2 + 3*xs + 5
14 print(ys[:5])
15
16 plt.plot(xs, ys, 'b.')
17 plt.show()
18
19 ys += 0.1*np.random.randn(NUM_SAMPLES)
20
21 plt.plot(xs, ys, 'g.')
22 plt.show()
23
```

```
24 NUM_SPLIT = int(0.8*NUM_SAMPLES)
25
26 x_train, x_test = np.split(xs, [NUM_SPLIT])
27 y_train, y_test = np.split(ys, [NUM_SPLIT])
28
29 plt.plot(x_train, y_train, 'b.', label='train')
30 plt.plot(x_test, y_test, 'r.', label='test')
31 plt.legend()
32 plt.show()
33
34 import tensorflow as tf
35
36 model_f = tf.keras.Sequential([
37         tf.keras.layers.InputLayer(input_shape=(1,)),
38         tf.keras.layers.Dense(16, activation='relu'),
39         tf.keras.layers.Dense(16, activation='relu'),
40         tf.keras.layers.Dense(1)
41 ])
42
43 model_f.compile(optimizer='rmsprop', loss='mse')
44
45 p_test = model_f.predict(x_test)
46
47 plt.plot(x_test, y_test, 'b.', label='actual')
48 plt.plot(x_test, p_test, 'r.', label='predicted')
49 plt.legend()
50 plt.show()
```

34 : import문을 이용하여 tensorflow 모듈을 tf라는 이름으로 불러옵니다. tensorflow 모듈은 구글에서 제공하는 인공 신경망 라이브러리입니다.

36~41 : tf.keras.Sequential 클래스를 이용하여 인공 신경망을 생성합니다. 여기서 생성한 인공 신경망의 모양은 다음과 같습니다.

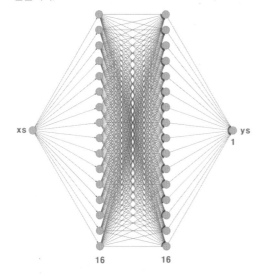

▲ 그림 1-60

이 신경망은 33(=16+16+1)개의 인공 신경으로 구성됩니다. 입력 층에 표시된 노드는 입력 값의 개수를 표시하며 나머지 층에 있는 노드는 인공 신경을 나타냅니다. 인공 신경망의 내부 구조는 뒤에서 자세히 살펴봅니다. 생성된 인공 신경망은 일반적으로 모델이라고 합니다. 모델은 모형을 의미하며, 주어진 데이터에 맞추어진 원래 함수를 흉내 내는 함수인 근사 함수를 의미합니다. model_f는 모델 함수를 의미하는 변수입니다.

36, 41 : 파이썬의 리스트를 나타냅니다.

37 : tf.keras.layers.InputLayer 함수를 이용하여 내부적으로 keras 라이브러리에서 제공하는 tensor를 생성하고, 입력 노드의 개수를 정해줍니다. tensor는 3차원 이상의 행렬을 의미하며, 인공 신경망 구성 시 사용하는 자료 형입니다.

38, 39 : tf.keras.layers.Dense 클래스를 이용하여 신경망 층을 생성합니다. 여기서는 각 층별로 단위 인공 신경 16개를 생성합니다. activation은 활성화 함수를 의미하며 여기서는 'relu' 함수를 사용합니다. 다음은 relu 함수를 나타냅니다.

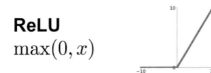

▲ 그림 1-61

활성화 함수와 'relu' 함수에 대해서는 뒤에서 자세히 살펴보도록 합니다.

여기서 Dense는 내부적으로 y = activation(x*w + b) 식을 생성하게 됩니다. 이 식에 대해서는 뒤에서 실제로 구현해 보며 그 원리를 살펴보도록 합니다.

40 : tf.keras.layers.Dense 클래스를 이용하여 신경망 층을 생성합니다. 여기서는 단위 인공 신경 1개를 생성합니다. 마지막에 생성한 신경망 층은 출력 신경망이 됩니다.

43 : model_f.compile 함수를 호출하여 내부적으로 인공 신경망을 구성합니다. 인공 신경망을 구성할 때에는 적어도 2개의 함수를 정해야 합니다. loss 함수와 optimizer 함수. 즉, 손실 함수와 최적화 함수를 정해야 합니다. 손실 함수와 최적화 함수에 대해서는 뒤에서 자세히 살펴봅니다. 손실 함수로는 mse 함수를 사용하고 최적화 함수는 rmsprop 함수를 사용합니다. mse, rmsprop 함수는 뒤에서 살펴보도록 합니다.

45 : model_f.predict 함수를 호출하여 인공 신경망을 사용해 봅니다. 여기서는 학습을 수행하지 않은 상태에서 인공 신경망 함수에 x_test 값을 주어 그 결과를 예측해 봅니다. 예측한 결과 값은 p_test 변수로 받습니다.

47 : plt.plot 함수를 호출하여 x_test, y_test 좌표 값에 맞추어 그래프를 내부적으로 그립니다. 그래프의 색깔은 파란색으로 그립니다. 'b.'은 파란색을 의미합니다. label 매개변수에는 'actual' 문자열을 넘겨줍니다. 이 문자열은 49줄에 있는 plt.legend 함수에 의해 그래프에 표시됩니다.

48 : plt.plot 함수를 호출하여 x_test, p_test 좌표 값에 맞추어 그래프를 내부적으로 그립니다. 그래프의 색깔은 빨간색으로 그립니다. 'r.'은 빨간색을 의미합니다. label 매개변수에는 'predicted' 문자열을 넘겨줍니다. 이 문자열은 49줄에 있는 plt.legend 함수에 의해 그래프에 표시됩니다.

49 : plt.legend 함수를 호출하여 범례를 표시합니다.

50 : plt.show 함수를 호출하여 화면에 그래프를 표시합니다.

2 ▶ 버튼을 눌러 프로그램을 실행시킵니다. 다음은 실행 결과 화면입니다.

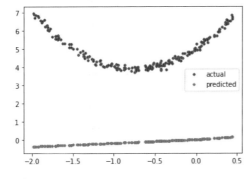

▲ 그림 1-62

파란색 점은 x_test, y_test의 분포를 나타내며, 빨간색 점은 x_test, p_test의 분포를 나타냅니다. 인공 신경망이 학습을 수행하기 전 상태라 x_test 값에 대한 예측 값을 정확히 생성해 내지 못하는 것을 볼 수 있습니다.

인공 신경망 학습시키기

이번엔 인공 신경망 함수를 학습 시킨 후, 시험 데이터를 이용하여 예측을 수행하고 그래프를 그려 봅니다.

1 다음과 같이 예제를 수정합니다.

```
131_5.py

01 import numpy as np
02 import time
03 import matplotlib.pyplot as plt
04
05 NUM_SAMPLES = 1000
06
07 np.random.seed(int(time.time()))
08
09 xs = np.random.uniform(-2, 0.5, NUM_SAMPLES)
10 np.random.shuffle(xs)
11 print(xs[:5])
12
13 ys = 2*xs**2 + 3*xs + 5
14 print(ys[:5])
15
16 plt.plot(xs, ys, 'b.')
17 plt.show()
18
19 ys += 0.1*np.random.randn(NUM_SAMPLES)
20
21 plt.plot(xs, ys, 'g.')
22 plt.show()
23
24 NUM_SPLIT = int(0.8*NUM_SAMPLES)
25
26 x_train, x_test = np.split(xs, [NUM_SPLIT])
27 y_train, y_test = np.split(ys, [NUM_SPLIT])
28
29 plt.plot(x_train, y_train, 'b.', label='train')
30 plt.plot(x_test, y_test, 'r.', label='test')
31 plt.legend()
32 plt.show()
33
34 import tensorflow as tf
35
```

```
36 model_f = tf.keras.Sequential([
37     tf.keras.layers.InputLayer(input_shape=(1,)),
38     tf.keras.layers.Dense(16, activation='relu'),
39     tf.keras.layers.Dense(16, activation='relu'),
40     tf.keras.layers.Dense(1)
41 ])
42
43 model_f.compile(optimizer='rmsprop', loss='mse')
44
45 p_test = model_f.predict(x_test)
46
47 plt.plot(x_test, y_test, 'b.', label='actual')
48 plt.plot(x_test, p_test, 'r.', label='predicted')
49 plt.legend()
50 plt.show()
51
52 model_f.fit(x_train, y_train, epochs=600)
53
54 p_test = model_f.predict(x_test)
55
56 plt.plot(x_test, y_test, 'b.', label='actual')
57 plt.plot(x_test, p_test, 'r.', label='predicted')
58 plt.legend()
59 plt.show()
```

52 : model_f.fit 함수를 호출하여 인공 신경망에 대한 학습을 시작합니다. fit 함수에는 x_train, y_train 데이터가 입력이 되는데 인공 신경망을 x_train, y_train 데이터에 맞도록 학습한다는 의미를 갖습니다. 즉, x_train, y_train 데이터에 맞도록 인공 신경망을 조물조물, 주물주물 학습한다는 의미입니다. fit 함수에는 학습을 몇 회 수행할지를 입력해 줍니다. epochs는 학습 횟수를 의미하며, 여기서는 600회 학습을 수행하도록 합니다. 일반적으로 학습 횟수에 따라 인공 신경망 근사 함수가 정확해 집니다.

54 : model_f.predict 함수를 호출하여 인공 신경망을 사용합니다. 여기서는 학습이 끝난 인공 신경망 함수에 x_test 값을 주어 그 결과를 예측해 봅니다. 예측한 결과 값은 p_test 변수로 받습니다.

56~59 : 47~50줄에서와 같은 방법으로 그래프를 그립니다.

2 ◉ 버튼을 눌러 프로그램을 실행시킵니다. 다음은 실행 결과 화면입니다.

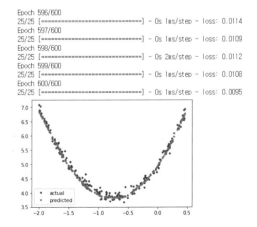

```
Epoch 596/600
25/25 [==============================] - 0s 1ms/step - loss: 0.0114
Epoch 597/600
25/25 [==============================] - 0s 1ms/step - loss: 0.0109
Epoch 598/600
25/25 [==============================] - 0s 2ms/step - loss: 0.0112
Epoch 599/600
25/25 [==============================] - 0s 1ms/step - loss: 0.0108
Epoch 600/600
25/25 [==============================] - 0s 1ms/step - loss: 0.0095
```

▲ 그림 1-63

파란색 점은 x_test, y_test의 분포를 나타내며, 빨간색 점은 x_test, p_test의 분포를 나타냅니다. 인공 신경망이 학습을 수행한 이후에는 x_test 값에 대한 예측 값을 실제 함수에 근사해서 생성해 내는 것을 볼 수 있습니다.

03-2 5차 함수 근사해 보기

이번에는 다음과 같은 5차 함수를 근사하도록 인공 신경망 함수를 학습시켜 봅니다.

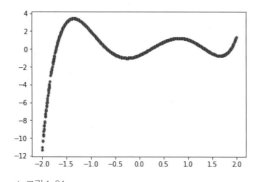

$$y = (x+1.7)(x+0.7)(x-0.3)(x-1.3)(x-1.9)+0.2$$
$$(-2 \le x \le 2)$$

▲ 그림 1-64

x 좌표의 범위는 −2에서 2까지입니다.

1 이전 예제의 09줄을 다음과 같이 수정합니다.

```
09 xs = np.random.uniform(-2, 2, NUM_SAMPLES)
```

09 : np.random.uniform 함수를 호출하여 (−2, 2) 범위에서 NUM_SAMPLES 만큼의 임의 값을 차례대로 고르게 추출하여 xs 변수에 저장합니다.

2 계속해서 13줄을 다음과 같이 수정합니다.

```
13 ys = (xs+1.7)*(xs+0.7)*(xs-0.3)*(xs-1.3)*(xs-1.9)+0.2
```

13 : 다음 식을 이용하여 추출된 x 값에 해당하는 y 값을 얻어내어 ys 변수에 저장합니다. y 값도 NUM_SAMPLES 개수만큼 추출됩니다.

$$y = (x+1.7)(x+0.7)(x-0.3)(x-1.3)(x-1.9)+0.2$$

3 ▶ 버튼을 눌러 프로그램을 실행시킵니다. 다음은 실행 결과 화면입니다.

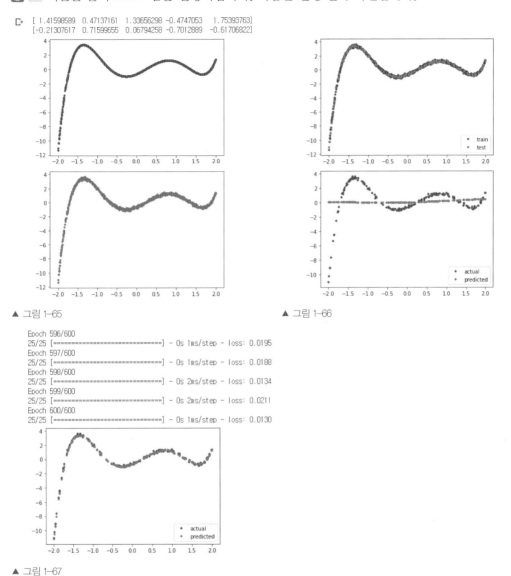

▲ 그림 1-65   ▲ 그림 1-66

```
Epoch 596/600
25/25 [==============================] - 0s 1ms/step - loss: 0.0195
Epoch 597/600
25/25 [==============================] - 0s 1ms/step - loss: 0.0188
Epoch 598/600
25/25 [==============================] - 0s 2ms/step - loss: 0.0134
Epoch 599/600
25/25 [==============================] - 0s 2ms/step - loss: 0.0211
Epoch 600/600
25/25 [==============================] - 0s 1ms/step - loss: 0.0130
```

▲ 그림 1-67

인공 신경망이 학습을 수행한 이후에는 x_test 값에 대한 예측 값을 실제 함수에 근사해서 생성해
내는 것을 볼 수 있습니다.

03-3 다양한 함수 근사해 보기

여기서는 독자 여러분이 이전과 같이 예제를 수정해 가며, 중·고등학교 때 배운 함수들을 인공 신
경망을 학습시켜 근사시켜 봅니다.

분수 함수 근사해 보기

다음은 분수 함수에 대한 그래프와 인공 신경망 학습 후, 예측 그래프입니다.

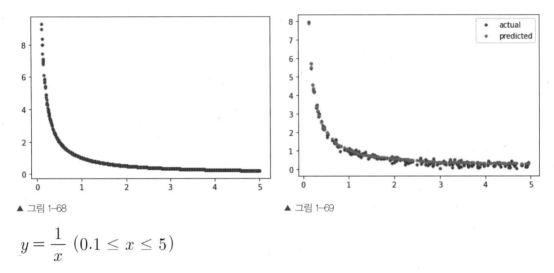

▲ 그림 1-68　　　　　　　　　　　　　　　　　　▲ 그림 1-69

$$y = \frac{1}{x} \ (0.1 \le x \le 5)$$

x 좌표의 범위는 0.1에서 5까지입니다. 분수함수의 경우 x 값 0에 대해 정의되지 않습니다.

이전 예제를 다음과 같이 수정한 후, 테스트를 수행합니다.

```
09 xs = np.random.uniform(0.1, 5, NUM_SAMPLES)        13 ys = 1.0/xs
```

sin 함수 근사해 보기

다음은 sin 함수에 대한 그래프와 인공 신경망 학습 후, 예측 그래프입니다.

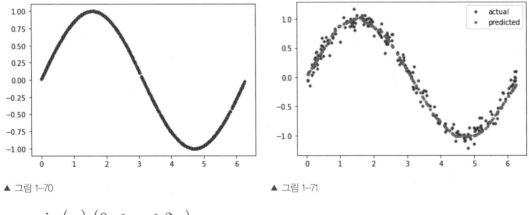

▲ 그림 1-70　　　　　　　　　　　　　　　　　　▲ 그림 1-71

$$y = \sin(x) \ (0 \le x \le 2\pi)$$

x 좌표의 범위는 0에서 2π까지입니다. 이전 예제를 다음과 같이 수정한 후, 테스트를 수행합니다.

```
09 xs = np.random.uniform(0, 2*np.pi, NUM_SAMPLES)     13 ys = np.sin(xs)
```

tanh 함수 근사해 보기

다음은 tanh 함수에 대한 그래프와 인공 신경망 학습 후, 예측 그래프입니다.

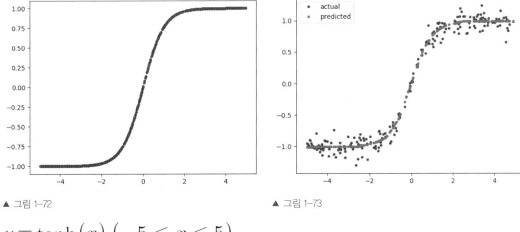

▲ 그림 1-72   ▲ 그림 1-73

$$y = \tanh(x) \ (-5 \le x \le 5)$$

x 좌표의 범위는 -5에서 5까지입니다. 이전 예제를 다음과 같이 수정한 후, 테스트를 수행합니다.

```
09 xs = np.random.uniform(-5, 5, NUM_SAMPLES)    13 ys = np.tanh(xs)
```

TIP tanh 함수는 인공 신경망의 활성화 함수로 사용하는 함수중 하나입니다.

e 지수함수 근사해 보기

다음은 e 지수 함수에 대한 그래프와 인공 신경망 학습 후, 예측 그래프입니다.

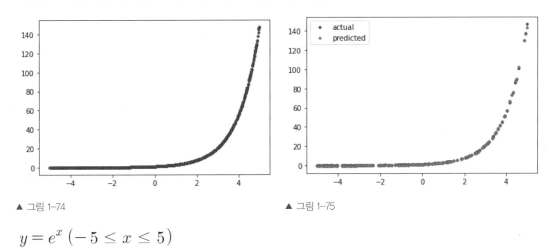

▲ 그림 1-74   ▲ 그림 1-75

$$y = e^x \ (-5 \le x \le 5)$$

x 좌표의 범위는 -5에서 5까지입니다. 이전 예제를 다음과 같이 수정한 후, 테스트를 수행합니다.

```
09 xs = np.random.uniform(-5, 5, NUM_SAMPLES)    13 ys = np.exp(xs)
```

sigmoid 함수 근사해 보기

다음은 sigmoid 함수에 대한 그래프와 인공 신경망 학습 후, 예측 그래프입니다.

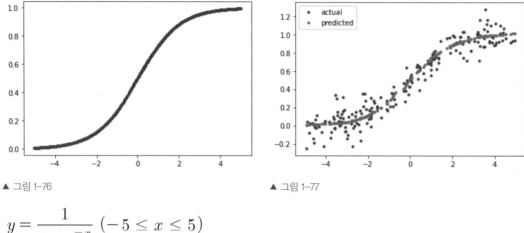

▲ 그림 1-76   ▲ 그림 1-77

$$y = \frac{1}{1 - e^{-x}} \; (-5 \leq x \leq 5)$$

x 좌표의 범위는 −5에서 5까지입니다. 이전 예제를 다음과 같이 수정한 후, 테스트를 수행합니다.

```
09 xs = np.random.uniform(-5, 5, NUM_SAMPLES)    13 ys = 1.0/(1.0+np.exp(-xs))
```

TIP sigmoid 함수는 인공 신경망의 활성화 함수로 사용하는 함수중 하나입니다.

로그함수 근사해 보기

다음은 로그 함수에 대한 그래프와 인공 신경망 학습 후, 예측 그래프입니다.

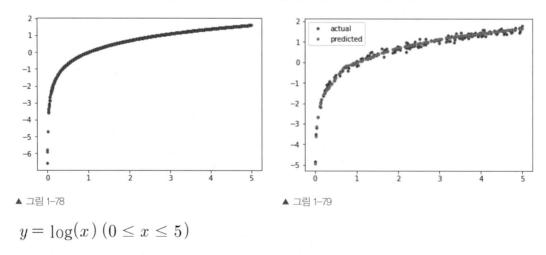

▲ 그림 1-78   ▲ 그림 1-79

$$y = \log(x) \; (0 \leq x \leq 5)$$

x 좌표의 범위는 0에서 5까지입니다. log함수의 경우 음수 x 값에 대해 정의되지 않습니다.

이전 예제를 다음과 같이 수정한 후, 테스트를 수행합니다.

```
09 xs = np.random.uniform(0, 5, NUM_SAMPLES)    13 ys = np.log(xs)
```

제곱근 함수 근사해 보기

다음은 제곱근 함수에 대한 그래프와 인공 신경망 학습 후, 예측 그래프입니다.

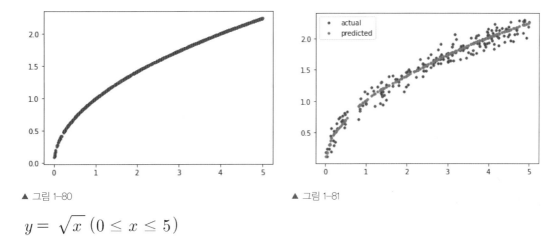

▲ 그림 1–80   ▲ 그림 1–81

$$y = \sqrt{x} \; (0 \leq x \leq 5)$$

x 좌표의 범위는 0.1에서 5까지입니다. 제곱근함수의 경우 음수 x 값에 대해 정의되지 않습니다.
이전 예제를 다음과 같이 수정한 후, 테스트를 수행합니다.

```
09 xs = np.random.uniform(0, 5, NUM_SAMPLES)        13 ys = np.sqrt(xs)
```

ReLU 함수 근사해 보기

다음은 relu 함수에 대한 그래프와 인공 신경망 학습 후, 예측 그래프입니다.

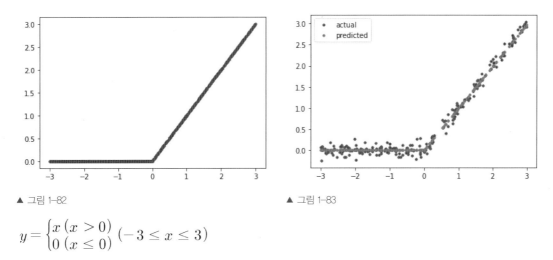

▲ 그림 1–82   ▲ 그림 1–83

$$y = \begin{cases} x \; (x > 0) \\ 0 \; (x \leq 0) \end{cases} (-3 \leq x \leq 3)$$

x 좌표의 범위는 −3에서 3까지입니다. 이전 예제를 다음과 같이 수정한 후, 테스트를 수행합니다.

```
09 xs = np.random.uniform(-3, 3, NUM_SAMPLES)       13 ys = (xs>0)*xs
```

13 : xs>0 연산의 경우 xs가 0보다 큰 항목은 1이 되고, 그렇지 않은 경우는 0이 됩니다. 그래서 xs가 0보다 큰 항목은 ys = xs가 되며, 그렇지 않은 경우는 ys = 0이 됩니다.

TIP relu 함수는 인공 신경망의 활성화 함수로 사용하는 함수중 하나입니다.

leaky ReLU 함수 근사해 보기

다음은 leaky relu 함수에 대한 그래프와 인공 신경망 학습 후, 예측 그래프입니다.

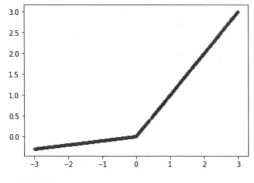

▲ 그림 1-84

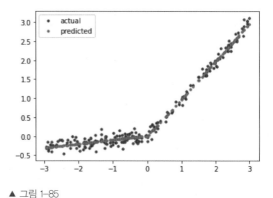

▲ 그림 1-85

$$y = \begin{cases} x & (x > 0) \\ \alpha x & (x \le 0) \end{cases} (-3 \le x \le 3, \alpha = 0.1)$$

x 좌표의 범위는 -3에서 3까지입니다. 위 그래프에서 α 는 0.1입니다. 일반적으로 0.01을 사용합니다. 이전 예제를 다음과 같이 수정한 후, 테스트를 수행합니다.

```
09 xs = np.random.uniform(-3, 3, NUM_SAMPLES)    13 ys = (xs>0)*xs + (xs<=0)*0.1*xs
```

TIP leaky relu 함수는 인공 신경망의 활성화 함수로 사용하는 함수중 하나입니다.

blink 함수 근사해 보기

다음은 LED blink 함수에 대한 그래프와 인공 신경망 학습 후, 예측 그래프입니다.

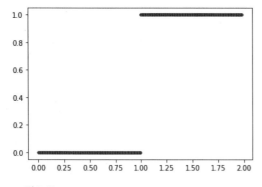

▲ 그림 1-86

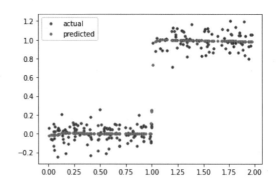

▲ 그림 1-87

$$y = (x > 1) \times 1 \ (0 \le x \le 2)$$

x 좌표의 범위는 0에서 2까지입니다.

이전 예제를 다음과 같이 수정한 후, 테스트를 수행합니다.

```
09 xs = np.random.uniform(0, 2, NUM_SAMPLES)        13 ys = (xs>1)*1/1
```

fading 함수 근사해 보기

다음은 LED fading 함수에 대한 그래프와 인공 신경망 학습 후, 예측 그래프입니다.

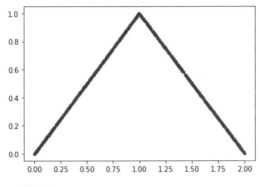

▲ 그림 1-86

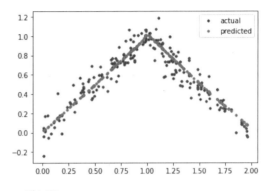

▲ 그림 1-87

$$y = \begin{cases} x & (x < 1) \\ 2 - x & (x \geq 1) \end{cases} (0 \leq x \leq 2)$$

x 좌표의 범위는 0에서 2까지입니다. 이전 예제를 다음과 같이 수정한 후, 테스트를 수행합니다.

```
09 xs = np.random.uniform(0, 2, NUM_SAMPLES)        13 ys = (xs<1)*xs + (xs>=1)*(2-xs)
```

이상에서 독자 여러분이 중·고등학교 때 배운 함수들에 대해 인공 신경망을 학습시켜 근사 함수를 만들어 보았습니다. 또, 몇 가지 활성화 함수들에 대해서도 인공 신경망을 학습시켜 근사 함수를 만들어 보았습니다. 실제로 인공 신경망 함수는 앞에서 살펴본 함수로 표현하기 어려운 복잡한 형태의 입출력 데이터에 대한 근사 함수를 만들 때 사용합니다. 예를 들어, 자동차 번호판을 인식하는 함수라든지 사람이나 자동차를 인식하는 함수를 만들 때 사용합니다.

02

파이썬 인공지능(A.I.) 키트 시작하기

이번 장에서는 파이썬 인공지능(A.I.) 키트를 살펴보고, 파이썬 인공지능 개발 환경을 구성하고, 라즈베리파이 피코 용 파이썬이 제공하는 패키지를 이용하여 파이썬 인공지능(A.I.) 키트 상에 있는 LED, 버튼, 부저, 빛 센서, RGB 네오픽셀, RGB LCD 등의 하드웨어를 제어해 봅니다.

01 _ 파이썬 인공지능(A.I.) 키트 살펴보기

여기서는 파이썬 인공지능 실습을 위한 하드웨어 환경을 살펴봅니다. 본 책에서 인공 지능 실습을 위한 주요 하드웨어는 다음과 같습니다.

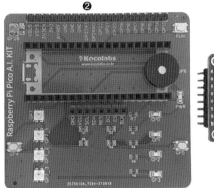

❶ 라즈베리파이 피코
❷ 라즈베리파이 피코 인공지능 키트
❸ 80×160 RGB LCD

▲ 그림 2-1

이 외에 PC와 연결을 위한 [micro b USB] 케이블이 필요합니다.

▲ 그림 2-2

키트 구매처

• **코코랩스** : http://www.kocolabs.co.kr
• **키트명** : 〈라즈베리파이 피코 with 인공지능〉 키트
• **가격** : 29,000원(초특별가/부가세가 포함되지 않은 가격입니다.)
　　　 단, 업체의 사정과 부품 시세 변동에 따라 조정될 수 있습니다

01-1 라즈베리파이 피코 살펴보기

우리가 사용할 인공지능 실습 보드는 [Raspberry Pi Pico]로 다음과 같습니다.

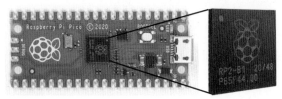

▲ 그림 2-3   ▲ 그림 2-4

[Raspberry Pi Pico]는 라즈베리파이 재단에 의해 설계된 RP2040 칩(위 오른쪽 그림)을 기반으로 구성된 개발용 보드입니다. [Raspberry Pi Pico]는 듀얼코어 ARM Cortex-M0+, 최대 133MHz 의 클록 속도, 264KB 내장 RAM, 2MB 크기의 내장 플래시 메모리를 지원합니다. [Raspberry Pi Pico]는 마이크로파이썬, C/C++, 아두이노 소프트웨어 기반의 개발이 가능합니다. 이 책에서는 인 공지능 개발에 가장 많이 사용되는 파이썬 기반으로 실습을 진행합니다.

라즈베리파이 피코 사양 살펴보기

다음은 [Raspberry Pi Pico]의 사양입니다.

- Raspberry Pi가 설계 한 RP2040 마이크로 컨트롤러
- ARM Cortex M0+ 듀얼 코어 133Mhz
- 264KB SRAM
- 2MB 온보드 플래시 메모리
- 호스트를 지원하는 USB 1.1
- 저전력 모드 및 최대 절전 모드
- USB 대용량 저장 장치를 사용한 드래그 앤 드롭 프로그래밍
- 26 핀 다기능 GPIO
- SPI 2 개, I2C 2 개, UART 2 개, ADC 3핀, PWM 채널 16 개
- 온도 센서
- 정확한 온보드 시계
- 온칩 부동 소수점 라이브러리
- 8 개의 프로그래밍 가능 I / O 포트 (PIO)

01-2 Raspberry Pi Pico A.I. KIT 살펴보기

다음은 [Raspberry Pi Pico A.I. KIT]입니다. [Raspberry Pi Pico A.I. KIT]는 라즈베리파이 피코 와 라즈베리파이 피코 A.I. 쉴드, LCD로 구성됩니다.

▲ 그림 2-5

라즈베리파이 피코 A.I. 쉴드 상에는 4개의 LED, 2개의 버튼, 부저, 4개의 RGB 네오픽셀, 빛 센서가 장착되어 있습니다. 또 보드 상단에는 외부에 부품을 연결할 수 있도록 확장 핀이 장착되어 있습니다. 다음은 [Raspberry Pi Pico A.I. KIT]의 조립된 모양을 나타냅니다.

▲ 그림 2-6

라즈베리파이 피코 장착

라즈베리파이 피코 장착 시 USB 방향에 맞추어줍니다.

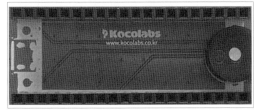

▲ 그림 2-7

▲ 그림 2-8

LCD 장착

LCD 장착 시 핀 연결을 맞추어줍니다.

▲ 그림 2-9

▲ 그림 2-10

01-3 Raspberry Pi Pico A.I. KIT 핀 살펴보기

다음은 [Raspberry Pi Pico A.I. KIT] 핀을 나타냅니다.

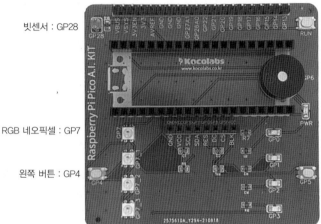

▲ 그림 2-11

GP0~3에는 4개의 LED가 연결되어 있습니다. GP4,5에는 2개의 버튼이 연결되어 있습니다. GP6에는 부저가 연결되어 있습니다. GP7에는 4개의 RGB 네오픽셀이 연결되어 있습니다. GP7을 이용하여 4개의 RGB 네오픽셀을 제어하게 됩니다. 각각의 네오픽셀은 24비트의 색깔을 낼 수 있습니다. GP28번 핀에는 빛 센서가 장착되어 있습니다. 보드 상단에는 외부 확장 핀이 장착되어 있어 외부에 소자를 연결할 수 있습니다. VBUS 핀의 경우 USB 전원에 연결되어 있는 핀으로 5V입력을 받을 수 있습니다. VSYS 핀은 시스템 입력 전압 핀으로 1.8V~5.5V 입력을 받을 수 있습니다. VSYS 전압은 보드 상에 있는 SMPS 모듈을 통해 RP2040과 GPIO에 3.3V 전압을 공급합니다. 3V3 핀은 RP2040과 I/O에 3.3V 전압을 공급합니다. 외부 회로에 3.3V 전원을 공급할 때도 사용합니다. RUN 버튼은 RP2040 리셋 버튼입니다. GP10,11,12,8,0번 핀에는 RGB LCD가 연결됩니다. 전원 LED는 USB에 연결되면 켜지는 전원 공급 표시 LED입니다.

02 _ 파이썬 인공지능 개발 환경 구성하기

여기서는 라즈베리파이 피코 상에서 파이썬 개발 환경을 지원하는 Thonny IDE를 설치합니다.
Thonny IDE는 라즈베리파이 피코의 파이썬 기반 개발 환경입니다.

▲ 그림 2-12

02-1 마이크로 파이썬 이미지 설치하기

여기서는 라즈베리파이 피코에 마이크로 파이썬 이미지를 설치합니다. 마이크로 파이썬 이미지는
라즈베리파이 피코 상에서 실행되는 파이썬 쉘입니다. 피코 상에서 동작하는 파이썬 쉘은 여러분이
작성한 파이썬 프로그램을 읽고 실행하게 됩니다. 다음은 라즈베리파이 피코 상에 설치할 파이썬 이
미지입니다.

📄 rp2-pico-20210902-v1.17.uf2

1 다음과 같이 검색합니다.

▲ 그림 2-13

2 다음 사이트로 들어갑니다.

https://micropython.org › download › rp2-pico ▼
Raspberry Pi Pico - MicroPython - Python for microcontrollers
Pico. Vendor: **Raspberry Pi**. More info: Website. Installation instructions. Flashing via UF2
bootloader. To get the board in bootloader mode ready for the ...

▲ 그림 2-14

3 다음 페이지가 열립니다. 마우스 휠을 이용하여 페이지 아래로 내려갑니다.

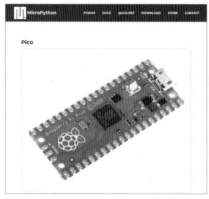

▲ 그림 2-15

4 다음 부분을 찾습니다. 빨간 박스 친 부분을 마우스 클릭하여 uf2 파일을 다운로드 받습니다.

Installation instructions

Flashing via UF2 bootloader

To get the board in bootloader mode ready for the firmware update, execute `machine.bootloader()` at the
MicroPython REPL. Alternatively, hold down the BOOTSEL button while plugging the board into USB. The uf2 file
below should then be copied to the USB mass storage device that appears. Once programming of the new
firmware is complete the device will automatically reset and be ready for use.

Firmware

Releases

v1.17 (20210902) None [.uf2] [Release notes]
v1.16 (20210618) None [.uf2] [Release notes]
v1.15 (20210418) None [.uf2] [Release notes]
v1.14 (20210202) None [.uf2] [Release notes]

Nightly builds

v1.17-117-g590ec2ca6 (20211028) None [.uf2]
v1.17-114-gab754d592 (20211027) None [.uf2]
v1.17-112-g9519484c5 (20211027) None [.uf2]
v1.17-109-g43467b9c7 (20211026) None [.uf2]

▲ 그림 2-16

TIP 2021년 11월 기준 최신 펌웨어 버전은 v1.17입니다. 독자 여러분은 다운로드 시점에 최신 버전을 받아 설치하도록 합니다.

TIP 파일을 찾지 못할 경우 앤써북에서 소스 패키지와 함께 제공하는 다음 이미지를 사용합니다.

📄 rp2-pico-20210902-v1.17.uf2

⑤ 다음과 같이 uf2 파일이 다운로드 됩니다.

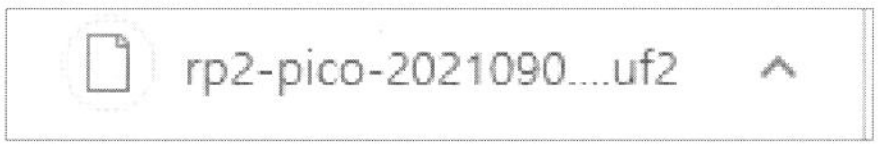

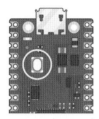

▲ 그림 2-17

⑥ 다음 그림과 같이 라즈베리파이 피코 상에 있는 버튼을 누릅니다.

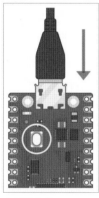

▲ 그림 2-20

⑦ 버튼을 누른 상태로 USB 단자를 PC와 연결합니다.

▲ 그림 2-21

TIP USB가 연결된 상태에서 라즈베리파이 피코 상에 있는 버튼을 누른 채, RUN 버튼을 눌러도 됩니다. RUN 버튼은 RP2040 칩의 리셋 버튼입니다

▲ 그림 2-23

⑧ 그러면 다음과 같이 [RPI-RP2] 저장 장치로 인식됩니다.

▲ 그림 2-23

⑨ 다운로드 받은 uf2 파일을 마우스 왼쪽 버튼으로 집습니다.

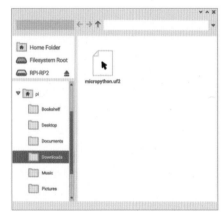

▲ 그림 2-24

⑩ uf2 파일을 [RPI-RP2] 저장 장치로 이동 시킵니다.

▲ 그림 2-25

11 uf2 파일이 라즈베리파이 피코 상에 정상적으로 업로드 되면 저장 장치는 사라집니다.

12 피코는 PC와 연결된 상태로 둡니다.

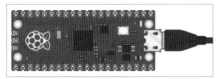

▲ 그림 2-26

02-2 Thonny IDE 설치하기

다음은 Thonny IDE를 설치합니다. Thonny IDE는 라즈베리파이 피코 기본 환경입니다.

1 다음과 같이 검색합니다.

▲ 그림 2-27

2 다음 사이트로 들어갑니다.

▲ 그림 2-28

3 다음 페이지가 열립니다. 화면 우측 상단에 있는 [Windows] 링크를 누릅니다.

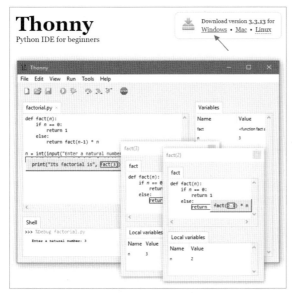

▲ 그림 2-29

4 다음과 같이 설치 프로그램이 다운로드 됩니다. 프로그램을 실행시켜 설치합니다.

▲ 그림 2-30

5 다음과 같이 설치 모드 설정 선택 창이 뜹니다. 추천 상태인 [Install for me only] 버튼을 눌러 설치를 진행합니다.

▲ 그림 2-31

6 다음과 같이 [설치 환영] 창이 뜹니다. [Next] 버튼을 누릅니다.

▲ 그림 2-32

7 다음은 [사용권 동의] 창입니다. 동의 선택 후, [Next] 버튼을 누릅니다.

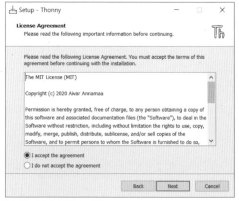

▶ 그림 2-33

8 [설치 위치 선택] 창입니다. 기본 상태에서 [Next] 버튼을 누릅니다.

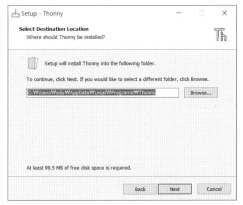

▲ 그림 2-34

9 [시작 메뉴 폴더 선택] 창입니다. 기본 상태에서 [Next] 버튼을 누릅니다.

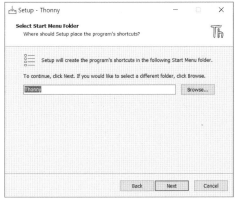

▲ 그림 2-35

10 [추가 작업 선택] 창입니다. 기본 상태에서 [Next] 버튼을 누릅니다.

▲ 그림 2-36

11 [설치 준비 완료] 창입니다. [Install] 버튼을 눌러 설치를 진행합니다.

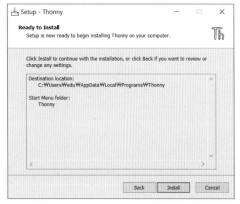

▲ 그림 2-37

12 설치가 완료되면 다음과 같은 창이 뜹니다. [Finish] 버튼을 눌러 설치를 완료합니다.

▲ 그림 2-38

02-3 파이썬 실습 환경 설정하기

여기서는 피코 파이썬 실습 환경을 설정해 봅니다.

1 데스크 탑 좌측 하단에 있는 [검색] 창을 찾아 [thonny]를 입력합니다.

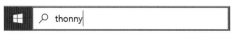

▲ 그림 2-39

2 다음 프로그램을 실행합니다.

▲ 그림 2-40

3 처음엔 다음과 같이 [언어 선택과 초기 설정] 창이 뜹니다. 언어를 한국어로 선택한 후, [Let's go!] 버튼을 누릅니다.

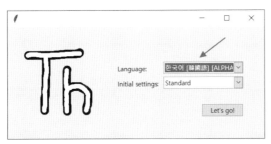

▲ 그림 2-41

4 다음과 같이 [Thonny IDE] 프로그램이 실행됩니다. 하단에는 Thonny IDE가 기본적으로 지원하는 PC용 파이썬 쉘이 실행됩니다.

▲ 그림 2-42

마이크로파이썬 쉘 실행하기

5 [Thonny IDE] 우측 하단에 있는 [Python 3.7.9] 부분을 마우스 왼쪽 버튼으로 누릅니다. 그러면 다음과 같이 팝업 창이 뜹니다. [MicroPython (Raspberry Pi Pico)]를 선택합니다.

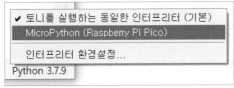

▲ 그림 2-43

6 그러면 다음과 같이 피코에 설치된 마이크로파이썬 쉘이 실행됩니다.

▲ 그림 2-44

TIP 마이크로파이썬 쉘은 라즈베리파이 피코와 같은 소형 컴퓨터 상에서 실행되는 파이썬3 기반의 경량화된 파이썬 쉘입니다.

마이크로파이썬 쉘에 명령 주기

7 다음과 같이 명령을 줘 봅니다.

```
>>> print("Hello, Pico!")
 Hello, Pico!
>>>
```

▲ 그림 2-45

8 다음과 같이 명령을 줘 봅니다.

```
>>> from machine import Pin
>>> led = Pin(25, Pin.OUT)
>>> led.value(1)
>>>
```

▲ 그림 2-46

9 피코 보드 상에 있는 LED가 켜지는 것을 확인합니다.

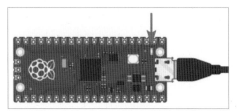

▲ 그림 2-47

🔟 다음과 같이 명령을 줘 봅니다.

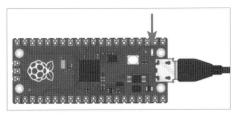

```
>>> led.value(0)
>>>
```

▲ 그림 2-48

🔢 피코 보드 상에 있는 LED가 꺼지는 것을 확인합니다.

▲ 그림 2-49

파이썬 프로그램 작성하기

🔢 다음과 같이 〈untitled〉 파일 상에 프로그램을 작성합니다.

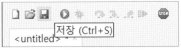

```
Thonny - <untitled> @ 2 : 26          —   □   ×
파일 편집 보기 실행 도구 도움말

<untitled> * ·
   1  while True:
   2      print("Hello, Pico!")
```

▲ 그림 2-50

🔢 다음과 같이 [저장] 버튼을 누릅니다.

```
저장 (Ctrl+S)
<untitled>
```

▲ 그림 2-51

🔢 다음과 같이 [저장 위치] 선택 창이 뜹니다. [Raspberry Pi Pico] 버튼을 누릅니다.

```
Thonny Where to save to?          ×

          이 컴퓨터


       Raspberry Pi Pico
```

▲ 그림 2-52

TIP [이 컴퓨터]를 선택하여 적당한 위치에 저장해도 됩니다.

15 다음과 같은 창이 뜹니다.

▲ 그림 2-53

❶ [파일 이름]에 [_00_hello.py]를 입력한 후, ❷ [확인] 버튼을 누릅니다.

16 다음과 같이 파일이 저장됩니다.

▲ 그림 2-54

TIP 이렇게 하면 라즈베리파이 피코 상에서 동작하는 마이크로파이썬 쉘의 최상위 디렉터리(/)에 저장됩니다.

파이썬 프로그램 실행하기

17 다음과 같이 프로그램을 실행시킵니다.

▲ 그림 2-55

초록색 삼각형 아이콘을 마우스로 눌러줍니다.

18 다음은 실행 결과 화면입니다.

▲ 그림 2-56

파이썬 프로그램 종료하기

19 다음과 같이 프로그램을 종료합니다.

▲ 그림 2–57

빨간색 [STOP] 아이콘을 마우스로 눌러줍니다.

20 다음은 프로그램 종료 화면입니다.

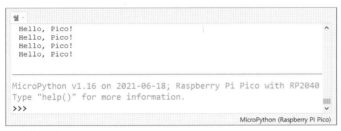
▲ 그림 2–58

03 _ print 함수

여기서는 print 함수에 대한 사용법을 익혀봅니다. print 함수는 문자열과 숫자를 출력해 주는 함수로 프로그램 내부의 중요한 정보를 사용자에게 알려줍니다. 파이썬에서 문자열을 출력하고자 할 경우엔 print 함수를 사용하면 됩니다.

03-1 print

print 함수는 문자열과 숫자를 출력해 주는 함수로 프로그램 내부의 중요한 정보를 사용자에게 알려줍니다.

1 다음과 같이 예제를 작성합니다.

```
231.py
01 print("Hello. I'm Raspberry Pi Pico~")
```

01 : print 함수를 호출하여 "Hello. I'm Raspberry Pi Pico~" 문자열을 출력합니다.

2 ⊙ 버튼을 눌러 프로그램을 실행시킵니다. 다음은 실행 결과 화면입니다.

```
 Hello. I'm Raspberry Pi Pico~
```
▲ 그림 2-59

"Hello. I'm Raspberry Pi Pico~" 문자열이 출력됩니다.

03-2 while

어떤 일을 반복하고자 할 경우엔 while 문을 사용합니다.

1 다음과 같이 예제를 수정합니다.

```
232.py
01 while True:
02     print("Hello. I'm Raspberry Pi Pico~")
```

01 : while True 문을 수행하여 2 줄을 무한 반복합니다. 온점(:)은 while 문의 시작을 나타냅니다. while 문 안에서 동작하는 문장은 while 문 보다 탭 문자 하나만큼 들여 써야 합니다. 또는 스페이스 문자 4 개만큼 들여 쓰기도 합니다. 여기서는 print 함수가 while 문의 영향을 받습니다.

02 : print 함수를 호출하여 "Hello. I'm Raspberry Pi Pico~" 문자열을 출력합니다.

2 ◉ 버튼을 눌러 프로그램을 실행시킵니다. 다음은 실행 결과 화면입니다.

```
Hello. I'm Raspberry Pi Pico~
Hello. I'm Raspberry Pi Pico~
Hello. I'm Raspberry Pi Pico~
```

▲ 그림 2-60

"Hello. I'm Raspberry Pi~" 문자열이 빠른 속도로 무한 출력됩니다.

TIP 프로그램을 강제 종료하기 위해서는 ◉ 아이콘을 눌러줍니다.

03-3 time.sleep

시간에 대한 지연을 주고자 할 경우엔 time 라이브러리의 sleep 함수를 사용합니다.

1 다음과 같이 예제를 작성합니다.

```
233.py

01 import time
02
03 while True:
04      print("Hello. I'm Raspberry Pi Pico~")
05      time.sleep(0.5)
```

01 : time 모듈을 불러옵니다. 6줄에서 time 모듈이 제공하는 sleep 함수를 사용하기 위해 필요합니다.

05 : time 모듈이 제공하는 sleep 함수를 호출하여 0.5초간 지연을 줍니다.

2 ◉ 버튼을 눌러 프로그램을 실행시킵니다. 다음은 실행 결과 화면입니다.

```
Hello. I'm Raspberry Pi Pico~
Hello. I'm Raspberry Pi Pico~
Hello. I'm Raspberry Pi Pico~
```

▲ 그림 2-60

"Hello. I'm Raspberry P Picoi~" 문자열이 0.5초마다 반복해서 출력됩니다.

TIP 프로그램을 강제 종료하기 위해서는 ◉ 아이콘을 눌러줍니다.

03-4 문자열, 숫자 출력하기

여기서는 print 함수를 이용하여 문자열, 숫자를 출력해봅니다.

1 다음과 같이 예제를 작성합니다.

```
234.py
01 print("Hello. I'm Raspberry Pi Pico~")
02 print(78)
03 print(1.23456)
```

01 : 문자열을 출력합니다.
02 : 10진수 정수 78을 출력합니다.
03 : 실수 1.23456을 10진 실수 문자열로 변환하여 출력합니다.

2 ⊙ 버튼을 눌러 프로그램을 실행시킵니다. 다음은 실행 결과 화면입니다.

```
Hello. I'm Raspberry Pi Pico~
78
1.23456
```

▲ 그림 2–61

03-5 형식 문자열 사용하기

여기서는 문자열 형식을 이용하여 문자열, 숫자를 출력해봅니다. 문자열 형식은 출력하고자 하는 문자열 내에 % 문자를 이용하여 문자열과 숫자를 표시하는 방법입니다.

1 다음과 같이 예제를 작성합니다.

```
235.py
01 print("%s" %"Hello. I'm Raspberry Pi Pico~")
02 print("%d" %78)
03 print("%f" %1.23456)
```

01 : %s는 문자열 형식(string format)을 나타내며 %s 자리에 들어갈 문자열은 %"Hello. I'm Raspberry Pi~" 부분이 됩니다. 주의할 점은 첫 번째 문자열과 두 번째 문자열 사이에 쉼표(,)가 들어가지 않습니다.
02 : %d는 십진수 형식(decimal format)을 나타내며 %d 자리에 들어갈 문자열은 %78 부분이 됩니다.
03 : %f는 실수 형식(floating point format)을 나타내며 %f 자리에 들어갈 문자열은 %1.23456 부분이 됩니다.

❷ ⏵ 버튼을 눌러 프로그램을 실행시킵니다. 다음은 실행 결과 화면입니다.

```
Hello. I'm Raspberry Pi Pico~
78
1.234560
```

▲ 그림 2-62

03-6 정수, 실수 출력하기

여기서는 문자열 형식을 이용하여 10진수와 16진수 정수를 출력해 봅니다. 또, 10진 실수의 소수점 이하 출력을 조절해 봅니다.

❶ 다음과 같이 예제를 작성합니다.

```
235.py
01 print("%d" %78)
02 print("%d %x" %(78, 78))
03 print("%.0f" %1.23456)
04 print("%.2f" %1.23456)
05 print("%.4f" %1.23456)
```

01 : %d 형식은 정수를 10진수 문자열로 변환하는 형식입니다. 여기서는 정수 78을 10진수 문자열로 변환하여 출력합니다. %d에 맞추어 출력할 숫자는 % 뒤에 붙여줍니다. %78과 같이 % 뒤에 10진수 78을 붙였습니다.
02 : %x 형식은 정수를 16진수 문자열로 변환하는 형식입니다. 여기서는 정수 78을 10진수와 16진수 문자열로 변환하여 출력합니다. 포맷이 하나 이상일 경우엔 % 뒤에 ( ) 안에 넣어줍니다. % 뒤에 (78, 78)를 붙였습니다.
03 : 실수 1.23456을 소수점 이하 0개까지 10진 실수 문자열로 변환하여 출력합니다.
04 : 실수 1.23456을 소수점 이하 2개까지 10진 실수 문자열로 변환하여 출력합니다.
05 : 실수 1.23456을 소수점 이하 4개까지 10진 실수 문자열로 변환하여 출력합니다.

❷ ⏵ 버튼을 눌러 프로그램을 실행시킵니다. 다음은 실행 결과 화면입니다.

```
78
78 4e
1
1.23
1.2346
```

▲ 그림 2-63

03-7 str.format 함수 사용해 보기

이전 예제에서 살펴본 %를 이용한 문자열 출력은 C에서 사용하던 방식입니다. 여기서는 파이썬3 이후부터 지원하는 str.format 함수를 이용한 방법을 소개합니다.

1 다음과 같이 이전 예제를 수정합니다.

237.py

```python
01 print("{}".format(78))
02 print("{} {:x}".format(78, 78))
03 print("{:.0f}".format(1.23456))
04 print("{:.2f}".format(1.23456))
05 print("{:.4f}".format(1.23456))
```

01 : 정수 78을 출력합니다. str.format 함수는 출력하고자 하는 문자열에 대해 format 함수를 붙여서 사용합니다. format 함수의 인자에 대응하는 문자열은 중괄호 {}로 표현합니다.

02 : 정수 78을 십진수와 십육진수로 표현합니다. 십육진수로 표현하고자 할 경우엔 중괄호 {} 안에 형식 문자를 넣어줍니다. 십육진수의 형식 문자는 :x입니다. 이전 예제에서 %대신 :을 사용합니다. 문자열 내의 첫 번째 중괄호는 format 함수의 첫 번째 인자, 두 번째 중괄호는 두 번째 인자에 대응됩니다.

03 : 실수 1.23456 값을 소수점 이하 0개까지 10진 실수 문자열로 변환하여 출력합니다. 실수의 기본 형식은 :f입니다. 이전 예제에서 %대신 :을 사용합니다.

04 : 실수 1.23456 값을 소수점 이하 2개까지 10진 실수 문자열로 변환하여 출력합니다.

05 : 실수 1.23456 값을 소수점 이하 4개까지 10진 실수 문자열로 변환하여 출력합니다.

2 ▣ 버튼을 눌러 프로그램을 실행시킵니다. 다음은 실행 결과 화면입니다.

```
78
78 4e
1
1.23
1.2346
```

▲ 그림 2-64

04 _ LED 켜고 끄기 : Pin.value 함수

Pin 모듈이 제공하는 value 함수는 할당된 핀에 1 또는 0을 써서 할당된 핀을 VCC 또는 GND로 연결하는 역할을 합니다. 여기서는 Pin 모듈이 제공하는 value 함수를 이용하여 LED를 켜보고 꺼보는 예제를 수행해 봅니다.

다음은 라즈베리파이 피코 보드입니다.

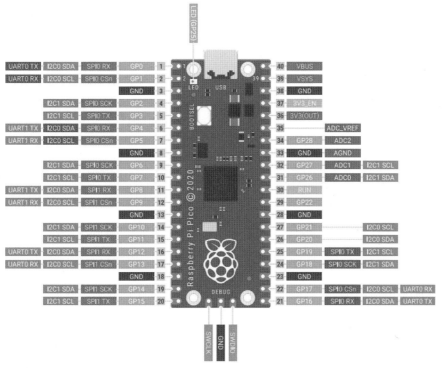

▲ 그림 2-65

Pin.value 함수를 통해 제어할 수 있는 핀은 연두색으로 표시된 GPIO 핀들입니다. GPIO(General Purpose Input Output)는 범용 목적 입력 출력을 의미하며, 라즈베리파이 피코의 RP2040 칩 내부에 있는 CPU, UART, I2C, SPI, PWM 등의 하드웨어 모듈에 할당하여 사용하는 입출력 핀입니다. 피코 보드에는 LED 1개가 기본 장착되어 있으며, GP25번 핀에 연결되어 있습니다. 다음은 GPIO25 핀에 연결된 LED 회로도입니다. LED는 GPIO25번 핀이 VCC에 연결되면 켜지고, GND에 연결되면 꺼지는 형태로 연결되어 있습니다.

04-1 LED 켜고 끄기

여기서는 Pin.value 함수를 이용하여 25번 핀에 연결된 LED를 켜고 꺼봅니다.

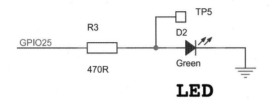

▲ 그림 2-66

LED 켜기

먼저 Pin.value 함수를 이용하여 LED를 켜 봅니다.

1 다음과 같이 예제를 작성합니다.

```
241_1.py

01 from machine import Pin
02
03 led_pin = Pin(25, Pin.OUT)
04
05 led_pin.value(1)
```

01 : machine 모듈로부터 하위 모듈인 Pin 모듈을 불러옵니다.

03 : Pin 객체를 생성한 후에 led_pin 변수에 할당합니다. Pin 객체 생성 시 첫 번째 인자로 25, 두 번째 인자로 Pin.OUT을 넘겨줍니다. 이렇게 하면 GPIO 25번 핀을 출력으로 설정합니다. GPIO 25번 핀은 피코 보드에 장착된 LED에 연결된 핀입니다.

05 : value 함수를 호출하여 led_pin을 1로 설정합니다. 이렇게 하면 led_pin에 연결된 LED가 켜집니다.

2 ▶ 버튼을 눌러 프로그램을 실행시킵니다.

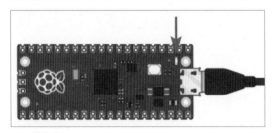

▲ 그림 2-67

피코 보드 상에 있는 LED가 켜지는 것을 확인합니다.

LED 끄기

다음은 Pin.value 함수를 이용하여 LED를 꺼 봅니다.

1 다음과 같이 예제를 수정합니다.

```
241_2.py
01 from machine import Pin
02 import time
03
04 led_pin = Pin(25, Pin.OUT)
05
06 led_pin.value(1)
07 time.sleep(2.0)
08 led_pin.value(0)
```

02 : sleep 함수를 사용하기 위하여 time 모듈을 불러옵니다.
06 : value 함수를 호출하여 led_pin을 1로 설정합니다. 이렇게 하면 led_pin에 연결된 LED가 켜집니다.
07 : time.sleep 함수를 호출하여 2.0초간 기다립니다.
08 : value 함수를 호출하여 led_pin을 0으로 설정합니다. 이렇게 하면 led_pin에 연결된 LED가 꺼집니다.

2 ▶ 버튼을 눌러 프로그램을 실행시킵니다.

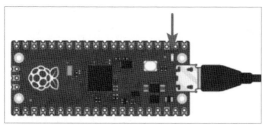

▲ 그림 2-68

피코 보드 상에 있는 LED가 꺼지는 것을 확인합니다.

04-2 LED 점멸 반복해보기

여기서는 Pin.value 함수와 time.sleep 함수를 이용하여 LED를 켜고 끄고를 반복해 봅니다.

1 다음과 같이 예제를 수정합니다.

```
242.py
01 from machine import Pin
02 import time
03
04 led_pin = Pin(25, Pin.OUT)
05
06 while True:
07     led_pin.value(1)
08     time.sleep(0.5)
09     led_pin.value(0)
10     time.sleep(0.5)
```

06 : 계속해서 7~10줄을 수행합니다.
07 : value 함수를 호출하여 led_pin을 1로 설정합니다. 이렇게 하면 led_pin에 연결된 LED가 켜집니다.
08 : time.sleep 함수를 호출하여 0.5 초간 지연을 줍니다.
09 : value 함수를 호출하여 led_pin을 0으로 설정합니다. 이렇게 하면 led_pin에 연결된 LED가 꺼집니다.
10 : time.sleep 함수를 호출하여 0.5 초간 지연을 줍니다.

2 ▶ 버튼을 눌러 프로그램을 실행시킵니다.

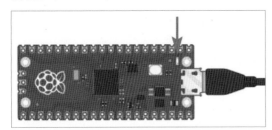

▲ 그림 2-69

1초 주기로 LED가 켜졌다 꺼졌다 하는 것을 확인합니다. 즉, 1Hz의 주파수로 LED가 점멸하는 것을 확인합니다.

▲ 그림 2-70

LED의 점등은 led_pin을 통해 나오는 1 값에 의해 발생합니다. LED의 소등은 led_pin을 통해 나오는 0 값에 의해 발생합니다. 즉, led_pin으로는 위 그림과 같이 1, 0 값에 의해 HIGH, LOW 신호가 1초 주기로 나오게 되며, 이 값들에 의해 LED는 점멸을 반복하게 됩니다. 그리고 이 경우 여러분은 LED가 점멸 하는 것을 느낄 수 있습니다.

TIP 프로그램을 강제 종료하기 위해서는 ⏹ 아이콘을 눌러줍니다.

04-3 LED 점멸 간격 줄여보기

여기서는 Pin.value 함수와 time.sleep 함수를 이용하여 아래와 같은 사각 파형에 대한 주파수와 상하비의 개념을 이해해 보도록 합니다.

▲ 그림 2-71

주파수란 1초간 반복되는 사각 파형의 개수를 의미하며, 상하비란 사각 파형의 HIGH 구간과 LOW 구간의 비를 의미합니다.

이제 LED의 점멸 간격을 줄여보도록 합니다. 그러면 여러분은 좀 더 조밀하게 LED가 점멸하는 것을 느낄 것입니다.

1 다음과 같이 예제를 수정합니다.

```
243.py

01 from machine import Pin
02 import time
03
04 led_pin = Pin(25, Pin.OUT)
05
06 while True:
07     led_pin.value(1)
08     time.sleep(0.05)
09     led_pin.value(0)
10     time.sleep(0.05)
```

08, 10 : 0.5를 0.05로 변경합니다. 즉, 0.05 초간 지연을 줍니다.

2 ◉ 버튼을 눌러 프로그램을 실행시킵니다.

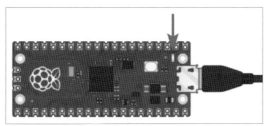

▲ 그림 2-72

이 예제의 경우 LED는 초당 10번 점멸 하게 됩니다. 즉, 10Hz의 주파수로 점멸하게 됩니다.

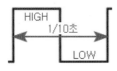

▲ 그림 2–73

그림과 같은 파형이 초당 10개가 생성됩니다. 이 경우에도 여러분은 반복적으로 LED가 점멸하는 것을 느낄 것입니다. 그러나 그 간격은 더 조밀하게 느껴질 것입니다.

TIP 프로그램을 강제 종료하기 위해서는 ⏹ 아이콘을 눌러줍니다.

04-4 LED 점멸을 밝기로 느껴보기

LED의 점멸 간격을 더 줄여보도록 합니다. 여기서 여러분은 LED의 점멸을 느끼지 못하게 될 것입니다. 오히려 LED가 일정한 밝기로 켜져 있다고 느낄 것입니다.

1 다음과 같이 예제를 수정합니다.

```
244.py
01 from machine import Pin
02 import time
03
04 led_pin = Pin(25, Pin.OUT)
05
06 while True:
07       led_pin.value(1)
08       time.sleep(0.005)
09       led_pin.value(0)
10       time.sleep(0.005)
```

08, 10 : 0.05를 0.005로 변경합니다. 즉, 0.005 초간 지연을 줍니다.

2 ⏺ 버튼을 눌러 프로그램을 실행시킵니다. 다음은 실행 결과 화면입니다.

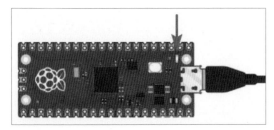

▲ 그림 2–74

이 예제의 경우 LED는 초당 100번 점멸 하게 됩니다. 즉, 100Hz의 주파수로 점멸하게 됩니다.

▲ 그림 2-75

그림과 같은 파형이 초당 100개가 생성됩니다. 이제 여러분은 LED가 점멸하는 것을 느끼지 못할 것입니다. 오히려 LED가 일정하게 켜져 있다고 느낄 것입니다. 일반적으로 이러한 파형이 초당 43개이상이 되면, 즉, 43Hz 이상의 주파수로 LED 점멸을 반복하면 우리는 그것을 느끼기 어렵습니다.

TIP 프로그램을 강제 종료하기 위해서는 ● 아이콘을 눌러줍니다.

TIP 파이썬의 경우 통역 방식의 언어이기 때문에 실제 실행 속도는 C 언어와 같은 번역 방식의 언어보다 많이 늦습니다. 그래서 이 예제의 경우 실제로는 100Hz의 속도를 내기 어려울 수 있습니다. 그래서 LED가 깜빡이는 현상이 발생할 수 있습니다.

04-5 LED 밝기 변경해보기

이제 Pin.value 함수와 time.sleep 함수를 이용하여 LED의 밝기를 변경해 보도록 합니다. 이전 예제의 경우 LED는 100Hz의 속도로 50%는 점등을, 50%는 소등을 반복하였습니다. 그리고 이 경우 우리는 LED의 밝기를 평균값인 50%의 밝기로 느꼈습니다. 만약 LED에 대해 10%는 점등을, 90%는 소등을 반복한다면 우리는 LED의 밝기를 어떻게 느낄까요? 평균 10%의 밝기로 느끼게 되지 않을까요? 예제를 통해 확인해 보도록 합니다.

LED 어둡게 해 보기
먼저 사각파형의 HIGH 구간을 10%로 해 LED를 어둡게 해 봅니다.

1 다음과 같이 예제를 수정합니다.

245_1.py
```
01 from machine import Pin
02 import time
03
04 led_pin = Pin(25, Pin.OUT)
05
06 while True:
07     led_pin.value(1)
08     time.sleep(0.001)
09     led_pin.value(0)
10     time.sleep(0.009)
```

08 : 0.005를 0.001로 변경합니다.
10 : 0.005를 0.009로 변경합니다.

2 ▶ 버튼을 눌러 프로그램을 실행시킵니다. 다음은 실행 결과 화면입니다.

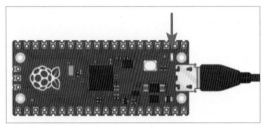
▲ 그림 2-76

이 예제의 경우도 LED는 초당 100번 점멸 하게 됩니다. 즉, 100Hz의 주파수로 점멸하게 됩니다. 그러나 10%는 점등 상태로, 90%는 소등 상태로 있게 됩니다. 그래서 우리는 LED가 이전 예제에 비해 어둡다고 느끼게 됩니다.

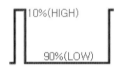
▲ 그림 2-77

그림에서 LED는 실제로 10%만 점등 상태이지만 100Hz의 주파수로 점멸하기 때문에 우리는 10%의 평균 밝기로 느끼게 됩니다. 10%는 1 값에 의해 켜져 있고 90%는 0 값에 의해 꺼져있으며, 이 경우 (HIGH:LOW)=(1:9)이 되게 됩니다. 즉, 상하비가 1:9가 됩니다.

TIP 프로그램을 강제 종료하기 위해서는 🔴 아이콘을 눌러줍니다.

LED 밝게 해 보기

다음은 사각파형의 HIGH 구간을 90%로 해 LED를 밝게 해 봅니다.

1 다음과 같이 예제를 수정합니다.

```
245_2.py

01 from machine import Pin
02 import time
03
04 led_pin = Pin(25, Pin.OUT)
05
06 while True:
07     led_pin.value(1)
08     time.sleep(0.009)
```

```
09        led_pin.value(0)
10        time.sleep(0.001)
```

08 : 0.001을 0.009로 변경합니다.
10 : 0.009를 0.001로 변경합니다.

2 ● 버튼을 눌러 프로그램을 실행시킵니다. 다음은 실행 결과 화면입니다.

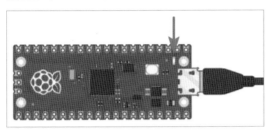

▲ 그림 2-78

이 예제의 경우도 LED는 초당 100번 점멸 하게 됩니다. 즉, 100Hz의 주파수로 점멸하게 됩니다. 그러나 90%는 점등 상태로, 10%는 소등 상태로 있게 됩니다. 그래서 우리는 LED가 이전 예제에 비해 아주 밝다고 느끼게 됩니다.

▲ 그림 2-79

그림에서 LED는 실제로 90%만 점등 상태이지만 100Hz의 주파수로 점멸하기 때문에 우리는 90%의 평균 밝기로 느끼게 됩니다. 90%는 HIGH 구간에 의해 켜져 있고 10%는 LOW 구간에 의해 꺼져있으며, 이 경우 (HIGH:LOW)=(9:1)이 되게 됩니다. 즉, 상하비가 9:1이 됩니다.

TIP 프로그램을 강제 종료하기 위해서는 ● 아이콘을 눌러줍니다.

04-6 LED 밝기 조절해보기

여기서는 10밀리 초 간격으로 시작해서 1초 간격으로 다음의 상하비로 LED의 밝기를 조절해 보도록 합니다.

```
0:10, 1:9, 2:8, 3:7 ... 10:0
```

즉, HIGH 구간의 개수는 0부터 10까지 차례로 늘어나며, 반대로 LOW 구간의 개수는 10부터 0까지 차례로 줄게 됩니다.

1 다음과 같이 예제를 수정합니다.

```
246_1.py
01 from machine import Pin
02 import time
03
04 led_pin = Pin(25, Pin.OUT)
05
06 while True:
07     for t_high in range(0,11):
08         led_pin.value(1)
09         time.sleep(t_high*0.001)
10         led_pin.value(0)
11         time.sleep((10-t_high)*0.001)
```

07 : t_high 변수를 0이상 11 미만의 정수에 대해, 08~11줄을 수행합니다.
08, 09 : LED를 켜고 0.001*t_high 초만큼 기다립니다.
10, 11 : LED를 끄고 0.001*(10-t_high) 초만큼 기다립니다.
09, 11 : 0.001*(t_high + (10 − t_high)) = 0.001*10 = 0.01초가 되어 for문을 한 번 도는 데는 10밀리 초 정도가 되며 for문 전체를 도는 데는 10밀리 초*11회=110밀리 초 정도가 됩니다.

2 ▶ 버튼을 눌러 프로그램을 실행시킵니다. 다음은 실행 결과 화면입니다.

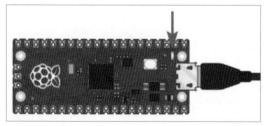

▲ 그림 2-80

10밀리 초 간격으로 다음의 비율로 LED가 밝아집니다.

```
0%, 10% 20%, 30%, ... 100%
```

다음과 같은 형태의 파형으로 LED의 밝기가 변합니다.

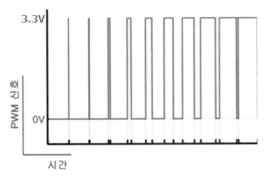

PWM 신호 — 3.3V / 0V, 시간

▲ 그림 2-81

이 예제의 경우 밝기의 변화가 너무 빨라 밝기가 변하는 것을 느끼기는 힘듭니다. 깜빡임으로 느낄 수도 있습니다. 밝기 변화 주기가 110밀리 초이며, 이는 초당 9번 정도의 횟수가 되기 때문에 느끼기 어려울 수 있습니다.

TIP 프로그램을 강제 종료하기 위해서는 🌐 아이콘을 눌러줍니다.

❸ 다음과 같이 예제를 수정합니다.

246_2.py

```
01 from machine import Pin
02 import time
03
04 led_pin = Pin(25, Pin.OUT)
05
06 while True:
07     for t_high in range(0,11):
08         cnt = 0
09         while True:
10             led_pin.value(1)
11             time.sleep(t_high*0.001)
12             led_pin.value(0)
13             time.sleep((10-t_high)*0.001)
14
15             cnt += 1
16             if cnt==10: break
```

08 : cnt 변수를 선언한 후, 0으로 초기화합니다.
09 : 계속해서 10~16줄을 수행합니다.
15 : cnt 값을 하나씩 증가시킵니다.
16 : cnt 값이 10이 되면 09줄에 있는 내부 while 문을 나옵니다.

이렇게 하면 10~16줄을 cnt값이 0에서 9까지 10회 반복하게 됩니다. 그러면 t_high 값을 유지하는 시간을 10밀리 초(0.01초)에서 100밀리 초(0.1초)로 늘릴 수 있습니다. for 문을 수행하는 시간도 110밀리 초(0.11초)에서 1100밀리 초(1.1초)로 늘릴 수 있으며, 우리는 LED 밝기의 변화를 느낄 수 있습니다.

④ ▶ 버튼을 눌러 프로그램을 실행시킵니다. 다음은 실행 결과 화면입니다.

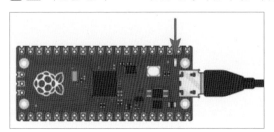

▲ 그림 2-82

1.1 초 주기로 LED의 밝기가 변하는 것을 느낄 수 있습니다.

TIP 프로그램을 강제 종료하기 위해서는 ⬛ 아이콘을 눌러줍니다.

⑤ 다음과 같이 예제를 수정합니다.

```
246_3.py
01 from machine import Pin
02 import time
03
04 led_pin = Pin(25, Pin.OUT)
05
06 while True:
07      for t_high in range(0,11):
08          cnt = 0
09          while True:
10              led_pin.value(1)
11              time.sleep(t_high*0.001)
12              led_pin.value(0)
13              time.sleep((10-t_high)*0.001)
14
15              cnt += 1
16              if cnt==10: break
17      for t_high in range(10,-1,-1):
18          cnt = 0
19          while True:
20              led_pin.value(1)
21              time.sleep(t_high*0.001)
```

```
22                    led_pin.value(0)
23                    time.sleep((10-t_high)*0.001)
24
25                    cnt += 1
26                    if cnt==10: break
```

17 : t_high 변수를 10부터 -1초과까지 1씩 감소시켜가면서, 18~26줄을 수행합니다.
18~26 : 08~16줄의 내용과 같습니다.

이렇게 하면 첫 번째 for문에 의해서 LED가 1.1초간 밝아지며, 두 번째 for문에 의해서 LED가 1.1
초간 어두워집니다.

6 ● 버튼을 눌러 프로그램을 실행시킵니다. 다음은 실행 결과 화면입니다.

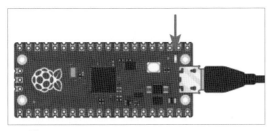

▲ 그림 2-83

LED가 1.1초간 밝아지고, 1.1초간 어두워지는 동작을 반복하는 것을 확인합니다.

TIP 프로그램을 강제 종료하기 위해서는 ⬤ 아이콘을 눌러줍니다.

04-7 A.I. 키트 LED 켜보기

[Raspberry Pi Pico A.I. KIT] 쉴드 상에는 다음과 같이 4개의 LED가 장착되어 있습니다. 4개의
LED는 GPIO0~3 번 핀에 연결되어 있습니다. 여기서는 GPIO0~3 번 핀에 연결된 4개의 LED를
제어해 봅니다.

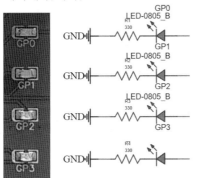

▲ 그림 2-84

1 다음과 같이 예제를 작성합니다.

```
247.py
01 from machine import Pin
02 import time
03
04 leds = [ Pin(pn, Pin.OUT) for pn in range(4) ]
05
06 while True:
07     for led_pin in leds:
08             led_pin.value(1)
09             time.sleep(0.5)
10
11     for led_pin in leds:
12             led_pin.value(0)
13             time.sleep(0.5)
```

04 : 0에서 4미만의 pn에 대해 4개의 Pin 객체를 Pin.OUT으로 설정한 리스트를 생성한 후, leds 변수에 할당합니다.
06 : 계속해서 07~13줄을 수행합니다.
07 : leds의 항목 하나하나를 led_pin으로 받아 08~09줄을 수행합니다.
08 : value 함수를 호출하여 led_pin에 연결된 LED를 켭니다.
09 : time.sleep 함수를 호출하여 0.5초 기다립니다.
11 : leds의 항목 하나하나를 led_pin으로 받아 12~13줄을 수행합니다.
12 : value 함수를 호출하여 led_pin에 연결된 LED를 끕니다.
13 : time.sleep 함수를 호출하여 0.5초 기다립니다.

2 ● 버튼을 눌러 프로그램을 실행시킵니다.

4개의 LED가 0.5초 간격으로 차례대로 켜지고 차례대로 꺼지는 것을 확인합니다.

05 _ machine.PWM 모듈

이전 예제에서 우리는 100Hz의 속도로 0~10개의 1 값으로 LED의 밝기를 조절해 보았습니다. machine.PWM 모듈을 사용할 경우 빠른 주파수와 더 조밀한 상하비로 LED의 밝기를 조절할 수 있습니다. 라즈베리파이 피코의 경우 machine.PWM 모듈을 이용하여 상하비를 0~65025 단계로 조절할 수 있습니다. PWM은 Pulse Width Modulation의 약자로 파형 폭 조절이라는 의미입니다. 파형 폭 조절은 2가지로 ❶ 주파수 조절과 ❷ 상하비 조절을 의미합니다.

machine.PWM 모듈은 GPIO 핀에 하드웨어적으로 아래와 같은 형태의 사각 파형을 내보낼 수 있습니다.

▲ 그림 2-85

하드웨어적이란 말은 피코 칩 내부에 있는 PWM 파형을 생성하는 하드웨어가 직접 핀 제어를 통해 신호를 내 보낸다는 의미입니다. PWM 하드웨어가 직접 핀을 제어하면 주파수와 듀티비의 정밀도가 CPU를 통해 제어하는 것보다 훨씬 높습니다.

다음은 라즈베리파이 피코 보드입니다.

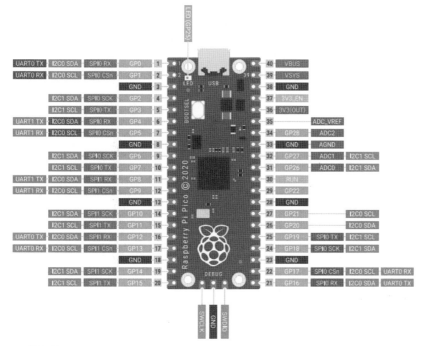

▲ 그림 2-86

machine.PWM 모듈을 통해 제어할 수 있는 핀은 연두색으로 표시된 GPIO 핀들입니다.

여기서는 machine 모듈이 제공하는 PWM 클래스를 이용하여 PWM 객체를 생성한 후, LED의 밝기를 조절해봅니다. 또 부저를 통해 음악을 연주해 봅니다.

05-1 LED 점멸 반복해보기

먼저 machine.PWM 클래스를 이용하여 LED 점멸을 반복해 봅니다.

1 다음과 같이 예제를 작성합니다.

```
251.py
01 from machine import Pin, PWM
02
03 led_pin = PWM(Pin(25))
04
05 led_pin.freq(10)
06
07 led_pin.duty_u16(65025//2)
```

01 : machine 모듈로부터 하위 모듈인 Pin, PWM 모듈을 불러옵니다.

03 : 25번 핀을 인자로 받는 Pin 객체를 생성한 후, Pin 객체를 PWM 객체의 인자로 넘겨줍니다. 생성된 PWM 객체는 led_pin 변수에 할당합니다. 이렇게 하면 GPIO 25번 핀을 PWM 출력으로 설정합니다. GPIO 25번 핀은 라즈베리파이 피코 보드에 장착된 LED에 연결된 핀입니다.

05 : freq 함수를 호출하여 led_pin의 주파수를 10으로 설정합니다. 이렇게 하면 10Hz의 주파수가 led_pin에 생성됩니다. 라즈베리파이 피코의 PWM 최소 주파수는 10Hz입니다.

07 : duty_u16 함수를 호출하여 led_pin의 듀티 사이클 값을 65025//2로 설정합니다. 65025//2는 65025를 2로 나눈 정수값입니다. 라즈베리파이 피코의 듀티 사이클 값은 최대 65025입니다. 듀티 사이클은 PWM 파형의 HIGH 구간의 개수를 의미합니다.

2 ▶ 버튼을 눌러 프로그램을 실행시킵니다. 다음은 실행 결과 화면입니다.

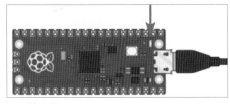

▲ 그림 2-87

0.1초 주기로 LED가 점멸 하는 것을 확인합니다. 즉, 10Hz의 주파수로 LED의 점멸을 확인합니다.

TIP 라즈베리파이 피코 PWM 모듈의 최소 주파수는 10Hz이며, 최대 듀티 사이클 값은 65025입니다. 듀티 사이클은 PWM 파형의 HIGH 구간의 개수를 의미합니다.

▲ 그림 2-88

05-2 LED 점멸을 밝기로 느껴보기

LED의 점멸 간격을 더 줄여보도록 합니다. 여기서 여러분은 LED의 점멸을 느끼지 못하게 될 것입니다. 오히려 LED가 일정하게 켜져 있다고 느낄 것입니다.

1 예제를 다음과 같이 수정합니다.

```
252.py
01 from machine import Pin, PWM
02
03 led_pin = PWM(Pin(25))
04
05 led_pin.freq(100)
06
07 led_pin.duty_u16(65025//2)
```

05 : 10을 100으로 변경합니다. 이렇게 하면 100Hz의 주파수가 led_pin에 생성됩니다.

2 ▶ 버튼을 눌러 프로그램을 실행시킵니다. 다음은 실행 결과 화면입니다.

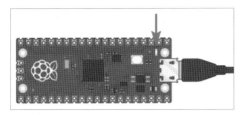

▲ 그림 2-89

이 예제의 경우 LED는 초당 100번 점멸하게 됩니다. 즉, 100Hz의 주파수로 점멸하게 됩니다.

▲ 그림 2-90

그림과 같은 파형이 초당 100개가 생성됩니다. 이제 여러분은 LED가 점멸하는 것을 느끼지 못할 것입니다. 오히려 LED가 일정한 밝기로 켜져 있다고 느낄 것입니다.

05-3 LED 밝기 변경해보기

여기서는 주파수를 1000Hz로 늘려보고, 듀티비를 세밀하게 조절하여 LED의 밝기를 변경해 봅니다. PWM 모듈을 이용하면 앞에서 CPU를 통해 소프트웨어적으로 조절했던 주파수보다 더 높은 주파수를 생성할 수 있으며 더 조밀하게 듀티비를 조절할 수 있습니다.

주파수 늘리기

주파수를 늘리면 LED의 점멸이 더 부드러워집니다. 여기서는 주파수를 늘려 LED 점멸을 좀 더 부드럽게 만들어 봅니다.

1 예제를 다음과 같이 수정합니다.

```
253_1.py

01 from machine import Pin, PWM
02
03 led_pin = PWM(Pin(25))
04
05 led_pin.freq(1000)
06
07 led_pin.duty_u16(65025//2)
```

05 : 100을 1000으로 변경합니다. 이렇게 하면 1000Hz의 주파수가 led_pin에 생성됩니다.

2 ▶ 버튼을 눌러 프로그램을 실행시킵니다. 다음은 실행 결과 화면입니다.

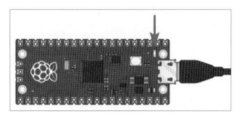

▲ 그림 2-91

이 예제의 경우 LED는 초당 1000번 점멸하게 됩니다. 즉, 1000Hz의 주파수로 점멸하게 됩니다. 이전 예제와 마찬가지로 LED가 일정한 밝기로 켜져 있다고 느낄 것입니다.

LED 어둡게 해 보기

다음은 사각파형의 HIGH 구간을 10%로 해 LED를 어둡게 해 봅니다.

1 예제를 다음과 같이 수정합니다.

```
253_2.py

01 from machine import Pin, PWM
02
03 led_pin = PWM(Pin(25))
04
05 led_pin.freq(1000)
06
07 led_pin.duty_u16(65025//10)
```

07 : 듀티 사이클 (65025//2)를 (65025//10)으로 변경해 줍니다. 이렇게 하면 PWM 파형의 HIGH 구간이 10%로 설정됩니다.

2 ⊙ 버튼을 눌러 프로그램을 실행시킵니다. 다음은 실행 결과 화면입니다.

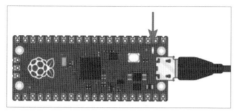

▲ 그림 2-92

이 예제의 경우도 LED는 초당 1000번 점멸 하게 됩니다. 즉, 1000Hz의 주파수로 점멸하게 됩니다. 그러나 10%는 점등 상태로, 90%는 소등 상태로 있게 됩니다. 그래서 우리는 LED가 이전 예제에 비해 어둡다고 느끼게 됩니다.

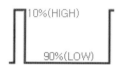

▲ 그림 2-93

그림에서 LED는 실제로 10%만 점등 상태이지만 1000Hz의 주파수로 점멸하기 때문에 우리는 10%의 평균 밝기로 느끼게 됩니다.

LED 밝게 해 보기

다음은 사각파형의 HIGH 구간을 90%로 해 LED를 밝게 해 봅니다.

1 예제를 다음과 같이 수정합니다.

```
253_3.py

01 from machine import Pin, PWM
02
03 led_pin = PWM(Pin(25))
04
05 led_pin.freq(10)
06
07 led_pin.duty_u16(65025//10*9)
```

07 : 듀티 사이클 (65025//10)을 (65025//10*9)로 변경해 줍니다. 이렇게 하면 PWM 파형의 HIGH 구간이 90%로 설정됩니다.

2 ▶ 버튼을 눌러 프로그램을 실행시킵니다. 다음은 실행 결과 화면입니다.

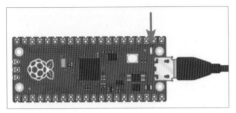

▲ 그림 2-94

이 예제의 경우도 LED는 초당 1000번 점멸 하게 됩니다. 즉, 1000Hz의 주파수로 점멸하게 됩니다. 그러나 90%는 점등 상태로, 10%는 소등 상태로 있게 됩니다. 그래서 우리는 LED가 이전 예제에 비해 아주 밝다고 느끼게 됩니다.

▲ 그림 2-95

그림에서 LED는 실제로 90%만 점등 상태이지만 1000Hz의 주파수로 점멸하기 때문에 우리는 90%의 평균 밝기로 느끼게 됩니다. 90%는 HIGH 구간에 의해 켜져 있고 10%는 LOW 구간에 의해 꺼져 있으며, 이 경우 (HIGH:LOW)=(9:1)이 되게 됩니다. 즉, 상하비가 9:1이 됩니다.

05-4 LED 밝기 조절해보기

여기서는 0.01 초 간격으로 1%씩 LED의 밝기를 조절해 봅니다. PWM 모듈을 이용하면 더 조밀하게 LED의 밝기를 조절할 수 있습니다.

1 예제를 다음과 같이 수정합니다.

```
254_1.py

01 from machine import Pin, PWM
02 import time
03
04 led_pin = PWM(Pin(25))
05
06 led_pin.freq(1000)
07
08 while True:
09         for t_high in range(0, 65025, 65025//100):
10                 led_pin.duty_u16(t_high)
11                 time.sleep(0.01)
```

08 : 계속해서 09~11줄을 수행합니다.

09 : t_high 변수를 0부터 65025미만의 정수에 대해 (65025//100) 단계로, 10~11줄을 수행합니다.

10 : duty_u16 함수를 호출하여 led_pin의 듀티 사이클 값을 t_high로 설정합니다.

11 : time.sleep 함수를 호출하여 0.01초만큼 기다립니다.

2 ◉ 버튼을 눌러 프로그램을 실행시킵니다. 다음은 실행 결과 화면입니다.

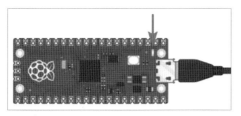

▲ 그림 2-96

0.01초(=10밀리 초) 간격으로 다음의 비율로 LED가 밝아집니다.

```
0%, 1% 2%, 3%, ..., 97%, 98%, 99%, 100%
```

3 예제를 다음과 같이 수정합니다.

```
254_2.py

01 from machine import Pin, PWM
02 import time
03
04 led_pin = PWM(Pin(25))
05
06 led_pin.freq(1000)
07
08 while True:
09     for t_high in range(0, 65025, 65025//100):
10             led_pin.duty_u16(t_high)
11             time.sleep(0.01)
12     for t_high in range(65025, 0, -65025//100):
13             led_pin.duty_u16(t_high)
14             time.sleep(0.01)
```

12 : t_high 변수를 65025부터 0이상의 정수에 대해 −(65025//100) 단계로, 13~14줄을 수행합니다.

4 ◉ 버튼을 눌러 프로그램을 실행시킵니다. 다음은 실행 결과 화면입니다.

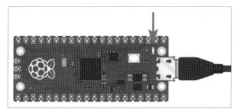

▲ 그림 2-97

약 1초간 0~100 단계로 LED의 밝기가 증가하고 약 1초간 100~0 단계로 LED의 밝기가 감소하는 동작을 반복하는 것을 볼 수 있습니다.

05-5 부저와 소리 이해하기

여기서는 machine 모듈이 제공하는 PWM 클래스를 이용하여 부저의 소리를 조절해 봅니다.

부저 살펴보기

본 책에서 사용할 부저는 다음과 같이 [Raspberry Pi Pico A.I. KIT] 쉴드 상에 장착되어 있는 피에조 부저입니다. 부저는 GPIO6번 핀에 연결되어 있습니다.

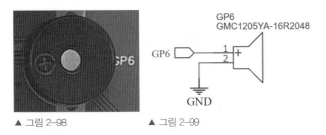

▲ 그림 2-98   ▲ 그림 2-99

소리와 주파수 이해하기

다음은 소리에 따른 주파수 표를 나타냅니다.

옥타브 음계	1	2	3	4	5	6	7	8
C(도)	32.7032	65.4064	130.8128	261.6256	523.2511	1046.502	2093.005	4186.009
C#	34.6478	69.2957	138.5913	277.1826	554.3653	1108.731	2217.461	4434.922
D(레)	36.7081	73.4162	146.8324	293.6648	587.3295	1174.659	2349.318	4698.636
D#	38.8909	77.7817	155.5635	311.1270	622.2540	1244.508	2489.016	4978.032
E(미)	41.2034	82.4069	164.8138	329.6276	659.2551	1318.510	2637.020	5274.041
F(파)	43.6535	87.3071	174.6141	349.2282	698.4565	1396.913	2793.826	5587.652
F#	46.2493	92.4986	184.9972	369.9944	739.9888	1479.978	2959.955	5919.911
G(솔)	48.9994	97.9989	195.9977	391.9954	783.9909	1567.982	3135.963	6271.927
G#	51.9130	103.8262	207.6523	415.3047	830.6094	1661.219	3322.438	6644.875
A(라)	55.0000	110.0000	220.0000	440.0000	880.0000	1760.000	3520.000	7040.000
A#	58.2705	116.5409	233.0819	466.1638	932.3275	1864.655	3729.310	7458.620
B(시)	61.7354	123.4708	246.9417	493.8833	987.7666	1975.533	3951.066	7902.133

옥타브 및 음계별 표준 주파수   (단위 : Hz)

▲ 그림 2-100

예를 들어 4 옥타브에서 도 음에 대한 주파수는 262 Hz가 됩니다. 즉, 1초에 262 개의 사각 파형을 만들어 내면 도 음이 나게 됩니다. 레는 294 Hz, 미는 330 Hz, 파는 349 Hz, 솔은 392 Hz, 라는 440 Hz, 시는 494 Hz, 5 옥타브의 도는 523 Hz가 됩니다.

05-6 부저 소리내보기

여기서는 부저를 이용하여 소리를 내 봅니다.

도 소리 내보기

먼저 도 소리를 내 봅니다.

1 다음과 같이 예제를 작성합니다.

```python
256_1.py

01 from machine import Pin, PWM
02 import time
03
04 buzzer_pin = PWM(Pin(6))
05
06 buzzer_pin.freq(262)
07 buzzer_pin.duty_u16(65025//2)
08
09 time.sleep(2.0)
10 buzzer_pin.duty_u16(0)
```

01 : machine 모듈로부터 하위 모듈인 Pin, PWM 모듈을 불러옵니다.
02 : time 모듈을 불러옵니다.
04 : 6번 핀을 인자로 받는 Pin 객체를 생성한 후, Pin 객체를 PWM 객체의 인자로 넘겨줍니다. 생성된 PWM 객체는 buzzer_pin 변수에 할당합니다. 이렇게 하면 GPIO 6번 핀을 PWM 출력으로 설정합니다.
06 : freq 함수를 호출하여 buzzer_pin의 주파수를 262Hz로 설정합니다. 이렇게 하면 262Hz의 주파수가 생성되며 도 음을 낼 수 있습니다.
07 : duty_u16 함수를 호출하여 buzzer_pin의 듀티 사이클 값을 65025//2로 설정합니다. 65025//2는 65025를 2로 나눈 정수값입니다. 라즈베리파이 피코의 듀티 사이클 값은 최대 65025입니다. 이렇게 하면 사각 파형이 50%의 HIGH 구간을 갖습니다.
09 : 2.0초 동안 기다립니다.
10 : duty_u16 함수를 호출하여 buzzer_pin의 듀티 사이클 값을 0으로 변경합니다. 이렇게 하면 소리가 꺼지게 됩니다.

2 ⊙ 버튼을 눌러 프로그램을 실행시킵니다.

부저에서 2초간 나는 도 음을 확인합니다.

도레 소리 내보기

다음은 도레 소리를 내 봅니다.

1 다음과 같이 예제를 수정합니다.

```
256_2.py
01 from machine import Pin, PWM
02 import time
03
04 buzzer_pin = PWM(Pin(6))
05
06 buzzer_pin.duty_u16(65025//2)
07
08 for cnt in range(0,3):
09     buzzer_pin.freq(262)
10     time.sleep(0.5)
11     buzzer_pin.freq(294)
12     time.sleep(0.5)
13
14 buzzer_pin.duty_u16(0)
```

06 : duty_u16 함수를 호출하여 buzzer_pin의 듀티 사이클 값을 65025//2로 설정합니다. 65025//2는 65025를 2로 나눈 정수값입니다. 라즈베리파이 피코의 듀티 사이클 값은 최대 65025입니다. 이렇게 하면 사각 파형이 50%의 HIGH 구간을 갖습니다.

08 : cnt 변수 값을 0부터 3 미만의 정수에 대해 09~12줄의 동작을 3회 반복합니다.

09 : freq 함수를 호출하여 buzzer_pin의 주파수를 262Hz로 설정합니다. 이렇게 하면 262Hz의 주파수가 생성되며 도 음을 낼 수 있습니다.

10 : time.sleep 함수를 호출하여 0.5초간 기다립니다.

11, 12 : 레 음을 0.5초간 냅니다. 294는 4옥타브 레 음의 주파수입니다.

14 : duty_u16 함수를 호출하여 buzzer_pin의 듀티 사이클 값을 0으로 변경합니다. 이렇게 하면 소리가 꺼지게 됩니다.

2 ⊙ 버튼을 눌러 프로그램을 실행시킵니다.

도 음과 레 음이 0.5초 간격으로 3회 반복되는 것을 확인합니다.

부저 멜로디 연주하기

여기서는 부저를 이용하여 멜로디를 생성해 보도록 하겠습니다.

1 다음과 같이 예제를 수정합니다.

```
256_3.py

01 from machine import Pin, PWM
02 import time
03
04 buzzer_pin = PWM(Pin(6))
05
06 melody = [262,294,330,349,392,440,494,523]
07
08 for note in range(len(melody)):
09     buzzer_pin.freq(melody[note])
10     buzzer_pin.duty_u16(65025//2)
11     time.sleep(0.5)
12     buzzer_pin.duty_u16(0)
13     time.sleep(0.05)
```

06 : 4 옥타브의 도, 레, 미, 파, 솔, 라, 시와 5 옥타브의 도에 해당하는 주파수를 값으로 갖는 리스트 객체를 만든 후,
melody 변수를 생성하여 가리키도록 합니다.
08 : note 변수 값을 melody 리스트의 항목 개수만큼 09~13줄을 수행합니다.
09 : buzzer_pin에 대해 freq 함수를 호출하여 melody[note]주파수로 설정합니다.
10 : duty_u16 함수를 호출하여 buzzer_pin의 듀티 사이클 값을 65025//2로 설정합니다.
11 : 0.5초간 기다립니다.
12 : duty_u16 함수를 호출하여 buzzer_pin의 듀티 사이클 값을 0으로 변경합니다. 이렇게 하면 소리가 꺼지게 됩니다.
13 : 0.05초간 기다립니다.

2 ◉ 버튼을 눌러 프로그램을 실행시킵니다.

도, 레, 미, 파, 솔, 라, 시, 도 음이 연주되는 것을 확인합니다.

06 _ input 함수

input 함수는 사용자 입력을 받는 함수입니다. 사용자로부터 명령을 받고자 할 경우 input 함수를
사용할 수 있습니다.

1 다음과 같이 예제를 작성합니다.

```
260.py

01 while True:
02     userInput = input()
03     print(userInput)
```

01 : 계속해서 2~3줄을 수행합니다.
02 : input 함수를 호출하여 키보드로 입력받은 문자열을 userInput 변수로 받습니다.
03 : print 함수를 호출하여 사용자로부터 전달된 문자열을 출력합니다.

2 ▶ 버튼을 눌러 프로그램을 실행시킵니다. 다음은 실행 결과 화면입니다.

```
>>> %Run -c $EDITOR_CONTENT
 hello
 hello
 world
 world
```

▲ 그림 2-101

키보드를 통해 문자열, 숫자를 입력해봅니다.

TIP 프로그램을 강제 종료하기 위해서는 🔴 아이콘을 눌러줍니다.

07 _ 버튼 상태 읽기 : Pin.value 함수

Pin 모듈이 제공하는 value 함수는 할당된 핀이 VCC로 연결되었는지 GND로 연결되었는지를 확인할 때도 사용할 수 있습니다. 여기서는 Pin 모듈이 제공하는 value 함수를 이용하여 버튼의 상태를 읽어보는 예제를 수행해 봅니다.

다음은 라즈베리파이 피코 보드입니다.

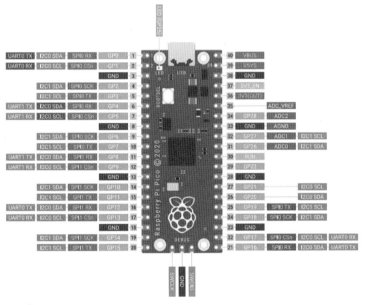

▲ 그림 2-102

Pin.value 함수를 통해 읽을 수 있는 핀은 연두색으로 표시된 GPIO 핀들입니다.

07-1 푸시 버튼 살펴보기

본 책에서 사용할 푸시 버튼의 모양은 다음과 같습니다.

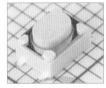

▲ 그림 2-103

[Raspberry Pi Pico A.I. KIT] 쉴드 상에 다음과 같이 양쪽에 장착되어 있으며, 각각 GPIO4, 5번 핀에 연결되어 있습니다.

▲ 그림 2-104

푸시 버튼을 나타내는 기호는 다음과 같고, 극성은 없습니다.

▲ 그림 2-105

일반적인 푸시 버튼의 모양은 다음과 같습니다.

▲ 그림 2-106

다음과 같이 두 쌍의 핀이 있으며, 각 쌍은 내부적으로 연결되어 있습니다.

▲ 그림 2-107

내부적인 연결은 다음과 같습니다.

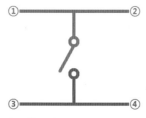

▲ 그림 2-108

풀다운 저항 회로

다음 회로는 풀다운 저항 회로로 버튼의 기본 상태 값이 0인 회로입니다. 풀다운은 0V로 당겨 내린다는 의미로 해석할 수 있습니다.

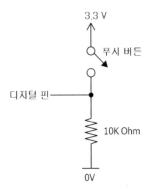

▲ 그림 2-109

이 경우 디지털 핀은 버튼이 눌리지 않았을 때는 10K Ohm 저항을 통해 0V로 연결되며, 논리적으로 0 값이 입력됩니다(10K Ohm 저항 대신에 220 Ohm, 330 Ohm, 1K Ohm 저항을 사용하는 경우도 있습니다. 그러나 저항 값이 너무 낮으면 흐르는 전류량이 많아져 전력 소모가 심해집니다). 버튼을 눌렀을 경우에 디지털 핀은 3.3V로 연결되며, 논리적으로 1 값이 입력됩니다. 저항이 없는 상태에서 버튼을 누를 경우 3.3V와 0V가 직접 연결되는 단락 회로(short-circuit)가 만들어지며, 이 경우 저항이 0 Ω에 가까운 회로가 만들어집니다. 이럴 경우 옴의 법칙(I = V/R)에 의해 아주 큰 전류가 흐르게 되고, 보호회로가 없을 경우에 칩이 망가질 수 있습니다. 저항은 단락 회로를 방지하는 역할을 하게 됩니다.

풀업 저항 회로

다음 회로는 풀업 저항 회로로 버튼의 기본 상태 값이 0인 회로입니다. 풀업은 3.3V로 당겨 올린다는 의미로 해석할 수 있습니다.

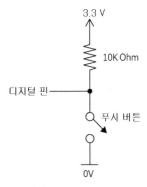

▲ 그림 2-110

이 경우 디지털 핀은 버튼이 눌리지 않았을 때는 220 Ohm 저항을 통해 3.3V로 연결되며, 논리적으로 1 값이 입력됩니다. 220 Ohm 저항 대신에 330 Ohm, 1K Ohm, 10K Ohm 저항을 사용할 수도 있습니다. 버튼을 눌렀을 경우에 디지털 핀은 0V로 연결되며, 논리적으로 0 값이 입력됩니다.

버튼 회로도 살펴보기

다음은 [Raspberry Pi Pico A.I. KIT]의 버튼 회로도입니다.

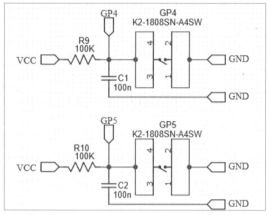

▲ 그림 2-111

GP4, GP5 번 핀을 통해 버튼의 상태를 읽을 수 있습니다. 버튼의 회로는 풀업 저항 회로이며 버튼을 뗀 상태에서 1값이 입력됩니다. 버튼을 누르면 0값이 입력됩니다.

07-2 0, 1 읽어보기

여기서는 Pin.value 함수를 이용하여 0과 1을 읽어봅니다.

1 다음과 같이 예제를 작성합니다.

```
272.py

01 from machine import Pin
02 import time
03
04 button_pin = Pin(5, Pin.IN)
05
06 while True:
07     buttonInput = button_pin.value()
08     print(buttonInput)
09
10     time.sleep(0.01)
```

01 : machine 모듈로부터 하위 모듈인 Pin 모듈을 불러옵니다.

02 : time 모듈을 불러옵니다.

04 : Pin 객체를 생성한 후에 button_pin 변수에 할당합니다. Pin 객체 생성 시 첫 번째 인자로 5, 두 번째 인자로 Pin.IN을 넘겨줍니다. 이렇게 하면 GPIO 5번 핀을 입력으로 설정합니다. GPIO 5번 핀에는 버튼이 연결되어 있습니다.

06 : 계속해서 07~10줄을 수행합니다.

07 : value 함수를 호출하여 button_pin 값을 읽어 buttonInput 변수가 가리키도록 합니다.

08 : buttonInput 변수 값을 출력합니다.

10 : time.sleep 함수를 호출하여 0.01초간 지연을 줍니다.

② ⏵ 버튼을 눌러 프로그램을 실행시킵니다.

버튼을 누른 채 값을 읽어 봅니다. 버튼을 떼고 값을 읽어봅니다.

TIP 프로그램을 강제 종료하기 위해서는 🛑 아이콘을 눌러줍니다.

07-3 버튼 값에 따라 LED 켜기

여기서는 버튼을 누르면 LED가 켜지고 버튼을 떼면 LED가 꺼지도록 프로그램을 작성해 보도록 합니다.

① 다음과 같이 예제를 작성합니다.

```
273.py

01 from machine import Pin
02
03 button_pin = Pin(4, Pin.IN)
04 led_pin = Pin(0, Pin.OUT)
05
06 while True:
07     buttonInput = not button_pin.value()
08     led_pin.value(buttonInput)
```

03 : Pin 객체를 생성한 후에 button_pin 변수에 할당합니다. Pin 객체 생성 시 첫 번째 인자로 4, 두 번째 인자로 Pin.IN을 넘겨줍니다. 이렇게 하면 GPIO 4번 핀을 입력으로 설정합니다. GPIO 4번 핀에는 버튼이 연결되어 있습니다.

04 : Pin 객체를 생성한 후에 led_pin 변수에 할당합니다. Pin 객체 생성 시 첫 번째 인자로 0, 두 번째 인자로 Pin.OUT을 넘겨줍니다. 이렇게 하면 GPIO 0번 핀을 출력으로 설정합니다. GPIO 0번 핀에는 LED가 연결되어 있습니다.

06 : 계속해서 7, 8줄을 수행합니다.

07 : value 함수를 호출하여 button_pin 값을 읽어 buttonInput 변수에 저장합니다. button_pin값을 읽을 때 1이면 0으로, 0이면 1로 buttonInput 변수에 저장합니다.

08 : value 함수를 호출하여 buttonInput 값을 led_pin으로 씁니다.

2 ⏵ 버튼을 눌러 프로그램을 실행시킵니다. 다음은 실행 결과 화면입니다.
버튼을 누르면 LED가 켜지고 버튼을 떼면 LED가 꺼지는 것을 확인합니다.

▲ 그림 2-112

TIP 프로그램을 강제 종료하기 위해서는 ⏺ 아이콘을 눌러줍니다.

07-4 버튼 토글하기

이전 예제에서는 버튼을 누르고 있어야만 LED가 켜졌습니다. 버튼을 떼게 되면 LED가 꺼지게 되어 불편합니다. 여기서는 버튼을 한 번 누르면 LED가 켜지고, 한 번 더 누르면 LED가 꺼지도록 해 봅니다.

1 다음과 같이 예제를 수정합니다.

```
274.py

01 from machine import Pin
02
03 button_pin = Pin(5, Pin.IN)
04 led_pin = Pin(1, Pin.OUT)
05
06 buttonInputPrev = False
07 ledOn = False
08
09 while True:
10     buttonInput = not button_pin.value()
11
12     if buttonInput and not buttonInputPrev:
13             print("rising edge")
14             ledOn = True if not ledOn else False
15             led_pin.value(ledOn)
16     elif not buttonInput and buttonInputPrev:
17             print("falling edge")
18     else: pass
19
20     buttonInputPrev = buttonInput
```

06 : buttonInputPrev 변수를 선언한 후, False 값으로 초기화합니다. buttonInputPrev 변수는 20줄에서 바로 전 button_pin. value 함수가 호출되었을 때의 버튼의 상태 값을 저장하는 변수입니다.

07 : ledOn 변수를 선언한 후, False 값으로 초기화합니다. ledOn 변수는 LED가 켜진 상태를 저장하는 변수입니다.

10 : value 함수를 호출하여 button_pin 값을 읽어 buttonInput 변수에 저장합니다. button_pin값을 읽을 때 10l면 0으로, 0 이면 1로 buttonInput 변수에 저장합니다.

12 : buttonInput 변수가 True를 가리키고, 즉, 현재 버튼이 눌려졌고, buttonInputPrev 변수가 True가 아닌 False를 가리키고, 즉, 이전에 버튼이 눌려지지 않았으면

13 : print 함수를 호출하여 "rising edge" 문자열을 출력하고

14 : ledOn 변수가 True 또는 False를 가리키게 합니다. ledOn 변수가 False를 가리키고 있었다면 True를 가리키도록 변경하고 그렇지 않을 경우, 즉, ledOn 변수가 True를 가리키고 있었다면 False를 가리키도록 변경합니다.

15 : value 함수를 호출하여 led_pin에 ledOn 값을 씁니다.

16 : 그렇지 않고 buttonInput 변수가 False를 가리키고, 즉, 현재 버튼이 눌려져있지 않고, buttonInputPrev 변수가 True를 가리키고 있으면, 즉, 이전에 버튼이 눌려져 있으면

17 : print 함수를 호출하여 "falling edge" 문자열을 출력하고

18 : 그렇지 않으면, 즉, buttonInput 값과 buttonInputPrev 값이 동시에 True이거나 동시에 False이면 아무것도 수행하지 않습니다.

20 : buttonInput이 가리키는 값을 buttonInputPrev 변수가 가리키도록 합니다.

2 ▶ 버튼을 눌러 프로그램을 실행시킵니다. 다음은 실행 결과 화면입니다.

버튼을 누르면 LED가 켜지고 버튼을 떼면 LED가 꺼지는 것을 확인합니다.

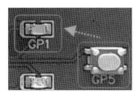

▲ 그림 2-113

TIP 프로그램을 강제 종료하기 위해서는 ⬛ 아이콘을 눌러줍니다.

08 _ Pin.irq 함수

이전 예제에서 버튼을 한 번 누르면 LED가 켜지고, 한 번 더 누르면 LED가 꺼지도록 해 보았습니다. 이 경우 외부 인터럽트를 이용해서 해결할 수도 있습니다.

여기서는 외부 인터럽트에 대해 살펴보고, 외부 인터럽트 처리기를 구현해 봅니다.

08-1 외부 인터럽트 살펴보기

다음은 라즈베리파이 피코 보드입니다.

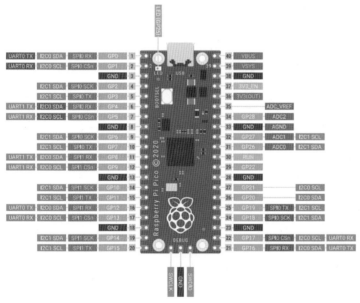

▲ 그림 2-114

라즈베리파이 피코 GPIO 핀은 모두 외부 인터럽트를 발생시키도록 설정할 수 있습니다.

외부 인터럽트 처리하기

GPIO 핀으로 입력되는 값이 0에서 1로 또는 1에서 0으로 신호가 바뀌면 GPIO 모듈을 통해서 RP2040 칩 내부에 있는 CPU로 인터럽트 신호를 보낼 수 있습니다. CPU는 인터럽트 신호를 받으면, 하드웨어적으로 함수를 호출하게 되는데, 이 때 수행되는 함수가 외부 인터럽트 처리 함수가 됩니다. CPU는 인터럽트 처리 함수를 수행하고 나서는 원래 수행되던 코드로 돌아갑니다.

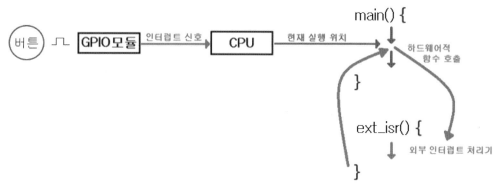

▲ 그림 2-115

08-2 버튼 인터럽트로 LED 켜기

여기서는 외부 인터럽트를 이용하여 LED를 켜고 끄도록 해봅니다.

1 다음과 같이 예제를 작성합니다.

```python
282.py
01 from machine import Pin
02
03 led_state = False
04 led_state_changed = False
05 def buttonPressed(channel):
06     global led_state
07     global led_state_changed
08     led_state = True if not led_state else False
09     led_state_changed = True
10
11 button_pin = Pin(5, Pin.IN)
12 led_pin = Pin(1, Pin.OUT)
13
14 button_pin.irq(buttonPressed, Pin.IRQ_FALLING)
15
16 while True:
17     if led_state_changed == True:
18         led_state_changed = False
19         led_pin.value(led_state)
```

03 : led_state 변수를 선언하여 False를 가리키게 합니다. led_state 변수는 LED의 상태 값을 가리키는 변수입니다.

04 : led_state_changed 변수를 선언하여 False를 가리키게 합니다. led_state_changed 변수는 LED의 상태가 바뀌었다는 것을 알리는 변수입니다.

05~09 : buttonPressed 함수를 정의합니다. 버튼이 눌렸을 경우 수행되는 함수입니다.

06 : led_state 변수를 전역으로 선언합니다. 8 번째 줄에서 led_state 변수 값을 변경하는데, 전역 변수를 함수 내에서 변경하고자 할 경우엔 global 키워드를 붙여주어야 합니다. 그렇지 않을 경우 같은 이름을 가진 buttonPressed 함수의 지역 변수를 생성하려고 시도합니다.

07 : led_state_changed 변수를 전역으로 선언합니다. 9 번째 줄에서 led_state_changed 변수 값을 변경하는데, 전역 변수를 함수 내에서 변경하고자 할 경우엔 global 키워드를 붙여주어야 합니다. 그렇지 않을 경우 같은 이름을 가진 buttonPressed 함수의 지역 변수가 생성됩니다.

08 : led_state 변수 값이 False이면 True를 led_state 변수에 대입합니다. led_state 변수 값이 True이면 False 값을 led_state 변수에 대입합니다.

09 : led_state_changed 변수 값을 True로 설정하여 led_state 변수 값이 바뀌었다는 것을 표시합니다.

14 : button_pin.irq 함수를 호출하여 button 핀으로부터 인터럽트가 발생할 경우 buttonPressed 함수가 호출될 수 있도록 buttonPressed 함수를 등록합니다. 버튼의 입력 값이 1에서 0으로 바뀔 때 인터럽트가 발생하도록 두 번째 인자로 Pin.IRQ_FALLING을 줍니다. 버튼의 입력 값이 0에서 1로 바뀔 때 인터럽트가 발생하도록 할 경우에는 두 번째 인자로 Pin.IRQ_RISIING을 줍니다.

16 : 계속해서 17~19줄을 수행합니다.

17 : led_state_changed 변수 값이 True이면

18 : led_state_changed 변수 값을 False로 돌려놓고

19 : value 함수를 호출하여 led_pin에 led_state 값을 씁니다.

2 ▶ 버튼을 눌러 프로그램을 실행시킵니다. 다음은 실행 결과 화면입니다.

버튼을 누르면 LED가 켜지고, 다시 버튼을 누르면 LED가 꺼지는 것을 확인합니다.

TIP 프로그램을 강제 종료하기 위해서는 ⬛ 아이콘을 눌러줍니다.

TIP 버튼을 누르면 LED가 깜빡이며 이전상태를 유지하는 경우도 있습니다. 이런 현상을 채터링(chattering) 또는 바운싱(bouncing)이라고 하며, 문제를 해결하기 위해서는 회로 상에는 축전지를 장착하고, 소프트웨어적으로는 일정 시간동안 버튼의 상태가 유지되는 것을 확인하는 루틴을 추가해주어야 합니다.

09 _ machinem.Timer 클래스

여기서는 RP2040의 하드웨어 타이머를 이용하여 주기적으로 원하는 동작을 수행해 봅니다.
machine.Timer 클래스는 RP2040의 하드웨어 타이머를 이용하여 주기적으로 수행하고자 하는 함
수를 호출할 수 있도록 해 줍니다.

1 다음과 같이 예제를 작성합니다.

```
290.py
01 from machine import Pin, Timer
02
03 led = Pin(25, Pin.OUT)
04 tim = Timer()
05
06 def tick(timer):
07      global led
08      led.toggle()
09
10 tim.init(freq=2, mode=Timer.PERIODIC, callback=tick)
```

01 : machine 모듈로부터 하위 모듈인 Pin, Timer 모듈을 불러옵니다.
04 : Timer 객체를 생성하여 tim 변수에 할당합니다. Timer 객체는 내부적으로 RP2040의 하드웨어 타이머를 제어하는 함수를 가집니다.
06~08 : tick 함수를 정의합니다.
07 : 03줄에 정의된 led 변수를 사용하겠다는 의미입니다.
08 : toggle 함수를 호출하여 led의 상태를 변경합니다. 켜져 있으면 끄고, 꺼져 있으면 켭니다.
10 : init 함수를 호출하여 tim에 대해 초당 2번 반복적으로 tick 함수를 내부적으로 호출하여 수행하도록 설정합니다. 초당 2번이면 0.5초마다 내부적으로 tick 함수가 호출되고 함수가 호출되면 toggle 함수를 호출하여 LED를 켜거나 끕니다.

2 ● 버튼을 눌러 프로그램을 실행시킵니다. 다음은 실행 결과 화면입니다.
1초 간격으로 LED가 켜지고, LED가 꺼지는 것을 확인합니다.

> **TIP** 프로그램을 강제 종료하기 위해서는 ● 아이콘을 눌러줍니다.

10 _ thread.start_new_thread

이 책에서 사용하는 RP2040은 내부에 2개의 CPU 코어를 갖습니다.

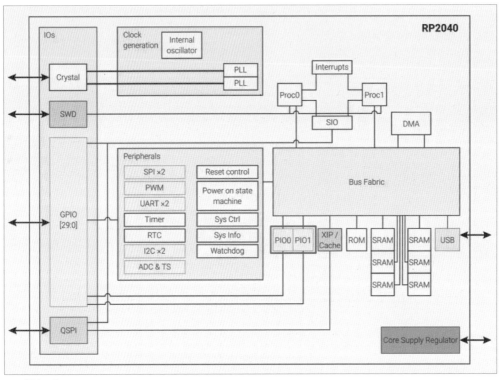

▲ 그림 2-116

기본적으로 파이썬 쉘은 0번 코어에 의해서 수행됩니다. 즉, 우리가 지금까지 작성했던 파이썬 프로그램은 0번 코어에 의해 수행되는 파이썬 쉘이 수행하고 있었습니다. 우리는 1번 코어를 이용해 파이썬 코드를 하나 더 수행할 수 있습니다. 즉, 0번 코어와 1번 코어를 모두 이용하면 2개의 파이썬 코드를 동시에 수행할 수 있습니다.

10-1 쓰레드 생성하기

여기서는 _thread.start_new_thread 함수를 이용하여 1번 코어가 수행할 쓰레드를 하나 생성한 후, 파이썬 프로그램을 읽고 수행하는 파이썬 쉘과 동시에 작업을 수행해 보도록 합니다.

1 다음과 같이 예제를 작성합니다.

```
2101.py

01 import _thread
02 import time
03
04 def t1():
05     while True:
06             print("\tt1")
07             time.sleep(0.5)
08
09 _thread.start_new_thread(t1, ())
10
11 while True:
12     print("main")
13     time.sleep(1.0);
```

01   : _thread 모듈을 불러옵니다. _thread 모듈은 09 줄에서 1번 코어가 수행할 쓰레드를 생성하기 위해 필요합니다.
04~07 : 쓰레드가 수행할 t1 함수를 정의합니다.
05   : 계속 반복해서 06~07줄을 수행합니다.
06   : 탭,t1 문자열을 출력하고,
07   : 0.5초간 기다립니다.
09   : _thread.start_new_thread 함수를 호출하여 t1 함수를 수행할 쓰레드를 하나 생성합니다. 쓰레드 수행 시 t1 함수
         로 넘어갈 인자는 빈 튜플을 주어 넘기지 않습니다. t1 함수는 1번 코어가 수행하게 됩니다.
11   : 계속 반복해서 12~13줄을 수행합니다.
12   : main 문자열을 출력하고,
13   : 1.0초간 기다립니다.

2 ◉ 버튼을 눌러 프로그램을 실행시킵니다. 다음은 실행 결과 화면입니다.

```
main
        t1
        t1
main
        t1
        t1
```

▲ 그림 2-117

주 루틴과 t1 함수가 동시에 수행되는 것을 확인합니다. 주 루틴은 파이썬 쉘이 직접 수행하며 t1 함수는 _thread.start_new_thread 함수에 의해 생성된 쓰레드에서 수행됩니다.

TIP 프로그램을 강제 종료하기 위해서는 ⊕ 아이콘을 눌러줍니다.

10-2 쓰레드로 이중 작업하기

여기서는 _thread.start_new_thread 클래스를 이용하여 쓰레드를 하나 생성한 후, 파이썬 쉘은 사용자 입력을 받고 쓰레드는 t1 문자열을 출력해 봅니다.

1 다음과 같이 예제를 수정합니다.

```
2102.py

01 import _thread
02 import time
03
04 def t1():
05     while True:
06             print("\tt1")
07             time.sleep(0.5)
08
09 _thread.start_new_thread(t1, ())
10
11 while True:
12     userInput = input()
13     print(userInput)
```

12 : 주 쓰레드는 input 함수를 호출하여 사용자 입력을 기다립니다.
13 : 사용자 입력을 출력합니다.

2 ▶ 버튼을 눌러 프로그램을 실행시킵니다. 다음은 실행 결과 화면입니다.

```
        t1
        t1
hello
hello
        t1
        t1
        t1
        t1
```

▲ 그림 2-118

주 루틴과 t1 함수가 동시에 수행되는 것을 확인합니다. 주 루틴은 파이썬 쉘이 직접 수행하며 t1 함수는 _thread.start_new_thread 함수에 의해 생성된 쓰레드에서 수행됩니다. 키보드에 hello 문자열을 입력한 후, 엔터키를 쳐 봅니다. t1 함수를 수행하는 쓰레드는 주기적으로 화면으로 출력을 하고, 파이썬 쉘은 사용자 입력을 기다리다가 사용자 입력이 있으면 입력받은 문자열을 출력합니다.

TIP 프로그램을 강제 종료하기 위해서는 ⬤ 아이콘을 눌러줍니다.

10-3 쓰레드로 LED 점멸 반복해보기

여기서는 쓰레드를 생성하여 LED의 점멸을 반복해보도록 합니다.

1 다음과 같이 예제를 수정합니다.

```
2103.py

01 import _thread
02 import time
03 from machine import Pin
04
05 led = Pin(25, Pin.OUT)
06
07 def blink_led():
08     while True:
09             led.value(1)
10             time.sleep(0.5)
11             led.value(0)
12             time.sleep(0.5)
13
14 _thread.start_new_thread(blink_led, ())
15
16 while True:
17     print("main")
18     time.sleep(1.0)
```

05 : 25번 핀을 출력으로 설정합니다.
07~12 : 쓰레드가 수행할 blink_led 함수를 정의합니다.
08 : 계속 반복해서 9~12줄을 수행합니다.
14 : _thread.start_new_thread 함수를 호출하여 blink_led 함수를 수행할 쓰레드를 하나 생성합니다.

2 ● 버튼을 눌러 프로그램을 실행시킵니다.

주 루틴에서는 1초에 한 번씩 main 문자열이 출력되고, blink_led 함수에서는 1초 주기로 LED 점멸을 반복합니다. 주 루틴은 파이썬 쉘에 의해서 수행되며 blink_led 함수는 _thread.start_new_thread 함수에 의해 생성된 쓰레드에서 수행됩니다.

TIP 프로그램을 강제 종료하기 위해서는 ⬤ 아이콘을 눌러줍니다.

10-4 쓰레드로 LED 밝기 조절해보기

여기서는 쓰레드를 이용하여 LED의 밝기를 조절해봅니다.

1 다음과 같이 예제를 수정합니다.

```
2104.py

01 import _thread
02 import time
03 from machine import Pin, PWM
04
05 led = PWM(Pin(25))
06
07 led.freq(1000)
08
09 def fading_led():
10      while True:
11              for duty in range(0, 65025, 65025//100):
12                      led.duty_u16(duty)
13                      time.sleep(0.01)
14              for duty in range(65025, -1, -65025//100):
15                      led.duty_u16(duty)
16                      time.sleep(0.01)
17
18 _thread.start_new_thread(fading_led, ())
19
20 while True:
21      print("main")
22      time.sleep(1.0)
```

05 : 25번 핀에 대해 PWM 제어를 수행할 수 있도록 합니다.
07 : freq 함수를 호출하여 led의 PWM 주파수를 1000으로 설정합니다.
09~16 : 쓰레드가 수행할 fading_led 함수를 정의합니다.
10 : 계속 반복해서 11~16줄을 수행합니다.
11~13 : 1초간 LED가 0.01초 간격으로 1%씩 밝아집니다.
14~16 : 1초간 LED가 0.01초 간격으로 1%씩 어두워집니다.
18 : _thread.start_new_thread 함수를 호출하여 fading_led 함수를 수행할 쓰레드를 하나 생성합니다.

2 ● 버튼을 눌러 프로그램을 실행시킵니다.

파이썬 쉘이 수행하는 주 루틴에서는 1초에 한 번씩 main 문자열이 출력되고, fading_led 함수에서는 약 2초 주기로 LED가 밝아지고 어두워지기를 반복합니다.

TIP 프로그램을 강제 종료하기 위해서는 ● 아이콘을 눌러줍니다.

11 _ ADC 클래스

ADC는 analogue to digital converter의 약자로 아날로그 신호를 측정하고 디지털 숫자로 변환하는 하드웨어 모듈입니다. RP2040 칩 내부에 있는 ADC는 전압을 측정합니다. ADC는 두 가지 중요한 특징이 있습니다. 하나는 해상도로 "몇 비트로 측정되느냐"이고, 다른 하나는 채널의 개수로 "동시에 몇 개의 아날로그 신호를 받을 수 있느냐"입니다. RP2040 칩 내부에 있는 ADC는 12비트의 해상도를 가집니다. 12비트의 해상도를 가진다는 것은 아날로그 신호를 0~4095 범위의 숫자로 변환할 수 있다는 의미입니다. 마이크로파이썬에서는 이것을 0~65535의 16비트 숫자로 변환합니다. RP2040은 5개의 ADC 채널을 가집니다. 이 중 4개는 RP2040 칩의 GPIO인 GP26, GP27, GP28, GP29에 연결되어 있습니다. 라즈베리파이 피코 상에서는 이 핀들 중 처음 3개는 GPIO 핀으로 연결되어 있으며, 4번째는 피코 보드 상에 있는 VSYS 전압을 측정하는데 사용될 수 있습니다. ADC의 5번째 입력 채널은 RP2040 내부에 있는 온도 센서로 연결되어 있습니다. 여러분은 ADC 채널을 핀 번호로 선택할 수도 있고 채널 번호로 선택할 수도 있습니다. 예를 들어, 다음은 핀 번호로 ADC 채널을 선택하는 예입니다.

```
adc = machine.ADC(26) # Connect to GP26, which is channel 0
```

이 경우 핀 번호로 26, 27, 28, 29를 사용할 수 있습니다. 다음은 채널 번호로 ADC 채널을 선택하는 예입니다.

```
adc = machine.ADC(4) # Connect to the internal temperature sensor
adc = machine.ADC(0) # Connect to channel 0 (GP26)
```

이 경우 채널 번호로 0, 1, 2, 3, 4를 사용할 수 있습니다.

11-1 빛 센서 값 측정해 보기

[Raspberry Pi Pico A.I. KIT] 쉴드 상에는 다음과 같이 빛 센서가 장착되어 있습니다. 빛 센서는 GPIO28 번 핀에 연결되어 있습니다. 빛 센서는 빛의 양에 따라 반응하는 저항과 같은 역할을 합니다. 빛의 양이 많이 들어오면 저항은 약해지고 적게 들어오면 저항은 강해집니다.

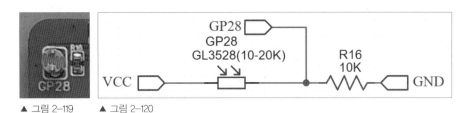

▲ 그림 2-119   ▲ 그림 2-120

1 다음과 같이 예제를 작성합니다.

```
2111.py

01 import machine
02 import time
03
04 cds_sensor = machine.ADC(28)
05
06 while True:
07     sensorInput = cds_sensor.read_u16()
08     print(sensorInput)
09     time.sleep(0.1)
```

04 : machine.ADC 객체를 생성한 후, cds_sensor 변수에 할당합니다. ADC 객체 생성 시 핀 번호 28을 인자로 줍니다. 28번 핀에는 빛 센서가 연결되어 있습니다.

06 : 계속해서 7~9줄을 수행합니다.

07 : read_u16 함수를 호출하여 cds_sensor 값을 sensorInput 변수로 읽어옵니다.

08 : print 함수를 호출하여 센서값을 출력합니다.

09 : time.sleep 함수를 호출하여 0.1초 동안 기다립니다.

2 ● 버튼을 눌러 프로그램을 실행시킵니다. 다음은 실행 결과 화면입니다.

```
59534
59550
59870
```
```
28983
28967
28999
```

▲ 그림 2-121

빛 센서를 손으로 가려가며 센서 값을 읽어봅니다. 밝을수록 값이 커지고 어두울수록 값이 작아지는 것을 확인합니다.

11-2 온도 센서 값 측정해 보기

RP2040 칩 내부에는 온도 센서가 내장되어 있습니다. 온도 센서는 4번 ADC 채널에 연결된 Vbe 전압을 측정합니다. 일반적으로 Vbe는 섭씨온도 27도에서 0.708V입니다. 그리고 1도 내려갈 때마다 −1.721mV로 감소합니다. 여기서는 내장 온도 센서를 읽어 온도를 측정해 봅니다.

1 다음과 같이 예제를 작성합니다.

```
2112.py

01 import machine
02 import time
03
04 sensorChannel = machine.ADC(4)
05 conversionFactor = 3.3 / (65535)
06
07 while True:
08     sensorInput = sensorChannel.read_u16()
09     sensorConversion = sensorInput*conversionFactor
10
11     temperature = 27 - (sensorConversion - 0.706)/0.001721
12     print(temperature)
13     time.sleep(2)
```

04 : machine.ADC 객체를 생성한 후, sensorChannel 변수에 할당합니다. ADC 객체 생성 시 채널 번호 4를 인자로 줍니다. 4번 채널에는 내장 온도 센서가 연결되어 있습니다.

05 : conversionFactor 변수를 선언한 후, 3.3V 전압 값을 65535로 나눈 값을 대입합니다. 온도 센서는 0~3.3V 사이의 전압 값을 가지며, ADC를 거쳐 들어온 값이 마이크로파이썬 쉘에 의해 0~65535값으로 변환됩니다.

07 : 계속해서 08~13줄을 수행합니다.

08 : read_u16 함수를 호출하여 sensorChannel 값을 sensorInput 변수로 읽어옵니다.

09 : sensorInput 값을 conversionFactor 변수에 곱해 sensorConversion 변수에 할당합니다.

11 : 온도를 구해 temperature 변수에 할당합니다. 내장 온도 센서가 연결된 Vbe 전압은 섭씨온도 27도에서 0.708V입니다. 그리고 1도 내려갈 때마다 −1.721mV로 감소합니다.

12 : print 함수를 호출하여 온도 값을 출력합니다.

13 : time.sleep 함수를 호출하여 2초 동안 기다립니다.

2 ⏵ 버튼을 눌러 프로그램을 실행시킵니다. 다음은 실행 결과 화면입니다.

```
 23.76739
 23.29925
 22.8311
```

▲ 그림 2–122

현재 온도를 출력하고 있습니다. 내장 온도 센서는 실제로 칩의 온도를 측정하기 때문에 외부 온도와 차이가 있을 수 있습니다.

12 _ RGB 네오픽셀 LED 켜고 끄기

다음은 RGB 네오픽셀 LED입니다. RGB 네오픽셀 LED는 WS2812 LED라고도 합니다. RGB 네오픽셀 LED는 R,G,B 각각에 대해 8비트의 색깔을 낼 수 있으며, 전체 24비트로 색깔을 표현할 수 있습니다. 네오픽셀은 그 모양을 다양하게 구성하여 프로젝트에 활용하기 좋습니다. 그리고 하나의 제어 핀을 통해 직렬로 몇 개든지 연결이 가능합니다.

▲ 그림 2-123

[Raspberry Pi Pico A.I. KIT] 쉴드 상에는 다음과 같이 4개의 RGB 네오픽셀이 장착되어 있습니다. 4개의 RGB 네오픽셀은 GPIO7 번 핀에 직렬로 연결되어 있습니다. 여기서는 GPIO7 번 핀에 연결된 4개의 RGB 네오픽셀을 제어해 봅니다.

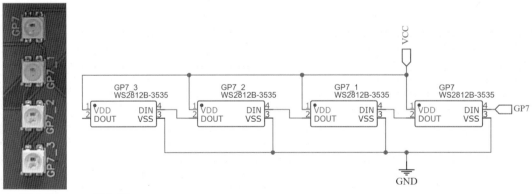

▲ 그림 2-124   ▲ 그림 2-125

12-1 WS2812 LED 라이브러리 설치하기

먼저 WS2812 LED 라이브러리를 마이크로 파이썬의 최상위 디렉터리에 설치합니다. 다음 파일을 마이크로 파이썬의 최상위 디렉터리로 복사합니다. 이 파일은 소스와 함께 제공됩니다.

▲ 그림 2-126

1 제공되는 소스에서 다음 디렉터리를 찾습니다.

▲ 그림 2-127

2 디렉터리 내에서 다음 파일을 확인합니다.

ws2812

▲ 그림 2-128

3 Thonny IDE를 이용하여 다음과 같이 ws2812.py 파일을 엽니다.

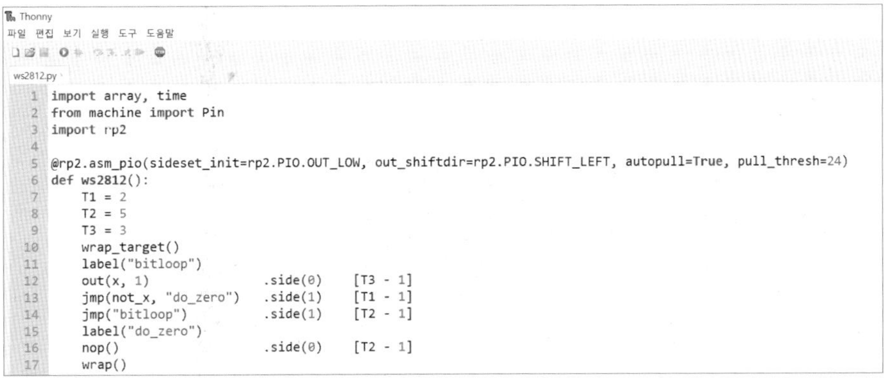

```
ws2812.py
 1  import array, time
 2  from machine import Pin
 3  import rp2
 4
 5  @rp2.asm_pio(sideset_init=rp2.PIO.OUT_LOW, out_shiftdir=rp2.PIO.SHIFT_LEFT, autopull=True, pull_thresh=24)
 6  def ws2812():
 7      T1 = 2
 8      T2 = 5
 9      T3 = 3
10      wrap_target()
11      label("bitloop")
12      out(x, 1)               .side(0)    [T3 - 1]
13      jmp(not_x, "do_zero")   .side(1)    [T1 - 1]
14      jmp("bitloop")          .side(1)    [T2 - 1]
15      label("do_zero")
16      nop()                   .side(0)    [T2 - 1]
17      wrap()
```

▲ 그림 2-129

4 [파일]−−[복사본 저장...] 메뉴를 선택합니다.

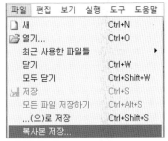

▲ 그림 2-130

5 다음과 같이 저장 위치 선택 창이 뜹니다. [Raspberry Pi Pico]를 선택합니다.

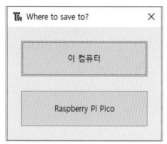

▲ 그림 2-131

6 다음과 같이 [Raspberry Pi Pico 로 저장] 창이 뜹니다.

▲ 그림 2-132

TIP 이전에 저장된 다른 파일은 여기에 표시하지 않았습니다.

7 다음과 같이 파일 이름을 원본 파일의 이름과 같이 입력한 후, 확인 버튼을 누릅니다.

▲ 그림 2-133

8 [파일]--[열기...] 메뉴를 선택합니다.

▲ 그림 2-134

9 다음과 같이 열기 위치 선택 창이 뜹니다. [Raspberry Pi Pico]를 선택합니다.

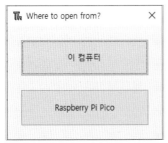

▲ 그림 2-135

10 다음과 같이 [Raspberry Pi Pico 를 열기] 창이 뜹니다. ws2812.py 파일을 확인한 후, [취소] 버튼을 눌러 창을 닫습니다.

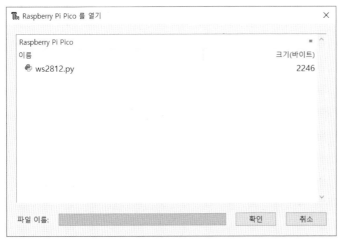

▲ 그림 2-136

파일 복사 방법 2

여기서는 파일 복사 방법을 하나 더 소개합니다. 그림 파일과 같은 이진 파일을 복사할 때도 사용할 수 있는 방법입니다.

1 Thonny IDE의 [보기]--[파일] 메뉴를 다음과 같이 선택합니다.

▲ 그림 2-137

② 그러면 다음과 같이 [파일] 창이 뜹니다.

▲ 그림 2-138

[파일] 창은 두 부분으로 구성되며, 위쪽은 [이 컴퓨터]의 파일 시스템, 아래쪽은 [라즈베리파이 피코]의 파일 시스템을 표시합니다.

③ 다음과 같이 [이 컴퓨터]에서 ws2812.py 파일이 저장된 디렉터리로 이동합니다.

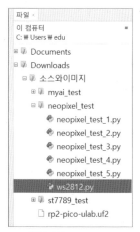

▲ 그림 2-139

TIP 독자 여러분의 디렉터리 경로는 다를 수 있습니다.

④ 다음과 같이 복사하고자 하는 파일 [ws2812.py] 상에서 마우스 오른쪽 버튼을 눌러줍니다. 팝업 창에서 [/에 업로드] 메뉴를 선택합니다.

▲ 그림 2-140

5 그러면 다음과 같이 [Raspberry Pi Pico]의 최상위 디렉터리로 파일이 복사됩니다.

▲ 그림 2-141

TIP 파일을 여러 개 동시에 복사하고자 할 경우엔 CTRL 키를 누른 상태로 파일을 하나씩 선택해 나갑니다. 그러면 여러 개의 파일이 동시에 선택이 됩니다. 또는 처음 파일을 선택하고 SHIFT 키를 누른 상태로 마지막 파일을 선택하면 그 구간에 있는 전체 파일이 선택됩니다. 이후의 복사는 앞의 방식과 같습니다.

TIP 이 방식은 디렉터리를 복사할 경우에도 사용할 수 있습니다.

12-2 RGB 네오픽셀 LED 제어해 보기

여기서는 ws2812 라이브러리를 이용하여 RGB 네오픽셀 LED를 제어해 봅니다. ws2812 라이브러리에는 다음과 같이 몇 가지 색깔이 정의되어 있습니다. 추가적인 색깔은 독자 여러분이 튜플 형태로 사용할 수 있습니다.

```
19 BLACK = (0, 0, 0)
20 RED = (255, 0, 0)
21 YELLOW = (255, 150, 0)
22 GREEN = (0, 255, 0)
23 CYAN = (0, 255, 255)
24 BLUE = (0, 0, 255)
25 PURPLE = (180, 0, 255)
26 WHITE = (255, 255, 255)
27 COLORS = (RED, YELLOW, GREEN, CYAN, BLUE, PURPLE, WHITE, BLACK)
```

▲ 그림 2-142

LED 한 개 켜고 꺼 보기

먼저 첫 번째 LED를 켜고 꺼봅니다.

1 다음과 같이 예제를 작성합니다.

```
2122_1.py

01 from ws2812 import *
02 import time
03
04 neopixel = NeoPixel(7, 4)
05
06 for cnt in range(5):
07     neopixel.pixels_set(0, RED)
08     neopixel.pixels_show()
09     time.sleep(0.5)
10
11     neopixel.pixels_set(0, BLACK)
12     neopixel.pixels_show()
13     time.sleep(0.5)
```

01 : ws2812 모듈로부터 모든 하위 모듈을 불러옵니다.

04 : NeoPixel 객체를 생성한 후, neopixel 변수에 할당합니다. NeoPixel 객체의 첫 번째 인자는 RGB 네오픽셀 LED가 연결된 핀 번호를 나타내며, 두 번째 인자는 RGB 네오픽셀 LED의 개수를 나타냅니다.

06 : 07~13줄을 5회 수행합니다.

07 : pixels_set 함수를 호출하여 0 번째 RGB 네오픽셀 LED의 색깔을 RED로 설정합니다. pixels_set 함수의 첫 번째 인자는 LED의 번호를 나타내며, 두 번째 인자는 색깔을 나타냅니다.

08 : pixels_show 함수를 호출하여 색깔을 RGB 네오픽셀 LED에 표시합니다.

09 : time.sleep 함수를 호출하여 0.5초 동안 기다립니다.

11 : pixels_set 함수를 호출하여 0 번째 RGB 네오픽셀 LED의 색깔을 BLACK으로 설정합니다. 이렇게 하면 LED가 꺼집니다.

12 : pixels_show 함수를 호출하여 색깔을 RGB 네오픽셀 LED에 표시합니다.

13 : time.sleep 함수를 호출하여 0.5초 동안 기다립니다.

2 ▶ 버튼을 눌러 프로그램을 실행시킵니다. 0 번째 RGB 네오픽셀 LED가 빨갛게 켜졌다 꺼졌다 하는 것을 확인합니다. 이 동작을 5회 수행합니다.

전체 LED 켜고 꺼 보기

이번엔 전체 LED를 켜고 꺼봅니다.

1 다음과 같이 예제를 수정합니다.

```
2122_2.py

01 from ws2812 import *
02 import time
03
04 neopixel = NeoPixel(7, 4)
05
06 for cnt in range(5):
07     neopixel.pixels_fill(BLUE)
08     neopixel.pixels_show()
09     time.sleep(0.5)
10
11     neopixel.pixels_fill(BLACK)
12     neopixel.pixels_show()
13     time.sleep(0.5)
```

07, 11 : pixels_set 함수를 pixels_fill 함수로 변경합니다. pixels_fill 함수는 전체 LED의 색깔을 설정하는 함수입니다.

2 ▶ 버튼을 눌러 프로그램을 실행시킵니다. 전체 RGB 네오픽셀 LED가 파랗게 켜졌다 꺼졌다 하는 것을 확인합니다. 이 동작을 5회 수행합니다.

전체 LED 여러 색깔 켜고 꺼 보기

이번엔 전체 LED에 대해 여러 색깔로 켜고 꺼봅니다.

1 다음과 같이 예제를 수정합니다.

```
2122_3.py

01 from ws2812 import *
02 import time
03
04 neopixel = NeoPixel(7, 4)
05
06 for cnt in range(2):
07     for color in COLORS:
08             neopixel.pixels_fill(color)
09             neopixel.pixels_show()
10             time.sleep(0.3)
```

06 : 07~10줄을 2회 수행합니다.

07 : COLORS 튜플에 있는 색깔들을 color 변수로 받아 08~10줄을 수행합니다. COLORS 튜플은 ws2812 라이브러리에
다음과 같이 정의되어 있습니다.

```
19 BLACK = (0, 0, 0)
20 RED = (255, 0, 0)
21 YELLOW = (255, 150, 0)
22 GREEN = (0, 255, 0)
23 CYAN = (0, 255, 255)
24 BLUE = (0, 0, 255)
25 PURPLE = (180, 0, 255)
26 WHITE = (255, 255, 255)
27 COLORS = (RED, YELLOW, GREEN, CYAN, BLUE, PURPLE, WHITE, BLACK)
```

▲ 그림 2-143

2 ▶ 버튼을 눌러 프로그램을 실행시킵니다. 전체 RGB 네오픽셀 LED가 COLORS 튜플에 있는 색
깔 순서대로 켜졌다 꺼졌다 하는 것을 확인합니다. 이 동작을 2회 수행합니다.

무지개 색깔 내보기

이번엔 전체 LED에 대해 무지개 색깔로 켜고 꺼봅니다.

1 다음과 같이 예제를 수정합니다.

```
2122_4.py

01 from ws2812 import *
02 import time
03
04 neopixel = NeoPixel(7, 4)
05
```

```
06 def wheel(pos):
07      # Input a value 0 to 255 to get a color value.
08      # The colours are a transition r - g - b - back to r.
09      if pos < 0 or pos > 255:
10              return (0, 0, 0)
11      if pos < 85:
12              return (255 - pos * 3, pos * 3, 0)
13      if pos < 170:
14              pos -= 85
15              return (0, 255 - pos * 3, pos * 3)
16      pos -= 170
17      return (pos * 3, 0, 255 - pos * 3)
18
19 def rainbow_cycle(wait):
20      NUM_LEDS = neopixel.pixels_num()
21      for j in range(255):
22              for i in range(NUM_LEDS):
23                      rc_index = (i * 256 // NUM_LEDS) + j
24                      neopixel.pixels_set(i, wheel(rc_index & 255))
25              neopixel.pixels_show()
26              time.sleep(wait)
27
28      neopixel.pixels_fill(BLACK)
29      neopixel.pixels_show()
30
31 rainbow_cycle(0.01)
```

06~17 : wheel 함수를 정의합니다. wheel 함수는 인자로 0~255 사이의 값을 받아 색깔 값을 내어줍니다. 색깔은 빨간
색, 초록색, 파란색 다시 빨간색과 같은 단계로 변합니다. 함수에 대한 자세한 설명은 하지 않습니다.
19~29 : rainbow_cycle 함수를 정의합니다.
20 : pixels_num 함수를 호출하여 LED의 개수를 받습니다.

2 ▶ 버튼을 눌러 프로그램을 실행시킵니다. 각각의 LED가 여러 색깔로 예쁘게 표시되는 것을 확
인합니다.

13 _ RGB LCD 제어하기

다음은 0.96 인치 RGB IPS LCD 디스플레이입니다. 이 LCD를 제어하기 위한 TFT 드라이버는 ST7735입니다. 작은 크기의 LCD이지만 160x80의 16비트 고해상도 RGB 컬러 픽셀을 가지고 있습니다. SPI 인터페이스를 이용하여 라즈베리파이 피코와 연결되며, 전압은 3.3V를 사용합니다.

▲ 그림 2-144

[Raspberry Pi Pico A.I. KIT] 쉴드 상에는 다음과 같이 장착됩니다. RGB LCD는 GP10,11,12,8,0 번 핀을 통해 라즈베리파이 피코에 연결됩니다.

▲ 그림 2-145

RGB LCD 핀 설명
다음은 RGB LCD 핀 설명입니다.

핀	설명	라즈베리파이 피코 핀
GND	전원 기준 핀	GND
VCC	전원 공급 핀, 3.3V	VCC
SCL	SPI 클럭 핀	GP10
SDA	SPI 데이터 핀	GP11
RES	디스플레이 리셋 핀	GP12
DC	SPI 데이터 핀/ command 선택 핀	GP8
CS	SPI 칩 선택 핀, active low	GP9
BLK	LCD 백라이트 제어 핀	VCC

라즈베리파이 피코 핀과는 다음과 같이 연결되어 있습니다.

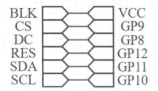

▲ 그림 2-146

[Raspberry Pi Pico A.I. KIT] 쉴드에서 BLK 핀의 경우 VCC와 연결되어 LCD 백라이트가 항상 켜진 상태를 유지하게 됩니다.

13-1 ST7735 라이브러리 설치하기

먼저 ST7735 라이브러리를 마이크로 파이썬의 최상위 디렉터리에 설치합니다. 다음 파일을 마이크로 파이썬의 최상위 디렉터리로 복사합니다. 이 파일은 소스와 함께 제공됩니다.

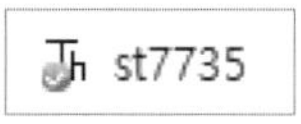

▲ 그림 2-147

1 제공되는 소스에서 다음 디렉터리를 찾습니다.

▲ 그림 2-148

2 디렉터리 내에서 다음 파일을 확인합니다.

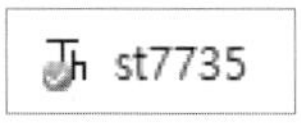

▲ 그림 2-149

3 Thonny IDE를 이용하여 다음과 같이 st7735.py 파일을 엽니다.

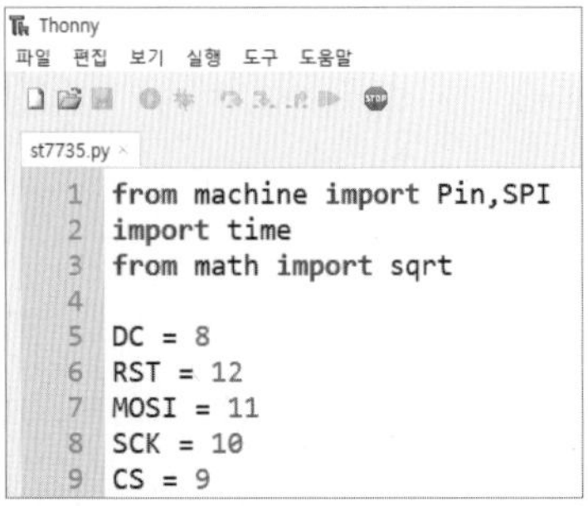

```
Th Thonny
파일 편집 보기 실행 도구 도움말

st7735.py
1  from machine import Pin,SPI
2  import time
3  from math import sqrt
4
5  DC = 8
6  RST = 12
7  MOSI = 11
8  SCK = 10
9  CS = 9
```

▲ 그림 2-150

4 [파일]--[복사본 저장...] 메뉴를 선택합니다.

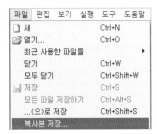

▲ 그림 2-151

5 다음과 같이 저장 위치 선택 창이 뜹니다. [Raspberry Pi Pico]를 선택합니다.

▲ 그림 2-152

6 다음과 같이 [Raspberry Pi Pico 로 저장] 창이 뜹니다.

▲ 그림 2-153

TIP 이전에 저장된 다른 파일은 여기에 표시하지 않았습니다.

7 다음과 같이 파일 이름을 원본 파일의 이름과 같이 입력한 후, 확인 버튼을 누릅니다.

▲ 그림 2-154

8 같은 방법으로 다음 파일도 복사해 옵니다. 문자열 출력을 위해 필요한 모듈입니다.

▲ 그림 2-155

13-2 RGB LCD 제어해 보기

여기서는 ST7735 라이브러리를 이용하여 RGB LCD를 제어해 봅니다. ST7735 라이브러리에는 다음과 같이 몇 가지 색깔이 정의되어 있습니다.

```
78    BLACK = 0
79    RED = TFTColor(0xFF, 0x00, 0x00)
80    MAROON = TFTColor(0x80, 0x00, 0x00)
81    GREEN = TFTColor(0x00, 0xFF, 0x00)
82    FOREST = TFTColor(0x00, 0x80, 0x80)
83    BLUE = TFTColor(0x00, 0x00, 0xFF)
84    NAVY = TFTColor(0x00, 0x00, 0x80)
85    CYAN = TFTColor(0x00, 0xFF, 0xFF)
86    YELLOW = TFTColor(0xFF, 0xFF, 0x00)
87    PURPLE = TFTColor(0xFF, 0x00, 0xFF)
88    WHITE = TFTColor(0xFF, 0xFF, 0xFF)
89    GRAY = TFTColor(0x80, 0x80, 0x80)
```

▲ 그림 2-156

문자열 표시해보기

먼저 화면에 문자열을 표시해봅니다.

1 다음과 같이 예제를 작성합니다.

```
2132_1.py

01 import st7735
02 from sysfont import sysfont
03
04 LCD = st7735.TFT()
05
06 LCD.fill(LCD.BLACK)
07
08 LCD.text((40, 10), "Hello World!", LCD.RED, sysfont, 1)
```

01 : st7735 모듈을 불러옵니다.

02 : sysfont 모듈로부터 sysfont 하위 모듈을 불러옵니다. sysfont 하위 모듈은 딕셔너리입니다.

04 : st7735.TFT 객체를 생성한 후, LCD 변수에 할당합니다.

06 : fill 함수를 호출하여 LCD의 화면을 검정색으로 채웁니다.

08 : text 함수를 호출하여 문장을 표시합니다. 첫 번째 인자는 (가로 픽셀, 세로 픽셀) 위치, 두 번째 인자는 표시할 문자열, 세 번째 인자는 색깔, 네 번째 인자는 폰트, 다섯 번째 인자는 글자 크기를 나타냅니다. sysfont 모듈은 배경색이 검정색이기 때문에 검정색 바탕위에 문자열을 출력해 주어야 합니다.

2 ▶ 버튼을 눌러 프로그램을 실행시킵니다. 다음과 같이 화면에 문자열이 출력되는 것을 확인합니다.

▲ 그림 2-157

그림 그려보기

다음은 화면에 그림을 그려봅니다.

1 다음과 같이 예제를 작성합니다.

```
2132_2.py
01 import st7735
02 from sysfont import sysfont
03
04 LCD = st7735.TFT()
05
06 LCD.fill(LCD.BLACK)
07
08 LCD.fillrect((4, 4), (56, 56), LCD.BLUE)
09 LCD.vline((18, 16), 44, LCD.BLACK)
10 LCD.vline((32, 4), 44, LCD.BLACK)
11 LCD.vline((46, 16), 44, LCD.BLACK)
12 LCD.fillrect((52, 48), (4, 8), LCD.BLACK)
13 LCD.text((73, 10), 'MicroPython', LCD.BLUE, sysfont, 1)
14 LCD.text((73, 20), 'ST7735', LCD.BLUE, sysfont, 1)
15 LCD.text((73, 30), 'LCD 80x160', LCD.BLUE, sysfont, 1)
```

08, 12 : fill_rect 함수를 호출하여 사각영역을 파란색으로 채웁니다. 첫 번째 인자는 (가로 픽셀, 세로 픽셀) 위치, 두 번째 인자는 픽셀 단위 (가로 크기, 세로 크기), 세 번째 인자는 색깔을 나타냅니다.

09~11 : vline 함수를 호출하여 수직선을 그립니다. 첫 번째 인자는 (가로 픽셀, 세로 픽셀) 위치, 두 번째 인자는 픽셀 단위 세로 길이, 세 번째 인자는 색깔을 나타냅니다.

2 ▶ 버튼을 눌러 프로그램을 실행시킵니다. 다음과 같이 화면에 그림이 표시되는 것을 확인합니다.

▲ 그림 2-158

픽셀 찍어보기

여기서는 픽셀단위로 색깔을 칠해 봅니다.

1 다음과 같이 예제를 작성합니다.

```
2132_3.py
1 import st7735
2
3 LCD = st7735.TFT()
4
```

```
5 LCD.fill(LCD.BLACK)
6
7 for y in range(80):
8     for x in range(160):
9         LCD.pixel((x,y), LCD.FOREST)
```

05 : fill 함수를 호출하여 화면을 검정색으로 설정합니다.
07 : 0에서 80 미만의 정수 y에 대하여 08~09줄을 수행합니다.
08 : 0에서 160 미만의 정수 x에 대하여 09줄을 수행합니다.
09 : pixel 함수를 호출하여 (x, y) 위치의 픽셀을 FOREST 색으로 설정합니다.

2 ● 버튼을 눌러 프로그램을 실행시킵니다. 화면에 픽셀 단위로 가로로 차례대로 색깔이 표시되는 것을 확인합니다.

▲ 그림 2-159

LCD 귀퉁이 점찍어보기

여기서는 LCD의 네 귀퉁이를 확인해 봅니다.

1 다음과 같이 예제를 작성합니다.

2132_4.py
```
01 import st7735
02
03 LCD = st7735.TFT()
04
05 LCD.fill(LCD.BLACK)
06
07 for y in range(0,10):
08     for x in range(0,10):
09         LCD.pixel((x, y), LCD.RED)
10
11 for y in range(70,80):
12     for x in range(0,10):
13         LCD.pixel((x, y), LCD.GREEN)
14
15 for y in range(70,80):
16     for x in range(150,160):
17         LCD.pixel((x, y), LCD.BLUE)
18
19 for y in range(0,10):
20     for x in range(150,160):
21         LCD.pixel((x, y), LCD.YELLOW)
```

2 ▶ 버튼을 눌러 프로그램을 실행시킵니다. 다음과 같이 화면에 네 귀퉁이에 색깔이 표시되는 것을 확인합니다.

▲ 그림 2-160

빨간색 위치가 (0, 0), 초록색 위치가 (0, 79), 파란색 위치가 (159, 79), 노란색 위치가 (159, 0)인 것을 확인합니다.

기타 함수 사용해 보기

앞에서 사용하지 않은 몇 가지 주요 함수를 사용해 봅니다.

1 다음과 같이 예제를 작성합니다.

```
2132_5.py
01 from st7735 import TFT
02
03 LCD = TFT()
04
05 LCD.fill(LCD.BLACK)
06
07 LCD.line((0, 0), (159, 79), LCD.RED)
08 LCD.hline((0, 40), 159, LCD.BLUE)
09 LCD.rect((10, 50), (20, 10), LCD.GREEN)
10 LCD.circle((70, 60), 10, LCD.CYAN)
11 LCD.fillcircle((100, 20), 10, LCD.PURPLE)
```

2 ▶ 버튼을 눌러 프로그램을 실행시킵니다. 다음과 같이 화면이 표시되는 것을 확인합니다.

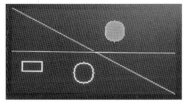

▲ 그림 2-161

인공지능의 딥러닝 알고리즘 동작 원리 이해와 구현

이번 장에서는 파이썬을 이용하여 기초적인 딥러닝 알고리즘을 살펴 보고 구현해 봅니다. 첫 번째, DNN 라이브러리를 이용하여 2차 함수 를 라즈베리파이 피코 상에서 근사해 봅니다. 두 번째, 딥러닝의 단 일 인공 신경 알고리즘을 살펴보고 구현해 봅니다. 이 과정에서 순전 파, 목표 값, 평균값 오차, 역전파 오차, 오차 역전파, 학습률, 경사 하 강법, 인공 신경망 학습 등에 대한 용어를 정리하고 구현에 적용해 봅 니다. 세 번째, 다양한 인공 신경망을 구현해 봅니다. 구체적으로 2입 력 1출력 인공 신경, 2입력 2출력 인공 신경망, 3입력 3출력 인공 신 경망, 2입력 2은닉 2출력 인공 신경망에 딥러닝 알고리즘을 적용해 봅니다. 네 번째, 딥러닝에서 주로 사용되는 활성화 함수인 sigmoid, tanh, ReLU, softmax를 살펴보고 적용해 봅니다. 또 softmax와 관련 된 cross entropy 오차 함수에 대해서도 정리해 봅니다.

01 _ DNN 라이브러리 사용해 보기

우리는 1장에서 구글 코랩 상에서 텐서플로우를 이용하여 2차 함수 근사를 수행해 보았습니다. 여기서는 미리 구현된 DNN 인공 신경망 라이브러리를 이용하여 2차 함수를 라즈베리파이 피코 상에서 근사해 봅니다. 구글 코랩 상에서의 수행 속도보다는 늦지만 같은 결과를 내는 것을 확인해 볼 수 있습니다. 라즈베리파이 피코 상에서 동작하는 DNN 인공 신경망은 뒤에서 독자 여러분이 직접 구현해 보게 됩니다.

01-1 ulab 마이크로 파이썬 이미지 설치하기

여기서는 ulab 모듈을 포함한 마이크로 파이썬 이미지를 라즈베리파이 피코에 설치합니다. ulab 모듈은 NumPy 모듈을 포함하고 있습니다. 여기서 우리가 테스트해 볼 DNN 인공 신경망 라이브러리는 NumPy 모듈을 이용하여 구현되었습니다. 따라서 ulab 모듈을 포함한 마이크로 파이썬 이미지를 설치해야 합니다. 앞에서 설치했던 마이크로 파이썬 이미지는 ulab 모듈을 포함하고 있지 않아서 미리 구현된 DNN 인공 신경망 라이브러리를 사용할 수 없습니다.

1 제공되는 소스에서 다음 이미지 파일을 찾습니다.

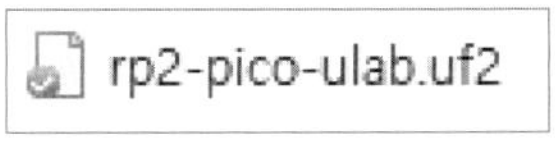

📄 rp2-pico-ulab.uf2

▲ 그림 3-1

2 다음 그림과 같이 라즈베리파이 피코 상에 있는 버튼을 누릅니다.

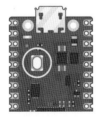

▲ 그림 3-2

③ 버튼을 누른 상태로 USB 단자를 PC와 연결합니다.

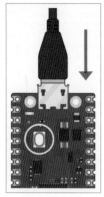

▲ 그림 3-3

④ 그러면 다음과 같이 [RPI-RP2] 저장 장치로 인식됩니다.

▲ 그림 3-4

⑤ 앞에서 찾은 uf2 파일을 마우스 왼쪽 버튼으로 찍습니다.

▲ 그림 3-5

6 uf2 파일을 [RPI-RP2] 저장 장치로 이동 시킵니다.

▲ 그림 3-6

7 uf2 파일이 라즈베리파이 피코 상에 정상적으로 업로드 되면 저장 장치는 사라집니다.

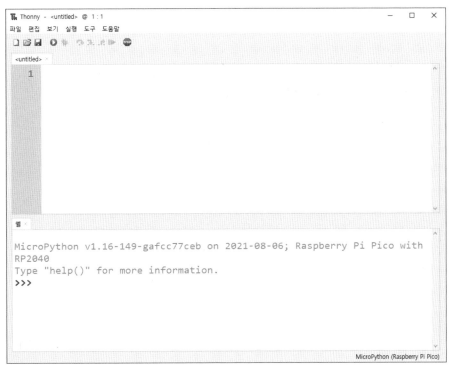

▲ 그림 3-7

TIP 마이크로파이썬 쉘은 피코와 같은 소형 컴퓨터 상에서 실행되는 경량화된 파이썬3 기반 쉘입니다.

01-2 DNN 인공 신경망 라이브러리 설치하기

다음은 DNN 인공 신경망 라이브러리를 마이크로 파이썬의 최상위 디렉터리에 설치합니다. 다음 8개의 파일들을 마이크로 파이썬의 최상위 디렉터리로 복사합니다. 이 파일들은 소스와 함께 제공됩니다.

TIP 이 파일들은 myai_test 디렉터리에 있습니다.

▲ 그림 3-8

1 Thonny IDE의 [보기]--[파일] 메뉴를 다음과 같이 선택합니다.

▲ 그림 3-9

2 그러면 다음과 같이 [파일] 창이 뜹니다.

▲ 그림 3-10

[파일] 창은 두 부분으로 구성되며, 위쪽은 [이 컴퓨터]의 파일 시스템, 아래쪽은 [라즈베리파이 피코]의 파일 시스템을 표시합니다.

TIP 이전에 저장된 다른 파일은 여기에 표시하지 않았습니다.

❸ 다음과 같이 [이 컴퓨터]에서 myai_test 디렉터리로 이동합니다.

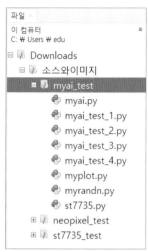
▲ 그림 3-11

TIP 독자 여러분의 디렉터리 경로는 다를 수 있습니다.

❹ 다음과 같이 복사하고자 하는 파일 8개를 선택합니다.

▲ 그림 3-12

TIP 파일을 여러 개 동시에 복사하고자 할 경우엔 Ctrl 키를 누른 상태로 파일을 하나씩 선택해 나갑니다. 그러면 여러 개의 파일이 동시에 선택이 됩니다. 또는 처음 파일을 선택하고 Shift 키를 누른 상태로 마지막 파일을 선택하면 그 구간에 있는 전체 파일이 선택됩니다.

5 파일 8개가 표시된 위치상에서 마우스 오른쪽 버튼을 눌러줍니다. 팝업창에서 [/에 업로드] 메뉴를 선택합니다.

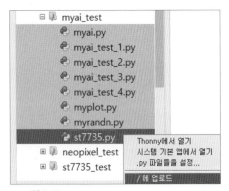

▲ 그림 3-13

6 그러면 다음과 같이 [Raspberry Pi Pico]의 최상위 디렉터리로 파일이 복사됩니다.

▲ 그림 3-14

TIP 이전에 저장된 다른 파일은 여기에 표시하지 않았습니다.

01-3 2차 함수 근사해 보기

이제 앞에서 설치한 DNN 인공 신경망 라이브러리를 이용하여 다음과 같은 2차 함수를 근사해 봅니다.

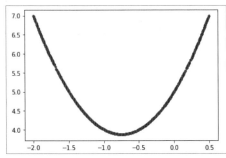

$$y = 2x^2 + 3x + 5 \ (-2 \leq x \leq 0.5)$$

▲ 그림 3-15

x 좌표의 범위는 −2에서 0.5까지입니다.

2차 함수 그리기

1 다음과 같이 [myai_test_1.py] 파일을 엽니다.

```
[ myai_test_1.py ]
1   from ulab import numpy as np
2   import urandom
3   import myplot as plt
4
5   NUM_SAMPLES = 200
6
7   xs = np.array([urandom.uniform(-2, 0.5) for n in range(NUM_SAMPLES)])
8   print(xs[:5])
9
10  ys = 2*xs**2 + 3*xs + 5
11  print(ys[:5])
12
13  plt.set_plot_area(xs, ys)
14
15  plt.clear()
16  plt.plot(xs, ys, plt.GREEN)
```

▲ 그림 3-16

01 : import문을 이용하여 ulab 모듈로부터 numpy 모듈을 np라는 이름으로 불러옵니다. numpy 모듈은 행렬 계산을 편하게 해주는 라이브러리입니다. 인공 신경망은 일반적으로 행렬 계산식으로 구성하게 됩니다. micropython에서는 ulab 모듈을 통해 numpy 모듈이 제한적으로 지원됩니다.

02 : urandom 모듈을 불러옵니다. urandom 모듈은 7줄에서 난수 생성을 위해 사용됩니다.

03 : import문을 이용하여 myplot 모듈을 plt라는 이름으로 불러옵니다. myplot 모듈은 앞에서 복사한 모듈입니다. 여기서는 myplot 모듈을 이용하여 13, 15, 16, 17줄에서 그래프를 그립니다.

05 : NUM_SAMPLES 변수를 생성한 후, 200으로 초기화합니다. NUM_SAMPLES 변수는 생성할 난수 데이터의 개수 값을 가지는 변수입니다. 라즈베리파이 피코는 264KB SRAM이 제공됩니다. NUM_SAMPLES 값을 너무 크게 설정하면 메모리가 모자라게 됩니다. 200개 정도에서는 정상적으로 동작합니다.

07 : urandom.uniform 함수를 호출하여 (-2, 0.5) 범위에서 NUM_SAMPLES 만큼의 임의 값을 차례대로 고르게 추출하여 xs 변수에 저장합니다.

08 : print 함수를 호출하여 xs에 저장된 값 중, 앞에서 5개까지 출력합니다. xs[:5]는 xs 리스트의 0번 항목부터 시작해서 5번 항목 미만인 4번 항목까지를 의미합니다.

10 : 다음 식을 이용하여 추출된 x 값에 해당하는 y 값을 얻어내어 ys 변수에 저장합니다. y 값도 NUM_SAMPLES 개수만큼 추출됩니다.

$$y = 2x^2 + 3x + 5$$

파이썬에서 *는 곱셈기호, **는 거듭제곱기호를 나타냅니다.

11 : print 함수를 호출하여 ys에 저장된 값 중, 앞에서 5개까지 출력합니다.

13 : plt.set_plot_area 함수를 호출하여 화면에 그릴 xs, ys의 영역을 설정합니다.

14 : plt.clear 함수를 호출하여 화면을 지워줍니다. 화면을 지운 상태는 검정색입니다.

16 : plt.plot 함수를 호출하여 xs, ys 좌표 값에 맞추어 그래프를 그립니다. 그래프의 색깔은 초록색으로 그립니다.

2 ▶ 버튼을 눌러 프로그램을 실행시킵니다. 다음은 실행 결과 화면입니다.

```
array([-1.125054, -1.490712, -0.3926642, -0.5106892, -0.9708578], dtype=float32) ❶
array([4.156331, 4.972308, 4.130378, 3.989539, 3.972556], dtype=float32) ❷
```

▲ 그림 3-17

❶ xs에 저장된 값 중 앞에서 5개까지 출력 결과입니다. 이 값은 실행할 때마다 달라집니다.

❷ ys에 저장된 값 중 앞에서 5개까지 출력 결과입니다. 이 값은 실행할 때마다 달라집니다.

다음과 같이 LCD 화면에 그려진 그래프도 확인합니다.

▲ 그림 3-18

$y = 2x^2 + 3x + 5$ 함수의 (-2, 0.5) 범위에서의 그래프입니다.

실제 데이터 생성하기

이번엔 y값을 일정한 범위에서 위아래로 흩뜨려 실제 데이터에 가깝게 만들어 봅니다. 이 과정은 y 값에 잡음을 섞어 실제 데이터에 가깝게 만드는 과정입니다.

1 다음과 같이 [myai_test_2.py] 파일을 엽니다.

```
myai_test_2.py

01 from ulab import numpy as np
02 import urandom
03 import myplot as plt
04 from myrandn import *
05
06 NUM_SAMPLES = 200
07
08 xs = np.array([urandom.uniform(-2, 0.5) for n in range(NUM_SAMPLES)])
09 print(xs[:5])
10
11 ys = 2*xs**2 + 3*xs + 5
12 print(ys[:5])
13
14 plt.set_plot_area(xs, ys)
15
16 plt.clear()
17 plt.plot(xs, ys, plt.GREEN)
18
19 ys += 0.1*np.array([randn() for n in range(NUM_SAMPLES)])
20
21 plt.clear()
22 plt.plot(xs, ys, plt.YELLOW)
```

04 : myrandn 모듈로부터 하위 모듈을 불러옵니다. myrandn은 20줄에서 사용할 randn 함수를 제공합니다.

19 : randn 함수를 호출하여 정규분포에 맞춰 임의 숫자를 NUM_SAMPLES의 개수만큼 생성합니다. 정규분포는 가우스 분포라고도 하며, 종 모양과 같은 형태의 자연적인 분포 곡선입니다. 예를 들어, 키의 분포와 같이 자연적인 분포를 의미합니다.

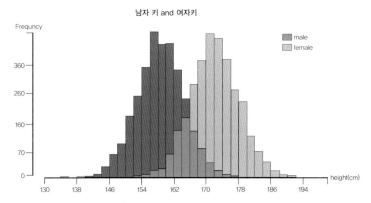

생성된 숫자에 0.1을 곱해 ys에 더해줍니다. 이렇게 하면 ys값은 원래 값을 기준으로 상하로 퍼진 형태의 자연스런
값을 갖게 됩니다.

21 : plt.clear 함수를 호출하여 화면을 지워줍니다. 화면을 지운 상태는 검정색입니다.

22 : plt.plot 함수를 호출하여 xs, ys 좌표 값에 맞추어 그래프를 그립니다. 그래프의 색깔은 노란색으로 그립니다.

2 ⏵ 버튼을 눌러 프로그램을 실행시킵니다. 다음은 실행 결과 화면입니다.

▲ 그림 3-19

그래프의 모양이 원래 모양에서 상하로 퍼진 형태로 나타나게 됩니다. 여기서 생성된 데이터는 인공 신
경망 학습에 사용되며 원래 곡선에 가까운 근사 곡선을 생성하는 인공 신경망 함수를 만들게 됩니다.

훈련, 실험 데이터 분리하기

여기서는 앞에서 생성한 x, y 데이터를 훈련 데이터와 실험 데이터로 분리해 봅니다. 훈련 데이터는
인공 신경망을 학습시키는데 사용하는 데이터이며, 실험 데이터는 학습이 잘 되었는지 확인하는 데
이터로 사용합니다.

1 다음과 같이 [myai_test_3.py] 파일을 엽니다.

```python
myai_test_3.py

01 from ulab import numpy as np
02 import urandom
03 import myplot as plt
04 from myrandn import *
05
06 NUM_SAMPLES = 200
07
08 xs = np.array([urandom.uniform(-2, 0.5) for n in range(NUM_SAMPLES)])
```

```
09 print(xs[:5])
10
11 ys = 2*xs**2 + 3*xs + 5
12 print(ys[:5])
13
14 plt.set_plot_area(xs, ys)
15
16 plt.clear()
17 plt.plot(xs, ys, plt.GREEN)
18
19 ys += 0.1*np.array([randn() for n in range(NUM_SAMPLES)])
20
21 plt.clear()
22 plt.plot(xs, ys, plt.YELLOW)
23
24 NUM_LEARNING = int(0.8*NUM_SAMPLES)
25 NUM_THINKING = NUM_SAMPLES - NUM_LEARNING
26
27 x_train, x_test = xs[0:NUM_LEARNING], xs[NUM_LEARNING:NUM_SAMPLES]
28 y_train, y_test = ys[0:NUM_LEARNING], ys[NUM_LEARNING:NUM_SAMPLES]
29
30 plt.clear()
31 plt.plot(x_train, y_train, plt.GREEN)
32 plt.plot(x_test, y_test, plt.RED)
```

24 : NUM_SAMPLES에 0.8을 곱한 후, 정수로 변경하여 NUM_LEARNING 변수에 할당합니다. 현재 예제의 경우 NUM_ LEARNING 변수는 160의 값을 가집니다. 200개의 x, y 데이터 값 중 160개는 훈련 데이터로, 40개는 실험 데이터로 사용합니다.

25 : NUM_THINKING 변수를 선언한 후, NUM_SMPLES에서 NUM_LEARNING을 뺀 값으로 초기화합니다. NUM_ THINKING 변수는 실험 데이터의 개수를 저장합니다.

27 : 200개의 값을 가진 xs를 160개, 40개로 나누어 각각 x_train, x_test에 할당합니다. x_train 변수는 200개의 값 중 앞부 분 160개의 값을 할당 받고 x_test 변수는 나머지 40개의 값을 할당받습니다.

28 : 200개의 값을 가진 ys를 160개, 40개로 나누어 각각 y_train, y_test에 할당합니다. y_train 변수는 200개의 값 중 앞부 분 160개의 값을 할당 받고 y_test 변수는 나머지 40개의 값을 할당받습니다.

30 : plt.clear 함수를 호출하여 화면을 지워줍니다. 화면을 지운 상태는 검정색입니다.

31 : plt.plot 함수를 호출하여 x_train, y_train 좌표 값에 맞추어 그래프를 그립니다. 그래프의 색깔은 초록색으로 그립니다.

32 : plt.plot 함수를 호출하여 x_test, y_test 좌표 값에 맞추어 그래프를 그립니다. 그래프의 색깔은 빨간색으로 그립니다.

2 ▶ 버튼을 눌러 프로그램을 실행시킵니다. 다음은 실행 결과 화면입니다.

▲ 그림 3-20

초록색 점은 x_train, y_train의 분포를 나타내며, 빨간색 점은 x_test, y_test의 분포를 나타냅니다. x_train, y_train 데이터는 인공 신경망 학습에 사용되며 원래 곡선에 가까운 근사 곡선을 생성하는 인공 신경망 함수를 만들게 됩니다. x_test, y_test 데이터는 학습이 끝난 인공 신경망 함수를 시험하는데 사용합니다.

인공 신경망 구성하고 학습시키기

이번엔 인공 신경망 함수를 구성하고, 훈련 데이터를 이용하여 학습 시킨 후, 시험 데이터를 이용하여 예측을 수행하고 그래프를 그려봅니다. 여기서는 다음과 같은 모양의 인공 신경망을 구성합니다. 입력 층 xs, 출력 층 ys 사이에 단위 인공 신경 16개로 구성된 은닉 층 2개를 추가하여 인공 신경망을 구성합니다.

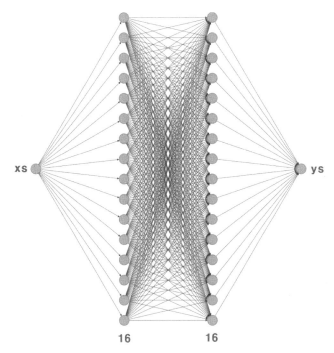

▲ 그림 3-21

1️⃣ 다음과 같이 [myai_test_4.py] 파일을 엽니다.

```
myai_test_4.py

01 from ulab import numpy as np
02 import urandom
03 import myplot as plt
04 from myrandn import *
05 from myai import *
06
```

```
07 NUM_SAMPLES = 200
08
09 xs = np.array([urandom.uniform(-2, 0.5) for n in range(NUM_SAMPLES)])
10 print(xs[:5])
11
12 ys = 2*xs**2 + 3*xs + 5
13 print(ys[:5])
14
15 plt.set_plot_area(xs, ys)
16
17 plt.clear()
18 plt.plot(xs, ys, plt.GREEN)
19
20 ys += 0.1*np.array([randn() for n in range(NUM_SAMPLES)])
21
22 plt.clear()
23 plt.plot(xs, ys, plt.YELLOW)
24
25 NUM_LEARNING = int(0.8*NUM_SAMPLES)
26 NUM_THINKING = NUM_SAMPLES - NUM_LEARNING
27
28 x_train, x_test = xs[0:NUM_LEARNING], xs[NUM_LEARNING:NUM_SAMPLES]
29 y_train, y_test = ys[0:NUM_LEARNING], ys[NUM_LEARNING:NUM_SAMPLES]
30
31 plt.clear()
32 plt.plot(x_train, y_train, plt.GREEN)
33 plt.plot(x_test, y_test, plt.RED)
34
35 NUM_PATTERN = NUM_LEARNING
36 NUM_I = 1
37 NUM_H = 16
38 NUM_M = 16
39 NUM_O = 1
40
41 ai = MyAI(NUM_I, (NUM_H, "relu"), (NUM_M, "relu"), (NUM_O, "linear"))
42
43 x_train = x_train.reshape((NUM_LEARNING, 1))
44 x_train = [x_train[n].reshape((1,1)) for n in range(NUM_LEARNING)]
45 y_train = y_train.reshape((NUM_LEARNING, 1))
46 y_train = [y_train[n].reshape((1,1)) for n in range(NUM_LEARNING)]
47 x_test = x_test.reshape((NUM_THINKING, 1))
48 x_test = [x_test[n].reshape((1,1)) for n in range(NUM_THINKING)]
49 y_test = y_test.reshape((NUM_THINKING, 1))
50 y_test = [y_test[n].reshape((1,1)) for n in range(NUM_THINKING)]
51
52 I = x_train
```

```
53 T = y_train
54
55 ai.learning(I, T, 1000, 0.01)
56
57 I = x_test
58 T = y_test
59
60 P = ai.think(I)
61
62 I = np.array([I[n][0][0] for n in range(NUM_THINKING)])
63 T = np.array([T[n][0][0] for n in range(NUM_THINKING)])
64 P = np.array([P[n][0][0] for n in range(NUM_THINKING)])
66
66 plt.clear()
67 plt.plot(I, T, plt.GREEN)
68 plt.plot(I, P, plt.RED)
```

05   : myai 모듈로부터 하위 모듈을 불러옵니다. myai는 41, 55, 60줄에서 사용합니다. myai 모듈은 독자 여러분이 앞
           으로 직접 구현해 볼 인공 신경망 라이브러리입니다. myai는 입력 층, 2개의 은닉 층, 출력 층으로 구성된 인공
           신경망 모듈을 가집니다. myai는 독자 여러분이 앞으로 직접 구현해 볼 인공 신경망입니다.

35   : NUM_PATTERN 변수를 선언한 후, NUM_LEARNING 값으로 초기화합니다. NUM_PATTERN 변수는 학습할 데
           이터의 개수를 저장합니다.

36   : NUM_I 변수를 선언한 후, 1로 초기화합니다. NUM_I 변수는 입력층 노드의 개수를 저장합니다.

37   : NUM_H 변수를 선언한 후, 16으로 초기화합니다. NUM_H 변수는 1차 은닉층 노드의 개수를 저장합니다.

38   : NUM_M 변수를 선언한 후, 16으로 초기화합니다. NUM_M 변수는 2차 은닉층 노드의 개수를 저장합니다.

39   : NUM_O 변수를 선언한 후, 1로 초기화합니다. NUM_O 변수는 출력층 노드의 개수를 저장합니다.

41   : MyAI 클래스를 이용하여 인공 신경망을 생성합니다.

43~44 : x_train의 모양을 인공 신경망에서 사용할 수 있는 형태로 변경합니다.

43   : x_train을 (NUM_LEARNING x 1) 모양의 행렬로 변경합니다.

44   : x_train을 (1 x 1) 모양의 행렬 리스트로 변경합니다.

45~46 : y_train의 모양을 인공 신경망에서 사용할 수 있는 형태로 변경합니다.

47~48 : x_test의 모양을 인공 신경망에서 사용할 수 있는 형태로 변경합니다.

49~50 : y_test의 모양을 인공 신경망에서 사용할 수 있는 형태로 변경합니다.

52   : I 변수를 선언한 후, x_train으로 초기화합니다.

53   : T 변수를 선언한 후, y_train으로 초기화합니다.

55   : ai.learning 함수를 호출하여 학습을 수행합니다. 첫 번째, 두 번째 인자는 입력 값과 목표 값, 세 번째 인자는 학
           습 수행 횟수, 네 번째 인자는 학습률을 나타냅니다.

57   : I 변수가 x_test을 가리키게 합니다.

58   : T 변수가 y_test을 가리키게 합니다.

60   : ai.think 함수를 호출하여 예측을 수행합니다. 입력 값 I에 대해 예측 값 P를 내어줍니다.

62~64 : plt에서 그래프를 그릴수 있도록 I, T, P의 형식을 변경합니다.

66   : plt.clear 함수를 호출하여 화면을 지워줍니다. 화면을 지운 상태는 검정색입니다.

67   : plt.plot 함수를 호출하여 I, T 좌표 값에 맞추어 실제 데이터에 대한 그래프를 그립니다. 그래프의 색깔은 초록색
           으로 그립니다.

68   : plt.plot 함수를 호출하여 I, P 좌표 값에 맞추어 예측한 그래프를 그립니다. 그래프의 색깔은 빨간색으로 그립니다.

2 ⊙ 버튼을 눌러 프로그램을 실행시킵니다. 다음은 실행 결과 화면입니다.

```
epoch :    950, sum error : 0.856945, 10.864 sec
epoch :    960, sum error : 0.872050, 10.851 sec
epoch :    970, sum error : 0.871122, 10.863 sec
epoch :    980, sum error : 0.872044, 10.865 sec
epoch :    990, sum error : 0.912878, 10.850 sec
epoch :   1000, sum error : 0.900067, 10.853 sec

Time taken (in seconds) = 1085.869
```

▲ 그림 3-22

10 회기마다 학습 결과와 학습 시간을 출력합니다. 전체 학습시간은 1086초(18분 6초) 정도 걸립니다. 다음과 같이 LCD 화면에 그려진 그래프도 확인합니다.

▲ 그림 3-23

초록색 점은 I, T의 분포를 나타내며, 빨간색 점은 I, P의 분포를 나타냅니다. 인공 신경망이 학습을 수행한 후에 I 값에 대한 예측 값을 실제 함수에 근사해서 생성해 내는 것을 볼 수 있습니다.

지금까지 DNN 인공 신경망 라이브러리를 이용하여 2차 함수에 대한 근사 학습을 수행해 보았습니다. 이후에는 독자 여러분이 인공 신경망에 대한 공부를 해가며 최종적으로 DNN 인공 신경망 라이브러리를 직접 구현해 보게 됩니다. 그 과정에서 인공지능의 딥러닝에 대한 원리를 이해하고 실제로 활용할 수 있는 능력을 키우도록 합니다.

02 _ 딥러닝 동작 원리 이해하기

여기서는 단위 인공 신경(1입력 1출력 인공 신경)의 동작을 상식적인 수준에서 살펴보면서 딥러닝의 동작 원리를 이해해 봅니다. 또 딥러닝과 관련된 중요한 용어들, 예를 들어, 순전파, 목표값, 역전파 오차, 오차 역전파, 학습률과 같은 용어들을 이해해 보도록 합니다.

02-1 기본 인공 신경 동작 살펴보기

다음은 앞에서 소개한 단일 인공 신경의 그림입니다. 이 인공 신경은 입력 노드 1개, 출력 노드 1개, 편향으로 구성된 단일 인공 신경입니다.

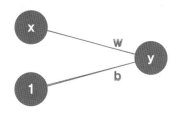

▲ 그림 3-24

수식으로는 다음과 같이 표현합니다.

$$y = xw + 1b$$

이 수식에 대해서 구체적으로 생각해 봅니다. 다음과 같이 각 변수에 값을 줍니다.

$$x = 2$$
$$w = 3$$
$$b = 1$$

그러면 식은 다음과 같이 됩니다.

$$y = 2 \times 3 + 1 \times 1$$
$$y = ?$$

y는 얼마가 될까요? 다음과 같이 계산해서 y는 7이 됩니다.

$$2 \times 3 + 1 \times 1 = 7$$

순전파

이 상황을 그림으로 생각해 봅니다. 다음과 같이 x, w, b 값이 y로 흘러가는 인공 신경 파이프가 있습니다. 이 과정을 인공 신경의 순전파라고 합니다.

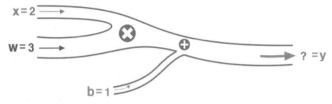

▲ 그림 3–25

이 경우 y로 얼마가 나올까요? 앞에서 살펴본 대로 다음과 같은 과정을 거쳐 7이 흘러나오게 됩니다.

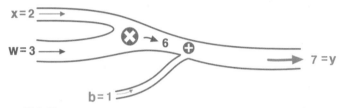

▲ 그림 3–26

목표 값과 역전파 오차

그런데 y로 10이 나오게 하려면 들어오는 값들을 어떻게 바꿔야 할까요?

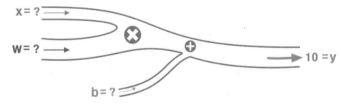

▲ 그림 3–27

y값이 10이 되려면 3이 모자랍니다. x, w, b값을 적당히 증가시키면 y로 10에 가까운 값이 나오게 할 수 있겠죠? 그러면 x, w, b값을 어떤 기준으로 얼마나 증가시켜야 할까요? 이 과정을 자세히 살펴봅니다.

이전 그림에서 y로 7이 흘러나갔는데 우리는 이 값이 10이 되기를 원합니다. 여기서 10은 목표 값이 됩니다. 다음 수식에서 t는 목표 값 10을 갖습니다.

$$
\begin{aligned}
t &= 10 \\
y &= 7 \\
y_b &= y - t \\
y_b &= -3
\end{aligned}
$$

y값은 현재 값 7인 상태이며, yb는 현재 값에서 목표 값을 뺀 값 −3이 됩니다. 이 때, yb값을 역전파 오차라고 하며, 역전파에 사용할 오차 값입니다.

이름표로 정리하면 다음과 같습니다.

목표값	t	10
현재 값	y	7
역전파 오차	yb = y − t	−3

오차 역전파

이 상황을 그림으로 생각해 봅니다. 이번엔 yb의 값이 xb, wb, bb로 거꾸로 흘러가는 상황이 됩니다.

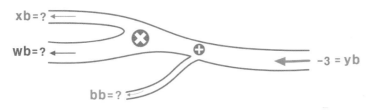

▲ 그림 3-28

xb, wb, bb를 어떤 기준으로 얼마나 값을 할당해야 할까요? 다음과 같은 방법은 어떨까요?

- 2는 3만큼 7로 갔어! 그러니까 −3도 3만큼 2로 돌아가게 하자!
- 3은 2만큼 7로 갔어! 그러니까 −3을 2만큼 3으로 돌아가게 하자!
- 1은 1만큼 7로 갔어! 그러니까 −3을 1만큼 1로 돌아가게 하자!

어떤가요? 설득력 있는 방법인가요? 이 방법이 바로 인공 신경에서 사용하는 오차 역전파입니다. 이 방법은 실제로 조금은 어려울 수 있는 편미분을 적용하여 얻은 방법으로 이 책에서는 직관적인 방법으로 대체하였습니다.

지금까지의 과정을 그림과 수식을 통해서 다시 한 번 정리해 봅니다.

순전파 정리하기

다음은 x, w, b가 y로 흘러가는 순전파를 나타냅니다.

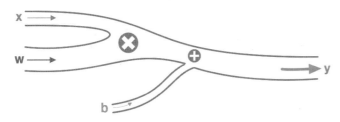

▲ 그림 3-29

다음은 이 그림에 대한 수식입니다.

$$xw + 1b = y \quad ❶$$

이 수식은 다음과 같은 의미를 갖습니다.

- x는 w만큼 y로 갔어.   x $\xrightarrow{\quad w \quad}$ y
- w는 x만큼 y로 갔어.   w $\xrightarrow{\quad x \quad}$ y
- b는 1만큼 y로 갔어.   b $\xrightarrow{\quad 1 \quad}$ y

역전파 정리하기

다음은 yb가 xb, wb, bb로 흘러가는 역전파를 나타냅니다.

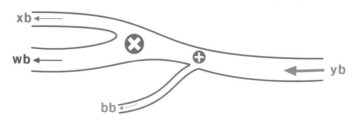

▲ 그림 3-30

우리는 다음 사항이 궁금합니다.

- yb는 얼마만큼 xb로 가야해?
- yb는 얼마만큼 wb로 가야해?
- yb는 얼마만큼 bb로 가야해?

이에 대한 답은 다음과 같습니다.

- x가 w만큼 y로 왔으니 yb도 w만큼 xb로 가야하는 거 아냐? ❷ $\begin{array}{l} x \xrightarrow{\quad w \quad} y \\ xb \xleftarrow{\quad w \quad} yb \end{array}$

- w가 x만큼 y로 왔으니 yb도 x만큼 wb로 가야하는 거 아냐? ❸ $\begin{array}{l} w \xrightarrow{\quad x \quad} y \\ wb \xleftarrow{\quad x \quad} yb \end{array}$

- b가 1만큼 y로 왔으니 yb도 1만큼 bb로 가야하는 거 아냐? ❹ $\begin{array}{l} b \xrightarrow{\quad 1 \quad} y \\ bb \xleftarrow{\quad 1 \quad} yb \end{array}$

TIP 이 방법은 실제로 편미분과 연쇄법칙을 이용하여 유도한 방법으로 이 책에서는 좀 더 직관적인 방법으로 대체하였습니다.

이를 수식으로 정리하면 다음과 같습니다.

$$x_b = y_b w \quad ❷$$
$$w_b = y_b x \quad ❸$$
$$b_b = y_b 1 \quad ❹$$

이 수식에 의해 xb, wb, yb는 다음 그림과 같이 계산됩니다.

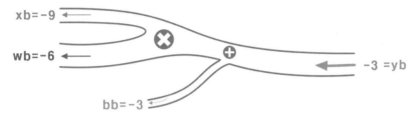

▲ 그림 3-31

TIP 여기서 xb값은 앞부분에 또 다른 인공 신경과 연결되어 있을 경우 yb처럼 해당 인공 신경으로 역전파되는 값입니다. 역전파된 xb값은 해당 인공 신경의 가중치와 편향 학습에 사용됩니다.

최적화하기

이렇게 구한 값을 다시 다음과 같이 밀어 넣으면 될까요? 앞에서 구한 wb, bb의 값이 음수가 되기 때문에 일단 빼주어야 합니다. 그래야 원래 값이 증가하기 때문입니다.

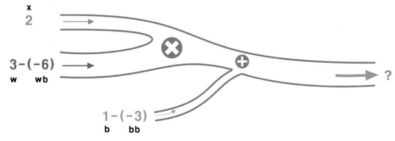

▲ 그림 3-32

TIP 여기서 x값은 상수라고 가정합니다. x값이 앞부분에 또 다른 인공 신경과 연결되어 있을 경우엔 해당 인공 신경의 출력 값이 됩니다. 여기서는 최초 입력 값이라고 가정합니다. 이런 경우 입력 층이라고 합니다.

그런데 wb, bb값이 너무 큽니다. 이 상태로 계산을 하면 새로운 y값은 (2*9+4)와 같이 계산되어 22가 되게 되며, 우리가 원하는 10보다 더 큰 값이 나오게 됩니다. 구체적인 계산 과정은 다음과 같습니다.

```
w = 3-(-6)
b = 1-(-3)
y = x*w + b = 2*9+4 = 22
```

학습률

그러면 이런 방법은 어떨까요? wb, bb에 적당한 값을 곱해주어 값을 줄이는 겁니다. 여기서는 0.01을 곱해줍니다. 그러면 다음과 같이 계산할 수 있습니다.

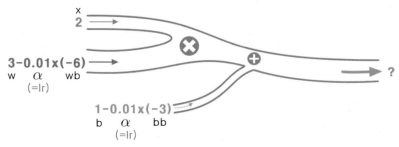

▲ 그림 3-33

TIP 여기서 α 는 학습률이라고 하며 뒤에서는 lr이라는 이름으로 구현합니다. lr은 learning rate의 약자로 학습률을 의미합니다.

이렇게 하면 2*(3.06)+1.03=7.15가 나옵니다. 오! 이렇게 조금씩 늘려나가면 10을 만들 수 있겠네요! 여기서 곱해준 0.01은 학습률이라고 하는 값입니다. 일반적으로 학습률 값은 0.01로 시작하여 학습이 진행되는 상황에 따라 조금씩 늘이거나 줄여서 사용합니다.

경사 하강법과 인공 신경망 학습

위 그림에 따라 새로운 w, b값을 구하는 수식은 다음과 같습니다.

$$w = w - \alpha w_b \quad ⑤$$
$$b = b - \alpha b_b \quad ⑥$$

이 수식을 경사하강법이라고 합니다. 그리고 이 수식을 적용하여 w, b 값을 갱신하는 과정을 인공 신경망의 학습이라고 합니다. 여러분은 방금 전에 1회의 학습을 수행하는 과정을 보신 겁니다. 이 과정을 컴퓨터를 이용하여 반복하여 수행하면 우리가 원하는 값을 얻게 해 주는 하나짜리 인공 신경망을 만들 수 있습니다.

02-2 기본 인공 신경 동작 구현해 보기

지금까지의 과정을 그림과 수식을 통해 정리한 후, 구현을 통해 확인해 봅니다.
다음 그림은 지금까지 살펴본 입력1 출력1로 구성된 인공 신경을 나타냅니다.

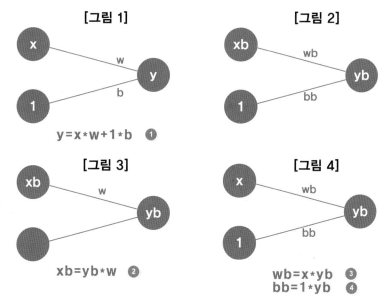

▲ 그림 3-34

[그림1]은 순전파 과정에 필요한 변수와 수식을 나타냅니다.

[그림2]는 역전파에 필요한 변수입니다. 순전파에 대응되는 변수가 모두 필요합니다.

[그림3]은 입력의 역전파에 필요한 변수와 수식을 나타냅니다.

[그림4]는 가중치와 편향의 역전파에 필요한 변수와 수식을 나타냅니다.

TIP ❷ xb값은 앞부분에 또 다른 인공 신경과 연결되어 있을 경우 yb처럼 해당 인공 신경으로 역전파되는 값입니다. 역전파된 xb값은 해당 인공 신경의 가중치와 편향 학습에 사용됩니다.

TIP 편미분과 연쇄법칙을 통해 역전파식을 유도하는 방법은 부록에 소개되어 있으니 궁금한 독자는 참고하시기 바랍니다.

이상에서 필요한 수식을 정리하면 다음과 같습니다.

- 순전파

$xw + 1b = y$ ❶

- 입력 역전파

$y_b w = x_b$ ❷

- 가중치, 편향 역전파

$xy_b = w_b$ ❸

$1y_b = b_b$ ❹

- 인공 신경망 학습

$w = w - \alpha w_b$ ❺

$b = b - \alpha b_b$ ❻

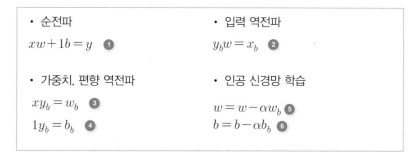

지금까지의 과정을 구현을 통해 살펴봅니다. 다음 그림을 살펴봅니다.

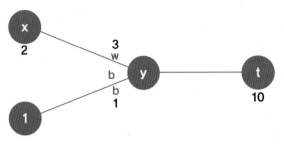
▲ 그림 3-35

이 그림에서 입력 값 x, 가중치 w, 편향 b는 각각 2, 3, 1이고 목표 값 t는 10입니다.

`TIP` 이 값들은 임의의 값들입니다. 다른 값들을 사용하여 학습을 수행할 수도 있습니다.

1 다음과 같이 예제를 작성합니다.

```
322_1.py
01 x = 2
02 t = 10
03 w = 3
04 b = 1
05
06 y = x*w + 1*b # ❶
07 print('y  = %6.3f' %y)
08
09 yb = y - t
10 xb = yb*w # ❷
11 wb = yb*x # ❸
12 bb = yb*1 # ❹
13 print('xb = %6.3f, wb = %6.3f, bb = %6.3f'%(xb, wb, bb))
14
15 lr = 0.01
16 w = w - lr*wb # ❺
17 b = b - lr*bb # ❻
18 print('x  = %6.3f, w  = %6.3f, b  = %6.3f'%(x, w, b))
```

01 : 변수 x를 선언한 후, 2로 초기화합니다.

02 : 변수 t를 선언한 후, 10으로 초기화합니다.

03 : 가중치 변수 w를 선언한 후, 3으로 초기화합니다. 가중치 w는 입력 값의 강도, 세기라고도 하며 입력 값을 증폭 시키거나 감소시키는 역할을 합니다. 인공 신경도 가지 돌기의 두께에 따라 입력 신호가 증폭되거나 감소될 수 있는데, 이런 관점에서 가중치는 가지 돌기의 두께에 해당되는 변수로 생각할 수 있습니다.

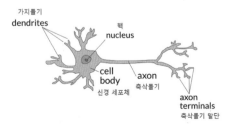
▲ 그림 3-36

04 : 편향 변수 b를 선언한 후, 1로 초기화합니다. 편향은 가중치를 거친 입력 값의 합(=전체 입력 신호)에 더해지는 값으로 입력신호를 좀 더 세게 해주거나 약하게 하는 역할을 합니다.

06 : 순전파 수식을 구현합니다.

07 : print 함수를 호출하여 순전파 결과 값 y를 출력합니다. 소수점 이하 3자리까지 출력합니다.

09 : yb 변수를 선언한 후, 순전파 결과 값에서 목표 값을 빼 오차 값을 넣어줍니다.

10 : xb 변수를 선언한 후, 입력 값에 대한 역전파 값을 받아봅니다. 이 부분은 이 예제에서 필요한 부분은 아니며, 역전파 연습을 위해 추가하였습니다.

11 : wb 변수를 선언한 후, 가중치 값에 대한 역전파 값을 받습니다.

12 : bb 변수를 선언한 후, 편향 값에 대한 역전파 값을 받습니다.

13 : print 함수를 호출하여 역전파 결과 값 wb, bb를 출력합니다. 소수점 이하 3자리까지 출력합니다.

15 : 학습률 변수 lr을 선언한 후, 0.01로 초기화합니다.

16 : wb 역전파 값에 학습률을 곱한 후, w값에서 빼줍니다. 이 과정에서 w 변수에 대한 학습이 이루어집니다.

17 : bb 역전파 값에 학습률을 곱한 후, b값에서 빼줍니다. 이 과정에서 b 변수에 대한 학습이 이루어집니다.

18 : print 함수를 호출하여 학습된 결과 값 w, b를 출력합니다. 소수점 이하 3자리까지 출력합니다.

2 ▶ 버튼을 눌러 프로그램을 실행시킵니다. 다음은 실행 결과 화면입니다.

```
y  =    7.000
xb = -9.000, wb = -6.000, bb = -3.000
x  =  2.000, w  =  3.060, b  =  1.030
```

▲ 그림 3-36

현재 y값은 7입니다. wb, bb 값을 확인합니다. 또, w, b 값을 확인합니다.

반복 학습 2회 수행하기

여기서는 반복 학습 2회를 수행해 봅니다.

1 다음과 같이 예제를 수정합니다.

```
322_1.py
01 x = 2
02 t = 10
03 w = 3
04 b = 1
05
06 for epoch in range(2):
07
08     print('epoch = %d' %epoch)
09
10     y = x*w + 1*b
11     print(' y  = %6.3f' %y)
12
13     yb = y - t
14     xb = yb*w
```

```
15          wb = yb*x
16          bb = yb*1
17          print(' xb = %6.3f, wb = %6.3f, bb = %6.3f'%(xb, wb, bb))
18
19          lr = 0.01
20          w = w - lr*wb
21          b = b - lr*bb
22          print(' x  = %6.3f, w  = %6.3f, b  = %6.3f'%(x, w, b))
```

06 : epoch값을 0에서 2 미만까지 바꾸어가며 8~22줄을 2회 수행합니다.

08 : print 함수를 호출하여 epoch 값을 출력해 줍니다.

2 ◉ 버튼을 눌러 프로그램을 실행시킵니다. 다음은 실행 결과 화면입니다.

```
epoch = 0
 y   =   7.000
 xb = -9.000, wb = -6.000, bb = -3.000
 x  =  2.000, w  =  3.060, b  =  1.030
epoch = 1
 y   =   7.150
 xb = -8.721, wb = -5.700, bb = -2.850
 x  =  2.000, w  =  3.117, b  =  1.058
```

▲ 그림 3-37

y 값이 7에서 7.150으로 바뀌는 것을 확인합니다. wb, bb 값을 확인합니다. 또, w, b 값을 확인합니다.

반복 학습 20회 수행하기

여기서는 반복 학습 20회를 수행해 봅니다.

1 다음과 같이 예제를 수정합니다.

```
06 for epoch in range(20):
```

06 : epoch값을 0에서 20 미만까지 수행합니다.

2 ◉ 버튼을 눌러 프로그램을 실행시킵니다. 다음은 실행 결과 화면입니다.

```
epoch = 18
 y   =   8.808
 xb = -4.437, wb = -2.383, bb = -1.192
 x  =  2.000, w  =  3.747, b  =  1.374
epoch = 19
 y   =   8.868
 xb = -4.242, wb = -2.264, bb = -1.132
 x  =  2.000, w  =  3.770, b  =  1.385
```

▲ 그림 3-38

y 값이 8.868까지 접근하는 것을 확인합니다.

반복 학습 200회 수행하기

여기서는 반복 학습 200회를 수행해 봅니다.

1 다음과 같이 예제를 수정합니다.

```
06 for epoch in range(200):
```

06 : epoch값을 0에서 200 미만까지 수행합니다.

2 ▣ 버튼을 눌러 프로그램을 실행시킵니다. 다음은 실행 결과 화면입니다.

```
epoch = 198
 y  = 10.000
 xb = -0.000, wb = -0.000, bb = -0.000
 x  =  2.000, w  =  4.200, b  =  1.600
epoch = 199
 y  = 10.000
 xb = -0.000, wb = -0.000, bb = -0.000
 x  =  2.000, w  =  4.200, b  =  1.600
```

▲ 그림 3-39

y 값이 10.000에 수렴하는 것을 확인합니다. 이 때, 가중치 w는 4.2, 편향 b는 1.6에 수렴합니다.

오차 값 계산하기

여기서는 인공 신경망을 통해 얻어진 예측 값과 목표 값의 오차를 계산하는 부분을 추가해 봅니다. 오차(error)는 손실(loss) 또는 비용(cost)이라고도 합니다. 오차 값이 작을수록 예측을 잘하는 인공 신경망입니다.

1 다음과 같이 예제를 수정합니다.

```
322_1.py

01 x = 2
02 t = 10
03 w = 3
04 b = 1
05
06 for epoch in range(200):
07
08      print('epoch = %d' %epoch)
09
10      y = x*w + 1*b
11      print(' y  = %6.3f' %y)
12
13      E = (y-t)**2/2
14      print(' E  = %.7f' %E)
```

```
15        if E < 0.0000001:
16                break
17
18        yb = y - t
19        xb = yb*w
20        wb = yb*x
21        bb = yb*1
22        print(' xb = %6.3f, wb = %6.3f, bb = %6.3f'%(xb, wb, bb))
23
24        lr = 0.01
25        w = w - lr*wb
26        b = b - lr*bb
27        print(' x  = %6.3f, w  = %6.3f, b  = %6.3f'%(x, w, b))
```

13 : 변수 E를 선언한 후, 다음과 같은 형태의 수식을 구현합니다.

$$E = \frac{1}{2}(y-t)^2$$

y의 값이 t에 가까울수록 E의 값은 0에 가까워집니다. 즉, 오차 값이 0에 가까워집니다. 이 수식을 오차함수 또는 손실함수 또는 비용함수라고 합니다.

14 : print 함수를 호출하여 오차 값 E를 출력합니다. 소수점 이하 7자리까지 출력합니다.

15, 16 : 오차 값 E가 0.0000001(1천만분의1)보다 작으면 break문을 수행하여 6줄의 for문을 빠져 나갑니다.

2 ◉ 버튼을 눌러 프로그램을 실행시킵니다. 다음은 실행 결과 화면입니다.

```
epoch = 171
 y  = 10.000
 E  = 0.0000001
 xb = -0.002, wb = -0.001, bb = -0.000
 x  =  2.000, w  =  4.200, b  =  1.600
epoch = 172
 y  = 10.000
 E  = 0.0000001
```

▲ 그림 3-40

epoch 값이 172((172+1)회 째)일 때 for 문을 빠져 나갑니다. y값은 10에 수렴합니다.

학습률 변경하기

여기서는 학습률 값을 변경시켜 보면서 학습의 상태를 살펴봅니다.

1 다음과 같이 예제를 수정합니다.

```
24        lr = 0.05
```

24 : 학습률 값을 0.05로 변경합니다.

2 버튼을 눌러 프로그램을 실행시킵니다. 다음은 실행 결과 화면입니다.

```
epoch = 30
 y  =  9.999
 E  = 0.0000001
 xb = -0.002, wb = -0.001, bb = -0.001
 x  =  2.000, w  =  4.200, b  =  1.600
epoch = 31
 y  = 10.000
 E  = 0.0000001
```

▲ 그림 3-41

32(31+1)회 째 학습이 완료되는 것을 볼 수 있습니다.

3 다음과 같이 예제를 수정합니다.

322_1.py

```
24        lr = 0.005
```

24 : 학습률 값을 0.005로 변경합니다.

4 버튼을 눌러 프로그램을 실행시킵니다. 다음은 실행 결과 화면입니다.

```
epoch = 198
 y  =  9.980
 E  = 0.0001991
 xb = -0.084, wb = -0.040, bb = -0.020
 x  =  2.000, w  =  4.192, b  =  1.596
epoch = 199
 y  =  9.981
 E  = 0.0001893
 xb = -0.082, wb = -0.039, bb = -0.019
 x  =  2.000, w  =  4.192, b  =  1.596
```

▲ 그림 3-42

200(199+1)회 째 학습이 완료되지 않은 상태로 종료되는 것을 볼 수 있습니다.

5 다음과 같이 예제를 수정합니다.

322_1.py

```
06 for epoch in range(2000):
```

06 : epoch값을 0에서 2000 미만까지 수행합니다.

6 ▶ 버튼을 눌러 프로그램을 실행시킵니다. 다음은 실행 결과 화면입니다.

```
epoch = 347
  y  = 10.000
  E  = 0.0000001
  xb = -0.002, wb = -0.001, bb = -0.000
  x  =  2.000, w  =  4.200, b  =  1.600
epoch = 348
  y  = 10.000
  E  = 0.0000001
```

▲ 그림 3-43

(348+1)회 째 학습이 완료되는 것을 볼 수 있습니다.

02-3 y=3*x+1 학습시켜 보기

여기서는 다음과 같은 숫자들의 집합 X, Y를 이용하여, 단일 인공 신경을 학습시켜 봅니다.

X:	-1	0	1	2	3	4
Y:	-2	1	4	7	10	13

▲ 그림 3-44

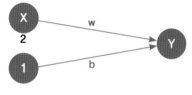

▲ 그림 3-45

그래서 다음 함수를 근사하는 인공 신경 함수를 만들어 보도록 합니다.

y = f(x) = 3*x + 1 (x는 실수)

인공 신경을 학습시키는 과정은 w, b 값을 X, Y 값에 맞추어 가는 과정입니다. 그래서 학습이 진행됨에 따라 w 값은 3에 가까운 값으로, b 값은 1에 가까운 값으로 이동하게 됩니다.

TIP 이 예제는 1장에서 tensorflow를 이용하여 수행했던 예제를 재구현하고 있습니다.

1 다음과 같이 예제를 작성합니다.

```
323_1.py
01 xs = [-1., 0., 1., 2.,  3.,  4.]
02 ys = [-2., 1., 4., 7., 10., 13.]
03 w = 10.
04 b = 10.
05
06 y = xs[0]*w + 1*b
07 print("x  = %6.3f, y  = %6.3f" %(xs[0], y))
08
09 t = ys[0]
```

170 인공지능 딥러닝 직접 코딩하기 with 라즈베리파이 피코 인공지능 딥러닝 알고리즘 구현과 활용

```
10 E = (y-t)**2/2
11 print('E  = %.7f' %E)
12
13 yb = y - t
14 wb = yb*xs[0]
15 bb = yb*1
16 print('wb = %6.3f, bb = %6.3f'%(wb, bb))
17
18 lr = 0.01
19 w = w - lr*wb
20 b = b - lr*bb
21 print('w  = %6.3f, b  = %6.3f'%(w, b))
```

01, 02 : 실수 형 리스트 변수 xs, ys를 선언한 후, 다음 X, Y 값으로 초기화합니다.

X:	-1	0	1	2	3	4
Y:	-2	1	4	7	10	13

▲ 그림 3-46

숫자 뒤에 점(.)은 실수를 나타냅니다.

03 : 입력 값의 가중치 값을 저장할 변수 w를 선언한 후, 10.으로 초기화합니다. 10.은 임의로 선택한 값입니다. 입력 값의 가중치는 입력 값의 강도, 세기라고도 하며 입력 값을 증폭 시키거나 감소시키는 역할을 합니다. 인공 신경도 가지 돌기의 두께에 따라 입력 신호가 증폭되거나 감소될 수 있는데, 이런 관점에서 가중치는 가지 돌기의 두께에 해당되는 변수로 생각할 수 있습니다.

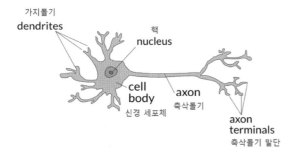

▲ 그림 3-47

04 : 인공 신경의 편향 값을 저장할 변수 b를 선언한 후, 10.으로 초기화합니다. 10.은 임의로 선택한 값입니다. 편향 값은 가중치를 거친 입력 값의 합(=전체 입력신호)에 더해지는 값으로 입력신호를 좀 더 세게 해주거나 약하게 하는 역할을 합니다.

06 : 다음과 같이 단일 인공 신경을 수식으로 표현합니다.

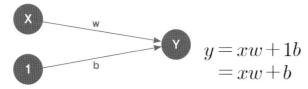

$$y = xw + 1b$$
$$= xw + b$$

일단 xs[0] 항목을 w에 곱한 후, b를 더해준 후, 변수 y에 대입해 줍니다. 이 과정에서 순전파가 이루어집니다. 즉, xs[0] 항목이 w에 곱해지고 b와 더해져 y에 도달하는 과정을 순전파라고 합니다. 순전파 결과 얻어진 y값을 인공 신경망에 의한 예측 값이라고 합니다.

07 : print 함수를 호출하여 xs[0], y 값을 출력합니다.

09 : 변수 t를 선언한 후, ys[0]값을 받습니다. ys[0]은 인공 신경망에 대한 xs[0]값의 목표 값입니다.

10 : 변수 E를 선언한 후, 다음과 같은 형태의 수식을 구현합니다.

$$E = \frac{1}{2}(y-t)^2$$

y의 값이 t에 가까울수록 E의 값은 0에 가까워집니다. 즉, 오차 값이 0에 가까워집니다. 이 수식을 오차함수 또는 손실함수 또는 비용함수라고 합니다.

11 : print 함수를 호출하여 E 값을 출력합니다. 소수점 이하 7자리까지 출력합니다.

13 : yb 변수를 선언한 후, 순전파 결과 값에서 목표 값을 빼 오차 값을 넣어줍니다.

14 : wb 변수를 선언한 후, 가중치 값에 대한 역전파 값을 받습니다.

15 : bb 변수를 선언한 후, 편향 값에 대한 역전파 값을 받습니다.

16 : print 함수를 호출하여 역전파 결과 값 wb, bb를 출력합니다. 소수점 이하 3자리까지 출력합니다.

18 : 학습률 변수 lr을 선언한 후, 0.01로 초기화합니다.

19 : wb 역전파 값에 학습률을 곱한 후, w값에서 빼줍니다. 이 과정에서 w 변수에 대한 학습이 이루어집니다.

20 : bb 역전파 값에 학습률을 곱한 후, b값에서 빼줍니다. 이 과정에서 b 변수에 대한 학습이 이루어집니다.

21 : print 함수를 호출하여 학습이 1회 수행된 w, b 값을 출력합니다. 소수점 이하 3자리까지 출력합니다.

2 ▶ 버튼을 눌러 프로그램을 실행시킵니다. 다음은 실행 결과 화면입니다.

```
x  = -1.000, y  =  0.000
E  =  2.0000000
wb = -2.000, bb =  2.000
w  = 10.020, b  =  9.980
```

▲ 그림 3-48

w, b 값이 각각 10.020, 9.980으로 표시되는 것을 확인합니다.

전체 입력 데이터 학습 수행하기

이제 다음 좌표값 전체에 대해 1회 학습을 수행해 봅니다.

X:	-1	0	1	2	3	4
Y:	-2	1	4	7	10	13

▲ 그림 3-49

1 다음과 같이 예제를 수정합니다.

```
323_1.py
01 xs = [-1., 0., 1., 2., 3., 4.]
02 ys = [-2., 1., 4., 7., 10., 13.]
03 w = 10.
04 b = 10.
05
06 for n in range(6):
```

```
07
08          y = xs[n]*w + 1*b
09          print("x  = %6.3f, y  = %6.3f" %(xs[n], y))
10
11          t = ys[n]
12          E = (y-t)**2/2
13          print('E  = %.7f' %E)
14
15          yb = y - t
16          wb = yb*xs[n]
17          bb = yb*1
18          print('wb = %6.3f, bb = %6.3f'%(wb, bb))
19
20          lr = 0.01
21          w = w - lr*wb
22          b = b - lr*bb
23          print('w  = %6.3f, b  = %6.3f'%(w, b))
24
25          print("="*25)
```

06   : n값을 0에서 6 미만까지 바꾸어가며 08~25줄을 6회 수행합니다.

08, 09, 16 : xs[0]을 xs[n]으로 변경합니다.

11   : ys[0]을 ys[n]으로 변경합니다.

25   : 실행 경계를 표시하기 위해 "="을 25개 출력합니다.

2 ▶ 버튼을 눌러 프로그램을 실행시킵니다. 다음은 실행 결과 화면입니다.

```
x  = -1.000, y  =   0.000        x  =   2.000, y  =  29.453
E  = 2.0000000                   E  = 252.0661831
wb = -2.000, bb =   2.000        wb = 44.906, bb =  22.453
w  = 10.020, b  =   9.980        w  =  9.412, b  =   9.507
=========================        =========================
x  =   0.000, y  =   9.980       x  =   3.000, y  =  37.742
E  = 40.3201962                  E  = 384.8117352
wb =   0.000, bb =   8.980       wb = 83.226, bb =  27.742
w  = 10.020, b  =   9.890        w  =  8.580, b  =   9.229
=========================        =========================
x  =   1.000, y  =  19.910       x  =   4.000, y  =  43.547
E  = 126.5672326                 E  = 466.5734768
wb = 15.910, bb =  15.910        wb = 122.190, bb = 30.547
w  =  9.861, b  =   9.731        w  =  7.358, b  =   8.924
=========================        =========================
```

▲ 그림 3-49

가중치, 편향 학습과정 살펴보기

가중치와 편향 값만 확인해 봅니다.

1 다음과 같이 예제를 수정합니다.

```
323_1.py

01 xs = [-1., 0., 1., 2.,  3.,  4.]
02 ys = [-2., 1., 4., 7., 10., 13.]
03 w = 10.
04 b = 10.
05
06 for n in range(6):
07
08      y = xs[n]*w + 1*b
09
10      t = ys[n]
11      E = (y-t)**2/2
12
13      yb = y - t
14      wb = yb*xs[n]
15      bb = yb*1
16
17      lr = 0.01
18      w = w - lr*wb
19      b = b - lr*bb
20      print('w  = %6.3f, b  = %6.3f'%(w, b))
```

20: w, b에 대한 출력만 합니다. 나머지 출력 루틴은 주석처리하거나 지워줍니다.

2 ▶ 버튼을 눌러 프로그램을 실행시킵니다. 다음은 실행 결과 화면입니다.

```
w  = 10.020, b  =  9.980
w  = 10.020, b  =  9.890
w  =  9.861, b  =  9.731
w  =  9.412, b  =  9.507
w  =  8.580, b  =  9.229
w  =  7.358, b  =  8.924
```

▲ 그림 3-50

학습 회수에 따라 w, b값이 바뀌는 것을 확인합니다.

반복 학습 2회 수행하기

여기서는 반복 학습 2회를 수행해 봅니다.

1 다음과 같이 예제를 수정합니다.

```
323_1.py
01 xs = [-1., 0., 1., 2.,  3.,  4.]
02 ys = [-2., 1., 4., 7., 10., 13.]
03 w = 10.
04 b = 10.
05
06 for epoch in range(2):
07
08      for n in range(6):
09
10              y = xs[n]*w + 1*b
11
12              t = ys[n]
13              E = (y-t)**2/2
14
15              yb = y - t
16              wb = yb*xs[n]
17              bb = yb*1
18
19              lr = 0.01
20              w = w - lr*wb
21              b = b - lr*bb
22              print('w  = %6.3f, b  = %6.3f'%(w, b))
```

06 : epoch값을 0에서 2 미만까지 바꾸어가며 08~22줄을 2회 수행합니다.

2 ▶ 버튼을 눌러 프로그램을 실행시킵니다. 다음은 실행 결과 화면입니다.

```
w  = 10.020, b  =  9.980
w  = 10.020, b  =  9.890
w  =  9.861, b  =  9.731
w  =  9.412, b  =  9.507
w  =  8.580, b  =  9.229
w  =  7.358, b  =  8.924
w  =  7.393, b  =  8.888
w  =  7.393, b  =  8.809
w  =  7.271, b  =  8.687
w  =  6.947, b  =  8.525
w  =  6.366, b  =  8.331
w  =  5.534, b  =  8.123
```

▲ 그림 3-51

학습 회수에 따라 w, b값이 바뀌는 것을 확인합니다.

반복 학습 20회 수행하기

여기서는 반복 학습 20회를 수행해 봅니다.

1 다음과 같이 예제를 수정합니다.

```
323_1.py
01 xs = [-1., 0., 1., 2.,  3.,  4.]
02 ys = [-2., 1., 4., 7., 10., 13.]
03 w = 10.
04 b = 10.
05
06 for epoch in range(20):
07
08      for n in range(6):
09
10              y = xs[n]*w + 1*b
11
12              t = ys[n]
13              E = (y-t)**2/2
14
15              yb = y - t
16              wb = yb*xs[n]
17              bb = yb*1
18
19              lr = 0.01
20              w = w - lr*wb
21              b = b - lr*bb
22              if epoch%2==1 and n==0 :
23                      print('w = %6.3f, b = %6.3f'%(w, b))
```

06 : epoch값을 0에서 20 미만까지 바꾸어가며 08~23줄을 20회 수행합니다.

22 : epoch값을 2로 나눈 나머지가 1이고 n값이 0일 때 23줄을 수행합니다.

2 ▶ 버튼을 눌러 프로그램을 실행시킵니다. 다음은 실행 결과 화면입니다.

```
w  =    7.393, b  =    8.888
w  =    4.332, b  =    7.464
w  =    2.897, b  =    6.614
w  =    2.247, b  =    6.051
w  =    1.974, b  =    5.636
w  =    1.882, b  =    5.303
w  =    1.875, b  =    5.016
w  =    1.907, b  =    4.760
w  =    1.956, b  =    4.526
w  =    2.011, b  =    4.309
```

▲ 그림 3-52

학습 회수에 따라 w, b값이 바뀌는 것을 확인합니다.

반복 학습 200회 수행하기

여기서는 반복 학습 200회를 수행해 봅니다.

1 다음과 같이 예제를 수정합니다.

```
323_1.py

01 xs = [-1., 0., 1., 2.,  3.,  4.]
02 ys = [-2., 1., 4., 7., 10., 13.]
03 w = 10.
04 b = 10.
05
06 for epoch in range(200):
07
08        for n in range(6):
09
10                y = xs[n]*w + 1*b
11
12                t = ys[n]
13                E = (y-t)**2/2
14
15                yb = y - t
16                wb = yb*xs[n]
17                bb = yb*1
18
19                lr = 0.01
20                w = w - lr*wb
21                b = b - lr*bb
22                if epoch%20==1 and n==0 :
23                        print('w  = %6.3f, b  = %6.3f'%(w, b))
```

06 : epoch값을 0에서 200 미만까지 바꾸어가며 08~23줄을 200회 수행합니다.
22 : epoch값을 20으로 나눈 나머지가 1이고 n값이 0일 때 23줄을 수행합니다.

2 ▶ 버튼을 눌러 프로그램을 실행시킵니다. 다음은 실행 결과 화면입니다.

```
w  =    7.393, b  =    8.888
w  =    2.067, b  =    4.107
w  =    2.499, b  =    2.660
w  =    2.732, b  =    1.887
w  =    2.857, b  =    1.474
w  =    2.923, b  =    1.253
w  =    2.959, b  =    1.136
w  =    2.978, b  =    1.072
w  =    2.988, b  =    1.039
w  =    2.994, b  =    1.021
```

▲ 그림 3-53

학습 회수에 따라 w, b값이 바뀌는 것을 확인합니다. w값은 3에, b값은 1에 가까워지는 것을 확인합니다.

반복 학습 2000회 수행하기

여기서는 반복 학습 2000회를 수행해 봅니다.

1 다음과 같이 예제를 수정합니다.

```
323_1.py
01 xs = [-1., 0., 1., 2.,  3.,  4.]
02 ys = [-2., 1., 4., 7., 10., 13.]
03 w = 10.
04 b = 10.
05
06 for epoch in range(2000):
07
08       for n in range(6):
09
10              y = xs[n]*w + 1*b
11
12              t = ys[n]
13              E = (y-t)**2/2
14
15              yb = y - t
16              wb = yb*xs[n]
17              bb = yb*1
18
19              lr = 0.01
20              w = w - lr*wb
21              b = b - lr*bb
22              if epoch%200==1 and n==0 :
23                    print('w = %6.3f, b = %6.3f'%(w, b))
```

06 : epoch값을 0에서 2000 미만까지 바꾸어가며 08~23줄을 2000회 수행합니다.
22 : epoch값을 200으로 나눈 나머지가 1이고 n값이 0일 때 23줄을 수행합니다.

2 ⊙ 버튼을 눌러 프로그램을 실행시킵니다. 다음은 실행 결과 화면입니다.

```
w  =   7.393,  b  =   8.888
w  =   2.997,  b  =   1.011
w  =   3.000,  b  =   1.000
w  =   3.000,  b  =   1.000
w  =   3.000,  b  =   1.000
w  =   3.000,  b  =   1.000
w  =   3.000,  b  =   1.000
w  =   3.000,  b  =   1.000
w  =   3.000,  b  =   1.000
w  =   3.000,  b  =   1.000
```

▲ 그림 3-54

학습 회수에 따라 w, b값이 바뀌는 것을 확인합니다. w값은 3에 b값은 1에 수렴하는 것을 확인합니다.

가중치, 편향 바꿔보기 1

여기서는 가중치와 편향 값을 바꾸어 실습을 진행해 봅니다.

1 다음과 같이 예제를 수정합니다.

```
323_1.py

03 w = -10.
04 b = 10.
```

03 : 가중치 w값을 –10.으로 바꿉니다.
04 : 편향 b값은 10.으로 둡니다.

2 ▶ 버튼을 눌러 프로그램을 실행시킵니다. 다음은 실행 결과 화면입니다.

```
w  =  -6.877,  b  =  10.358
w  =   2.993,  b  =   1.022
w  =   3.000,  b  =   1.000
w  =   3.000,  b  =   1.000
w  =   3.000,  b  =   1.000
w  =   3.000,  b  =   1.000
w  =   3.000,  b  =   1.000
w  =   3.000,  b  =   1.000
w  =   3.000,  b  =   1.000
w  =   3.000,  b  =   1.000
```

▲ 그림 3-55

w값은 3에 b값은 1에 수렴하는 것을 확인합니다.

가중치, 편향 바꿔보기 2

1 다음과 같이 예제를 수정합니다.

```
323_1.py

03 w = -100.
04 b = 200.
```

03 : 가중치 w값을 –100.으로 바꿉니다.
04 : 편향 b값은 200.으로 바꿉니다.

2 ▶ 버튼을 눌러 프로그램을 실행시킵니다. 다음은 실행 결과 화면입니다.

```
w  =  -83.789,  b  =  194.356
w  =    2.884,  b  =    1.385
w  =    3.000,  b  =    1.001
w  =    3.000,  b  =    1.000
w  =    3.000,  b  =    1.000
w  =    3.000,  b  =    1.000
w  =    3.000,  b  =    1.000
w  =    3.000,  b  =    1.000
w  =    3.000,  b  =    1.000
w  =    3.000,  b  =    1.000
```

▲ 그림 3-56

w값은 3에 b값은 1에 수렴하는 것을 확인합니다.

03 _ 다양한 인공 신경망 구현해 보기

우리는 앞에서 입력1 출력1로 구성된 인공 신경의 동작을 살펴보고 구현해 보았습니다. 여기서는 입력2 출력1의 단일 인공 신경과, 입력2 출력2, 입력3 출력3으로 구성된 인공 신경망의 구조를 살펴보고 수식을 세운 후, 해당 수식에 맞는 인공 신경망을 구현해 봅니다. 출력의 개수 2이상은 인공 신경망이 됩니다.

03-1 2입력 1출력 인공 신경 구현하기

다음 그림은 입력2 출력1로 구성된 인공 신경을 나타냅니다.

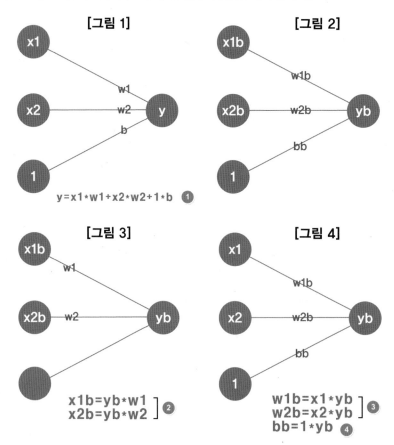

[그림 1]

$$y=x1*w1+x2*w2+1*b \quad ❶$$

[그림 2]

[그림 3]

$$x1b=yb*w1$$
$$x2b=yb*w2 \quad ❷$$

[그림 4]

$$w1b=x1*yb$$
$$w2b=x2*yb \quad ❸$$
$$bb=1*yb \quad ❹$$

▲ 그림 3-57

[그림1]은 순전파 과정에 필요한 변수와 수식을 나타냅니다.

[그림2]는 역전파에 필요한 변수입니다. 순전파에 대응되는 변수가 모두 필요합니다.

[그림3]은 입력의 역전파에 필요한 변수와 수식을 나타냅니다.

[그림4]는 가중치와 편향의 역전파에 필요한 변수와 수식을 나타냅니다.

TIP ❷ x1b, x2b값은 앞부분에 또 다른 인공 신경과 연결되어 있을 경우 yb처럼 해당 인공 신경으로 역전파되는 값입니다. 역전파
된 x1b, x2b값은 해당 인공 신경의 가중치와 편향 학습에 사용됩니다.

이상에서 필요한 수식을 정리하면 다음과 같습니다.

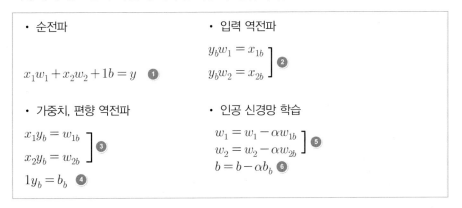

- 순전파

$$x_1 w_1 + x_2 w_2 + 1b = y \quad ❶$$

- 입력 역전파

$$\left. \begin{array}{l} y_b w_1 = x_{1b} \\ y_b w_2 = x_{2b} \end{array} \right] ❷$$

- 가중치, 편향 역전파

$$\left. \begin{array}{l} x_1 y_b = w_{1b} \\ x_2 y_b = w_{2b} \end{array} \right] ❸$$

$$1 y_b = b_b \quad ❹$$

- 인공 신경망 학습

$$\left. \begin{array}{l} w_1 = w_1 - \alpha w_{1b} \\ w_2 = w_2 - \alpha w_{2b} \end{array} \right] ❺$$

$$b = b - \alpha b_b \quad ❻$$

지금까지 정리한 수식을 구현을 통해 살펴봅니다. 다음 그림을 살펴봅니다.

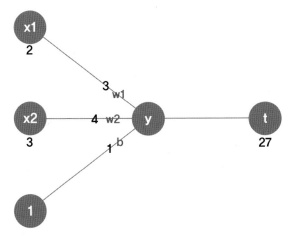

▲ 그림 3-58

이 그림에서 입력 값 x1, x2는 각각 2, 3, 가중치 w1, w2는 각각 3, 4, 편향 b는 1이고 목표 값 t는
27입니다. x1, x2를 상수로 고정한 채 w1, w2, b에 대해 학습을 수행해 봅니다.

TIP 이 값들은 임의의 값들입니다. 다른 값들을 사용하여 학습을 수행할 수도 있습니다.

1 이전 예제를 복사합니다.

2 다음과 같이 예제를 수정합니다.

```
331_1.py
01 x1, x2 = 2, 3
02 t = 27
03 w1 = 3
04 w2 = 4
05 b = 1
06
07 for epoch in range(2000):
08
09     print('epoch = %d' %epoch)
10
11     y = x1*w1 + x2*w2 + 1*b # ❶
12     print(' y  = %6.3f' %y)
13
14     E = (y-t)**2/2
15     print(' E  = %.7f' %E)
16     if E < 0.0000001:
17             break
18
19     yb = y - t
20     x1b, x2b = yb*w1, yb*w2 # ❷
21     w1b = yb*x1 # ❸
22     w2b = yb*x2 # ❸
23     bb = yb*1 # ❹
24     print(' x1b, x2b = %6.3f, %6.3f'%(x1b, x2b))
25     print(' w1b, w2b, bb = %6.3f, %6.3f, %6.3f'%(w1b, w2b, bb))
26
27     lr = 0.01
28     w1 = w1 - lr*w1b # ❺
29     w2 = w2 - lr*w2b # ❺
30     b = b - lr*bb # ❻
31     print(' w1,  w2,  b  = %6.3f, %6.3f, %6.3f'%(w1, w2, b))
```

20 : x1b, x2b 변수를 선언한 후, 입력 값에 대한 역전파 값을 받아봅니다. 이 부분은 이 예제에서 필요한 부분은 아니며, 역전파 연습을 위해 추가하였습니다.

3 ▶ 버튼을 눌러 프로그램을 실행시킵니다. 다음은 실행 결과 화면입니다.

```
epoch = 64
 y  = 26.999
 E  = 0.0000001
 x1b, x2b = -0.002, -0.003
 w1b, w2b, bb = -0.001, -0.002, -0.001
 w1,  w2,  b  =  4.143,  5.714,  1.571
epoch = 65
 y  = 27.000
 E  = 0.0000001
```

▲ 그림 3-59

(65+1)회 째 학습이 완료되는 것을 볼 수 있습니다. 가중치 w1, w2는 각각 4.143, 5.714, 편향 b는 1.571에 수렴합니다.

03-2 2입력 2출력 인공 신경망 구현하기

다음 그림은 입력2 출력2로 구성된 인공 신경망을 나타냅니다.

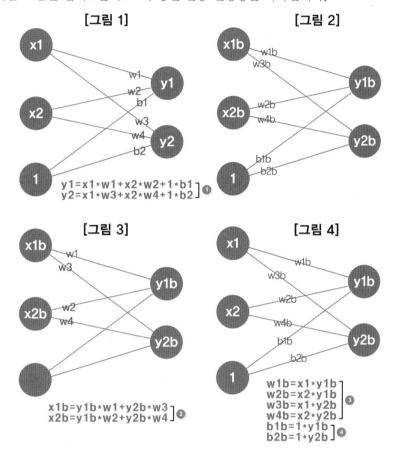

▲ 그림 3-60

[그림1]은 순전파 과정에 필요한 변수와 수식을 나타냅니다.

[그림2]는 역전파에 필요한 변수입니다. 순전파에 대응되는 변수가 모두 필요합니다.

[그림3]은 입력의 역전파에 필요한 변수와 수식을 나타냅니다.

[그림4]는 가중치와 편향의 역전파에 필요한 변수와 수식을 나타냅니다.

TIP ❷ x1b, x2b값은 앞부분에 또 다른 인공 신경과 연결되어 있을 경우 y1b, y2b처럼 해당 인공 신경으로 역전파되는 값입니다. 역전파된 x1b, x2b값은 해당 인공 신경의 가중치와 편향 학습에 사용됩니다.

이상에서 필요한 수식을 정리하면 다음과 같습니다.

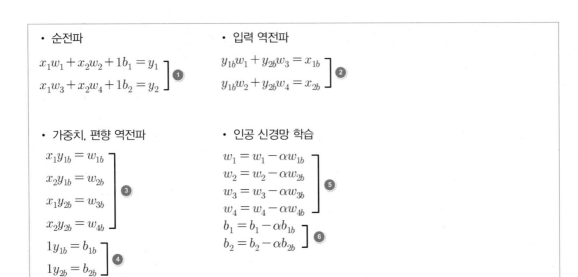

- 순전파
$$x_1w_1 + x_2w_2 + 1b_1 = y_1$$
$$x_1w_3 + x_2w_4 + 1b_2 = y_2$$
①

- 입력 역전파
$$y_{1b}w_1 + y_{2b}w_3 = x_{1b}$$
$$y_{1b}w_2 + y_{2b}w_4 = x_{2b}$$
②

- 가중치, 편향 역전파
$$x_1y_{1b} = w_{1b}$$
$$x_2y_{1b} = w_{2b}$$
$$x_1y_{2b} = w_{3b}$$
$$x_2y_{2b} = w_{4b}$$
③
$$1y_{1b} = b_{1b}$$
$$1y_{2b} = b_{2b}$$
④

- 인공 신경망 학습
$$w_1 = w_1 - \alpha w_{1b}$$
$$w_2 = w_2 - \alpha w_{2b}$$
$$w_3 = w_3 - \alpha w_{3b}$$
$$w_4 = w_4 - \alpha w_{4b}$$
⑤
$$b_1 = b_1 - \alpha b_{1b}$$
$$b_2 = b_2 - \alpha b_{2b}$$
⑥

지금까지 정리한 수식을 구현을 통해 살펴봅니다. 다음 그림을 살펴봅니다.

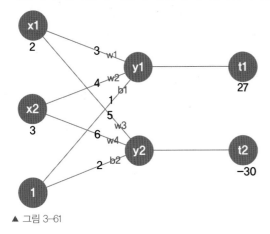

▲ 그림 3–61

이 그림에서 입력 값 x1, x2는 각각 2, 3, 가중치 w1, w2, 편향 b1은 각각 3, 4, 1, 가중치 w3, w4, 편향 b2는 각각 5, 6, 2이고 목표 값 t1, t2는 각각 27, −30입니다. x1, x2를 상수로 고정한 채 w1, w2, w3, w4, b1, b2에 대해 학습을 수행해 봅니다.

TIP 이 값들은 임의의 값들입니다. 다른 값들을 사용하여 학습을 수행할 수도 있습니다.

1 이전 예제를 복사합니다.

2 다음과 같이 예제를 수정합니다.

```
01 x1, x2 = 2, 3
02 t1, t2 = 27, -30
03 w1, w3 = 3, 5
04 w2, w4 = 4, 6
05 b1, b2 = 1, 2
06
07 for epoch in range(2000):
08
09     print('epoch = %d' %epoch)
10
11     y1 = x1*w1 + x2*w2 + 1*b1 # ❶
12     y2 = x1*w3 + x2*w4 + 1*b2 # ❶
13     print(' y1,  y2  = %6.3f, %6.3f' %(y1, y2))
14
15     E = (y1-t1)**2/2 + (y2-t2)**2/2
16     print(' E = %.7f' %E)
17     if E < 0.0000001:
18             break
19
20     y1b, y2b = y1 - t1, y2 - t2
21     x1b, x2b = y1b*w1+y2b*w3, y1b*w2+y2b*w4 # ❷
22     w1b, w3b = x1*y1b, x1*y2b # ❸
23     w2b, w4b = x2*y1b, x2*y2b # ❸
24     b1b, b2b = 1*y1b, 1*y2b # ❹
25     print(' x1b, x2b = %6.3f, %6.3f'%(x1b, x2b))
26     print(' w1b, w3b = %6.3f, %6.3f'%(w1b, w3b))
27     print(' w2b, w4b = %6.3f, %6.3f'%(w2b, w4b))
28     print(' b1b, b2b = %6.3f, %6.3f'%(b1b, b2b))
29
30     lr = 0.01
31     w1, w3 = w1 - lr*w1b, w3 - lr*w3b # ❺
32     w2, w4 = w2 - lr*w2b, w4 - lr*w4b # ❺
33     b1, b2 = b1 - lr*b1b, b2 - lr*b2b # ❻
34     print(' w1,  w3  = %6.3f, %6.3f'%(w1, w3))
35     print(' w2,  w4  = %6.3f, %6.3f'%(w2, w4))
36     print(' b1,  b2  = %6.3f, %6.3f'%(b1, b2))
```

21 : x1b, x2b 변수를 선언한 후. 입력 값에 대한 역전파 값을 받아봅니다. 이 부분은 이 예제에서 필요한 부분은 아니며, 역전파 연습을 위해 추가하였습니다.

3 ▶ 버튼을 눌러 프로그램을 실행시킵니다. 다음은 실행 결과 화면입니다.

```
epoch = 78
 y1,  y2  = 27.000, -30.000
 E = 0.0000001
 x1b, x2b = -0.002, -0.004
 w1b, w3b = -0.000,  0.001
 w2b, w4b = -0.000,  0.001
 b1b, b2b = -0.000,  0.000
 w1,  w3  =  4.143, -3.571
 w2,  w4  =  5.714, -6.857
 b1,  b2  =  1.571, -2.286
epoch = 79
 y1,  y2  = 27.000, -30.000
 E = 0.0000001
```

(79+1)회 째 학습이 완료되는 것을 볼 수 있습니다. 가중치 w1, w2는 각각 4.143, 5.714, 편향 b1은 1.571, 가중치 w3, w4는 각 각 −3.571, −6.857 편향 b2는 −2.286에 수렴합니다.

▲ 그림 3-62

03-3 3입력 3출력 인공 신경망 구현하기

다음 그림은 입력3 출력3으로 구성된 인공 신경망을 나타냅니다.

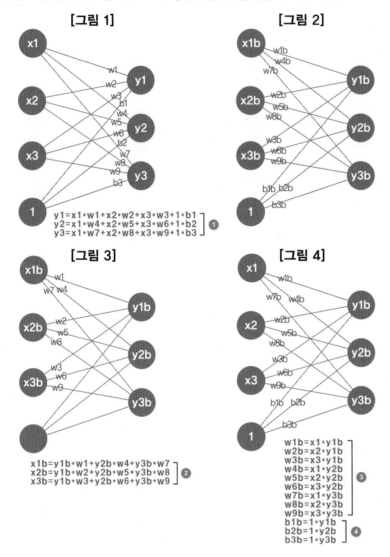

[그림 1]

$$y1 = x1*w1 + x2*w2 + x3*w3 + 1*b1$$
$$y2 = x1*w4 + x2*w5 + x3*w6 + 1*b2$$ ❶
$$y3 = x1*w7 + x2*w8 + x3*w9 + 1*b3$$

[그림 2]

[그림 3]

$$x1b = y1b*w1 + y2b*w4 + y3b*w7$$
$$x2b = y1b*w2 + y2b*w5 + y3b*w8$$ ❷
$$x3b = y1b*w3 + y2b*w6 + y3b*w9$$

[그림 4]

$$w1b = x1*y1b$$
$$w2b = x2*y1b$$
$$w3b = x3*y1b$$
$$w4b = x1*y2b$$
$$w5b = x2*y2b$$ ❸
$$w6b = x3*y2b$$
$$w7b = x1*y3b$$
$$w8b = x2*y3b$$
$$w9b = x3*y3b$$
$$b1b = 1*y1b$$
$$b2b = 1*y2b$$ ❹
$$b3b = 1*y3b$$

▲ 그림 3-63

[그림1]은 순전파 과정에 필요한 변수와 수식을 나타냅니다.

[그림2]는 역전파에 필요한 변수입니다. 순전파에 대응되는 변수가 모두 필요합니다.

[그림3]은 입력의 역전파에 필요한 변수와 수식을 나타냅니다.

[그림4]는 가중치와 편향의 역전파에 필요한 변수와 수식을 나타냅니다.

> **TIP** ❷ x1b, x2b, x3b값은 앞부분에 또 다른 인공 신경과 연결되어 있을 경우 y1b, y2b, y3b처럼 해당 인공 신경으로 역전파되는 값입니다. 역전파된 x1b, x2b, x3b값은 해당 인공 신경의 가중치와 편향 학습에 사용됩니다.

이상에서 필요한 수식을 정리하면 다음과 같습니다.

- **순전파**

$$\left.\begin{array}{l} x_1w_1 + x_2w_2 + x_3w_3 + 1b_1 = y_1 \\ x_1w_4 + x_2w_5 + x_3w_6 + 1b_2 = y_2 \\ x_1w_7 + x_2w_8 + x_3w_9 + 1b_3 = y_3 \end{array}\right] \ \text{①}$$

- **입력 역전파**

$$\left.\begin{array}{l} y_{1b}w_1 + y_{2b}w_4 + y_{3b}w_7 = x_{1b} \\ y_{1b}w_2 + y_{2b}w_5 + y_{3b}w_8 = x_{2b} \\ y_{1b}w_3 + y_{2b}w_6 + y_{3b}w_9 = x_{3b} \end{array}\right] \ \text{②}$$

- **가중치, 편향 역전파**

$$\left.\begin{array}{l} x_1y_{1b} = w_{1b} \\ x_2y_{1b} = w_{2b} \\ x_3y_{1b} = w_{3b} \\ x_1y_{2b} = w_{4b} \\ x_2y_{2b} = w_{5b} \\ x_3y_{2b} = w_{6b} \\ x_1y_{3b} = w_{7b} \\ x_2y_{3b} = w_{8b} \\ x_3y_{3b} = w_{9b} \end{array}\right] \ \text{③}$$

$$\left.\begin{array}{l} 1y_{1b} = b_{1b} \\ 1y_{2b} = b_{2b} \\ 1y_{3b} = b_{3b} \end{array}\right] \ \text{④}$$

- **인공 신경망 학습**

$$\left.\begin{array}{l} w_1 = w_1 - \alpha w_{1b} \\ w_2 = w_2 - \alpha w_{2b} \\ w_3 = w_3 - \alpha w_{3b} \\ w_4 = w_4 - \alpha w_{4b} \\ w_5 = w_5 - \alpha w_{5b} \\ w_6 = w_6 - \alpha w_{6b} \\ w_7 = w_7 - \alpha w_{7b} \\ w_8 = w_8 - \alpha w_{8b} \\ w_9 = w_9 - \alpha w_{9b} \end{array}\right] \ \text{⑤}$$

$$\left.\begin{array}{l} b_1 = b_1 - \alpha b_{1b} \\ b_2 = b_2 - \alpha b_{2b} \\ b_3 = b_3 - \alpha b_{3b} \end{array}\right] \ \text{⑥}$$

지금까지 정리한 수식을 구현을 통해 살펴봅니다. 다음 그림을 살펴봅니다.

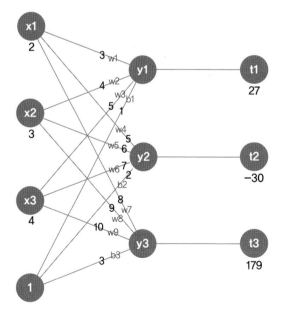

이 그림에서 입력 값 x1, x2, x3은 각각 2, 3, 4, 가중치 w1, w2, w3, 편향 b1은 각각 3, 4, 5, 1, 가중치 w4, w5, w6, 편향 b2는 각각 5, 6, 7, 2, 가중치 w7, w8, w9, 편향 b3은 각각 8, 9, 10, 3이고 목표 값 t1, t2, t3은 각각 27, -30, 179입니다. x1, x2, x3를 상수로 고정한 채 w1~w9, b1~b3에 대해 학습을 수행해 봅니다.

▲ 그림 3-64

TIP 이 값들은 임의의 값들입니다. 다른 값들을 사용하여 학습을 수행할 수도 있습니다.

1 이전 예제를 복사합니다.

2 다음과 같이 예제를 수정합니다.

```
333_1.py

01 x1, x2, x3 = 2, 3, 4
02 t1, t2, t3 = 27, -30, 179
03 w1, w4, w7 = 3, 5, 8
04 w2, w5, w8 = 4, 6, 9
05 w3, w6, w9 = 5, 7, 10
06 b1, b2, b3 = 1, 2, 3
07
08 for epoch in range(2000):
09
10     print('epoch = %d' %epoch)
11
12     y1 = x1*w1 + x2*w2 + x3*w3 + 1*b1 # ❶
13     y2 = x1*w4 + x2*w5 + x3*w6 + 1*b2 # ❶
14     y3 = x1*w7 + x2*w8 + x3*w9 + 1*b3 # ❶
15     print(' y1,  y2,  y3  = %6.3f, %6.3f, %6.3f' %(y1, y2, y3))
16
17     E = (y1-t1)**2/2 + (y2-t2)**2/2+ (y3-t3)**2/2
18     print(' E  = %.7f' %E)
19     if E < 0.0000001:
20             break
21
22     y1b, y2b, y3b = y1 - t1, y2 - t2, y3 - t3
23     x1b = y1b*w1+y2b*w4+y3b*w7 # ❷
24     x2b = y1b*w2+y2b*w5+y3b*w8 # ❷
25     x3b = y1b*w3+y2b*w6+y3b*w9 # ❷
26     w1b, w4b, w7b = x1*y1b, x1*y2b, x1*y3b # ❸
27     w2b, w5b, w8b = x2*y1b, x2*y2b, x2*y3b # ❸
28     w3b, w6b, w9b = x3*y1b, x3*y2b, x3*y3b # ❸
29     b1b, b2b, b3b = 1*y1b, 1*y2b, 1*y3b # ❹
30     print(' x1b, x2b, x2b = %6.3f, %6.3f, %6.3f'%(x1b, x2b, x3b))
31     print(' w1b, w4b, w7b = %6.3f, %6.3f, %6.3f'%(w1b, w4b, w7b))
32     print(' w2b, w5b, w8b = %6.3f, %6.3f, %6.3f'%(w2b, w5b, w8b))
33     print(' w3b, w6b, w9b = %6.3f, %6.3f, %6.3f'%(w3b, w6b, w9b))
34     print(' b1b, b2b, b3b = %6.3f, %6.3f, %6.3f'%(b1b, b2b, b3b))
35
36     lr = 0.01
37     w1, w4, w7 = w1 - lr*w1b, w4 - lr*w4b, w7 - lr*w7b # ❺
38     w2, w5, w8 = w2 - lr*w2b, w5 - lr*w5b, w8 - lr*w8b # ❺
39     w3, w6, w9 = w3 - lr*w3b, w6 - lr*w6b, w9 - lr*w9b # ❺
40     b1, b2, b3 = b1 - lr*b1b, b2 - lr*b2b, b3 - lr*b3b # ❻
41     print(' w1,  w4,  w7 = %6.3f, %6.3f, %6.3f'%(w1, w4, w7))
42     print(' w2,  w5,  w8 = %6.3f, %6.3f, %6.3f'%(w2, w5, w8))
43     print(' w3,  w6,  w9 = %6.3f, %6.3f, %6.3f'%(w3, w6, w9))
44     print(' b1,  b2,  b3 = %6.3f, %6.3f, %6.3f'%(b1, b2, b3))
```

23~25 : x1b, x2b, x3b 변수를 선언한 후, 입력 값에 대한 역전파 값을 받아봅니다. 이 부분은 이 예제에서 필요한 부분은 아니며, 역전파 연습을 위해 추가하였습니다.

3 ▶ 버튼을 눌러 프로그램을 실행시킵니다. 다음은 실행 결과 화면입니다.

```
epoch = 35
 y1,  y2,  y3 = 27.000, -30.000, 179.000
 E = 0.0000001
 x1b, x2b, x2b = -0.005, -0.007, -0.009
 w1b, w4b, w7b =  0.000,  0.001, -0.001
 w2b, w5b, w8b =  0.000,  0.001, -0.001
 w3b, w6b, w9b =  0.000,  0.001, -0.001
 b1b, b2b, b3b =  0.000,  0.000, -0.000
 w1,  w4,  w7 =  2.200, -0.867, 14.200
 w2,  w5,  w8 =  2.800, -2.800, 18.300
 w3,  w6,  w9 =  3.400, -4.733, 22.400
 b1,  b2,  b3 =  0.600, -0.933,  6.100
epoch = 36
 y1,  y2,  y3 = 27.000, -30.000, 179.000
 E = 0.0000001
```

▲ 그림 3-65

37(36+1)회 째 학습이 완료되는 것을 볼 수 있습니다. 가중치 w1~w9, 편향 b1~b3이 수렴하는 값도 살펴봅니다.

연 습 문 제

❶ 2입력 3출력

1 다음은 입력2 출력3의 인공 신경망입니다. 이 인공 신경망의 순전파, 역전파 수식을 구합니다.

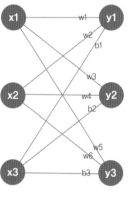

▲ 그림 3-66

2 앞에서 구한 수식을 이용하여 다음과 같이 초기화된 인공 신경망을 구현하고 학습시켜 봅니다. x1, x2는 입력 층으로 상수로 처리합니다.

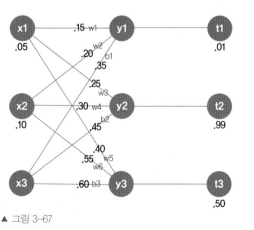

▲ 그림 3-67

❷ 3입력 2출력

1️⃣ 다음은 입력3 출력2의 인공 신경망입니다. 이 인공 신경망의 순전파, 역전파 수식을 구합니다.

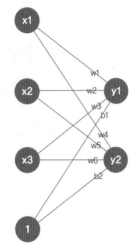

▲ 그림 3–68

2️⃣ 앞에서 구한 수식을 이용하여 다음과 같이 초기화된 인공 신경망을 구현하고 학습시켜 봅니다. x1, x2, x3
은 입력 층으로 상수로 처리합니다.

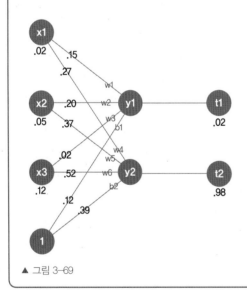

▲ 그림 3–69

03-4 2입력 2은닉 2출력 인공 신경망 구현하기

여기서는 은닉 신경을 추가한 인공 신경망을 구현해 봅니다. 은닉 신경이 추가된 경우에도 순전파,
역전파 수식을 구하는 방식은 이전과 같습니다.

다음 그림은 입력2 은닉2 출력2로 구성된 인공 신경망을 나타냅니다.

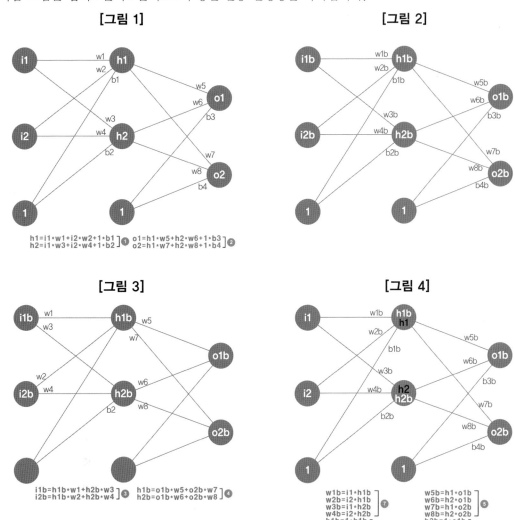

▲ 그림 3-70

[그림1]은 순전파 과정에 필요한 변수와 수식을 나타냅니다.

[그림2]는 역전파에 필요한 변수입니다. 순전파에 대응되는 변수가 모두 필요합니다.

[그림3]은 입력의 역전파에 필요한 변수와 수식을 나타냅니다.

[그림4]는 가중치와 편향의 역전파에 필요한 변수와 수식을 나타냅니다.

TIP ❸ i1b, i2b값은 앞부분에 또 다른 인공 신경과 연결되어 있을 경우 h1b, h2b처럼 해당 인공 신경으로 역전파되는 값입니다. 역전파된 i1b, i2b값은 해당 인공 신경의 가중치와 편향 학습에 사용됩니다. 여기서 i1, i2는 은닉 층에 연결된 입력 층이므로 i1b, i2b의 수식은 필요치 않습니다.

이상에서 필요한 수식을 정리하면 다음과 같습니다.

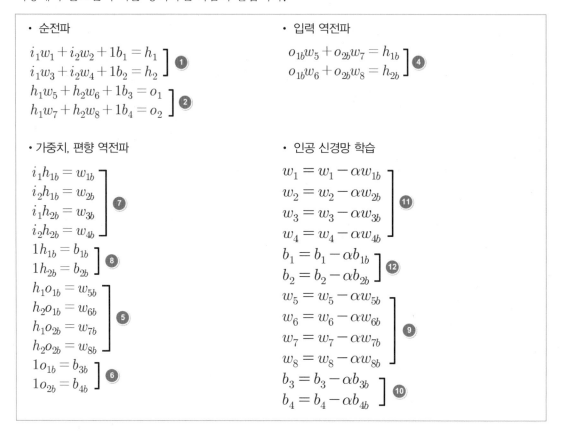

지금까지 정리한 수식을 구현을 통해 살펴봅니다. 다음 그림을 살펴봅니다.

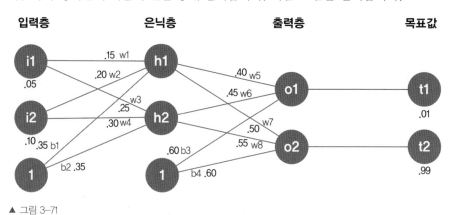

▲ 그림 3-71

입력 값, 가중치 값, 편향 값은 그림을 참조합니다. i1, i2를 상수로 고정한 채 w1~w8, b1~b4에 대해 학습을 수행해 봅니다.

TIP 이 값들은 임의의 값들입니다. 다른 값들을 사용하여 학습을 수행할 수도 있습니다.

1 다음과 같이 예제를 작성합니다.

```
334_1.py
01 i1, i2 = .05, .10
02 t1, t2 = .01, .99
03
04 w1, w3 = .15, .25
05 w2, w4 = .20, .30
06 b1, b2 = .35, .35
07
08 w5, w7 = .40, .50
09 w6, w8 = .45, .55
10 b3, b4 = .60, .60
11
12 for epoch in range(2000):
13
14     print('epoch = %d' %epoch)
15
16     h1 = i1*w1 + i2*w2 + 1*b1 # ❶
17     h2 = i1*w3 + i2*w4 + 1*b2 # ❶
18     o1 = h1*w5 + h2*w6 + 1*b3 # ❷
19     o2 = h1*w7 + h2*w8 + 1*b4 # ❷
20     print(' h1,  h2  = %6.3f, %6.3f' %(h1, h2))
21     print(' o1,  o2  = %6.3f, %6.3f' %(o1, o2))
22
23     E = (o1-t1)**2/2 + (o2-t2)**2/2
24     print(' E  = %.7f' %E)
25     if E < 0.0000001:
26             break
27
28     o1b, o2b = o1 - t1, o2 - t2
29     h1b, h2b = o1b*w5+o2b*w7, o1b*w6+o2b*w8 # ❹
30     w1b, w3b = i1*h1b, i1*h2b # ❼
31     w2b, w4b = i2*h1b, i2*h2b # ❼
32     b1b, b2b = 1*h1b, 1*h2b # ❽
33     w5b, w7b = h1*o1b, h1*o2b # ❺
34     w6b, w8b = h2*o1b, h2*o2b # ❺
35     b3b, b4b = 1*o1b, 1*o2b # ❻
36     print(' w1b, w3b = %6.3f, %6.3f'%(w1b, w3b))
37     print(' w2b, w4b = %6.3f, %6.3f'%(w2b, w4b))
38     print(' b1b, b2b = %6.3f, %6.3f'%(b1b, b2b))
39     print(' w5b, w7b = %6.3f, %6.3f'%(w5b, w7b))
40     print(' w6b, w8b = %6.3f, %6.3f'%(w6b, w8b))
41     print(' b3b, b4b = %6.3f, %6.3f'%(b3b, b4b))
42
43     lr = 0.01
```

```
44        w1, w3 = w1 - lr*w1b, w3 - lr*w3b #
45        w2, w4 = w2 - lr*w2b, w4 - lr*w4b #
46        b1, b2 = b1 - lr*b1b, b2 - lr*b2b #
47        w5, w7 = w5 - lr*w5b, w7 - lr*w7b # ❾
48        w6, w8 = w6 - lr*w6b, w8 - lr*w8b # ❾
49        b3, b4 = b3 - lr*b3b, b4 - lr*b4b # ❿
50        print(' w1,  w3  = %6.3f, %6.3f'%(w1, w3))
51        print(' w2,  w4  = %6.3f, %6.3f'%(w2, w4))
52        print(' b1,  b2  = %6.3f, %6.3f'%(b1, b2))
53        print(' w5,  w7  = %6.3f, %6.3f'%(w5, w7))
54        print(' w6,  w8  = %6.3f, %6.3f'%(w6, w8))
55        print(' b3,  b4  = %6.3f, %6.3f'%(b3, b4))
```

2 ◉ 버튼을 눌러 프로그램을 실행시킵니다. 다음은 실행 결과 화면입니다.

```
epoch = 664
 h1,  h2  =  0.239,   0.226
 o1,  o2  =  0.010,   0.990
 E  = 0.0000001
 w1b, w3b = -0.000,   0.000
 w2b, w4b = -0.000,   0.000
 b1b, b2b = -0.000,   0.000
 w5b, w7b =  0.000,  -0.000
 w6b, w8b =  0.000,  -0.000
 b3b, b4b =  0.000,  -0.000
 w1,  w3  =  0.143,   0.242
 w2,  w4  =  0.186,   0.284
 b1,  b2  =  0.213,   0.186
 w5,  w7  =  0.203,   0.533
 w6,  w8  =  0.253,   0.583
 b3,  b4  = -0.095,   0.730
epoch = 665
 h1,  h2  =  0.239,   0.226
 o1,  o2  =  0.010,   0.990
 E  = 0.0000001
```

▲ 그림 3-72

2입력 2은닉 3은닉 2출력

1 다음은 입력2 은닉3 은닉2 출력3의 심층 인공 신경망입니다. 이 신경망에는 2개의 은닉 층이 포함되어 있습니다. 일반적으로 은닉 층이 2층 이상일 경우 심층 인공 신경망이라고 합니다. 이 신경망의 순전파, 역전파 수식을 구합니다.

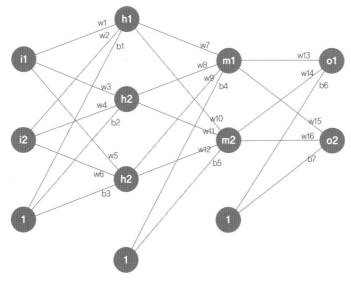

▲ 그림 3-73

2 앞에서 구한 수식을 이용하여 다음과 같이 초기화된 인공 신경망을 구현하고 학습시켜 봅니다. i1, i2는 입력 층으로 상수로 처리합니다.

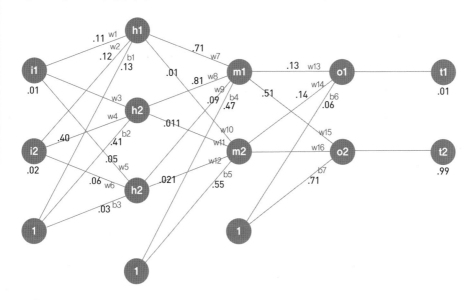

▲ 그림 3-73

04 _ 활성화 함수 추가하기

일반적으로 인공 신경의 출력단에는 활성화 함수가 추가됩니다. 활성화 함수를 추가하면 입력된 데이터에 대해 복잡한 패턴의 학습이 가능해집니다. 또 인공 신경의 출력 값을 어떤 범위로 제한할 수도 있습니다. 여기서는 주로 사용되는 몇 가지 활성화 함수를 살펴보고, 활성화 함수가 필요한 이유에 대해서도 살펴봅니다. 그리고 활성화 함수를 추가한 인공 신경망을 구현해 봅니다.

04-1 활성화 함수 살펴보기

우리는 앞에서 다음과 같은 활성화 함수를 직접 그려보았습니다.

sigmoid 함수

다음은 sigmoid 함수에 대한 그래프와 인공 신경망 학습 후, 예측 그래프입니다.

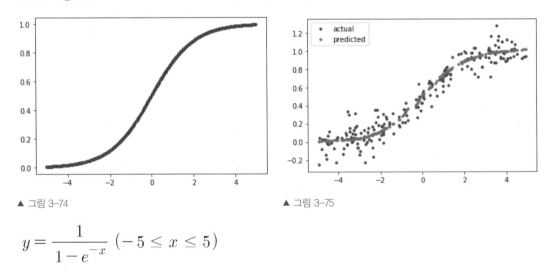

▲ 그림 3-74   ▲ 그림 3-75

$$y = \frac{1}{1 - e^{-x}} \ (-5 \le x \le 5)$$

tanh 함수

다음은 tanh 함수에 대한 그래프와 인공 신경망 학습 후, 예측 그래프입니다.

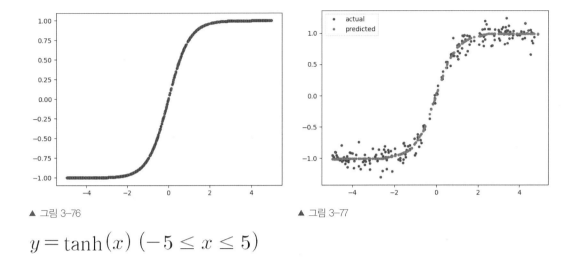

▲ 그림 3-76   ▲ 그림 3-77

$$y = \tanh(x) \ (-5 \leq x \leq 5)$$

ReLU 함수

다음은 ReLU 함수에 대한 그래프와 인공 신경망 학습 후, 예측 그래프입니다.

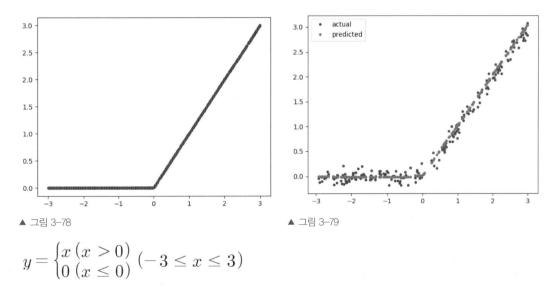

▲ 그림 3-78   ▲ 그림 3-79

$$y = \begin{cases} x \ (x > 0) \\ 0 \ (x \leq 0) \end{cases} (-3 \leq x \leq 3)$$

04-2 활성화 함수의 필요성

여기서는 활성화 함수가 무엇인지, 활성화 함수는 왜 필요한지, 어떤 활성화 함수가 있는지 살펴봅니다.

활성화 함수는 무엇인가요?

활성화 함수는 인공 신경망에 더해져 복잡한 패턴을 학습하게 해줍니다. 즉, 다양한 형태의 입력 값에 대해 신경망을 거쳐 나온 출력 값을 우리가 원하는 목표 값에 가깝게 해 주기가 더 쉬워집니다. 우리 두뇌에 있는 생체 신경과 비교할 때, 활성화 함수는 신경 말단에서 다음 신경으로 전달될 신호를 결정하는 시냅스와 같은 역할을 합니다. 시냅스는 이전 신경 세포가 내보내는 출력 신호를 받아 다음 신경 세포가 받아들일 수 있는 입력 신호로 형태를 변경합니다. 마찬가지로 활성화 함수는 이전 인공 신경이 내보내는 출력 신호를 받아 다음 인공 신경이 받아들일 수 있는 입력 신호로 형태를 변경해 주는 역할을 합니다.

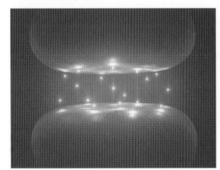 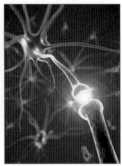

▲ 그림 3-80   ▲ 그림 3-81

활성화 함수는 왜 필요한가요?

앞에서 언급했던 생물학적 유사성과는 별도로 인공 신경의 출력 값을 우리가 원하는 어떤 범위로 제한해 줍니다. 이것은 활성화 함수로의 입력이 w*x+b이기 때문입니다. 여기서 w는 인공 신경의 가중치, x는 입력, b는 그것에 더해지는 편향입니다. 이 값은 어떤 범위로 제한되지 않으면 신경망을 거치며 순식간에 아주 커지게 됩니다. 특히 수백만 개의 매개변수(가중치와 편향)으로 구성된 아주 깊은 신경망의 경우에는 더욱 그렇습니다. 인공 신경을 거치며 반복적으로 계산되는 w*x+b는 factorial 연산과 같은 효과를 내며 이것은 순식간에 컴퓨터의 계산 범위를 넘어서게 됩니다. 인공 신경망을 학습시키다보면 Nan이라고 표시되는 경우가 있는데 이 경우가 그런 경우에 해당합니다.

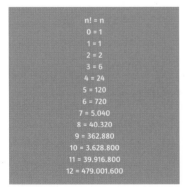

▲ 그림 3-82

어떤 활성화 함수가 있나요?

❶ 시그모이드

시그모이드 활성화 함수는 단지 역사적인 이유로 여기에 소개되며 일반적으로 딥러닝에서 많이 사용되지 않습니다. 시그모이드 함수는 3층 정도로 구성된 인공 신경망에 적용될 때는 학습이 잘 되지만 깊은 신경망에 적용될 때는 학습이 잘 되지 않습니다. 시그모이드 함수는 계산에 시간이 걸리고, 입력 값이 아무리 크더라도 출력 값의 범위가 0에서 1사이로 매우 작아 신경망을 거칠수록 출력 값은 점점 더 작아져 0에 수렴하게 됩니다. 이것은 신경을 거치면서 신호가 점점 작아져 출력에 도달하는 신호가 아주 작거나 없어지는 것과 같습니다. 출력에 미치는 신호가 아주 작거나 없다는 것은 역으로 전달될 신호도 아주 작거나 없다는 것을 의미합니다. 시그모이드 함수는 일반적으로 0이나 1로 분류하는 이진 분류 문제에 사용됩니다. 심층 신경망에서 시그모이드 함수를 사용해야 할 경우엔 출력 층에서만 사용하도록 합니다.

❷ 소프트맥스

소프트맥스 활성화 함수는 시그모이드 활성화 함수가 더욱 일반화된 형태입니다. 이것은 다중 클래스 분류 문제에 사용됩니다. 시그모이드 함수와 비슷하게 이것은 0에서 1사이의 값들을 생성합니다. 소프트맥스 함수는 은닉 층에서는 사용하지 않으며, 다중 분류 모델에서 출력 층에서만 사용됩니다.

❸ tanh

tanh 함수는 출력 값의 범위가 −1에서 1사이라는 것을 빼고는 시그모이드 함수와 유사합니다. 시그모이드 함수처럼 많이 사용되지 않습니다.

❹ ReLU

ReLU 함수는 딥러닝에서 가장 인기 있는 활성화 함수입니다. 특히 합성곱 신경망(CNN)에서 많이 사용됩니다. ReLU 함수는 계산이 빠르고 심층 신경망에서도 신호 전달이 잘 됩니다. ReLU 함수의 경우 입력 값이 음수가 될 경우 출력이 0이 되기 때문에 이런 경우에는 어떤 노드를 완전히 죽게 하여 어떤 것도 학습하지 않게 합니다. 이러한 노드가 많으면 많을수록 신경망 전체적으로 학습이 되지 않는 단점이 있습니다. ReLU의 다른 문제는 활성화 값의 극대화입니다. 왜냐하면 ReLU의 상한 값은 무한이기 때문입니다. 이것은 가끔 사용할 수 없는 노드를 만들어 학습을 방해하게 됩니다. 이러한 문제들은 초기 가중치 값을 고르게 할당하여 해결할 수 있습니다. 일반적으로 은닉 층에는 ReLU 함수를 적용하고, 출력 층은 시그모이드 함수나 소프트맥스 함수를 적용합니다.

04-3 활성화 함수의 순전파와 역전파

여기서는 sigmoid, tanh, ReLU 활성화 함수의 순전파와 역전파 수식을 살펴보고, 앞에서 구현한 인공 신경망에 활성화 함수를 적용하여 봅니다. 다음 그림은 활성화 함수의 순전파와 역전파 수식을 나타냅니다.

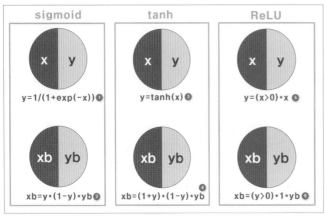

▲ 그림 3-83

- sigmoid 함수의 경우 순전파 출력 y값이 0이나 1에 가까울수록 역전파 xb값은 0에 가까워집니다. 순전파 출력 y값이 0이나 1에 가깝다는 것은 순전파 입력 값 x의 크기가 양 또는 음의 방향으로 어느 정도 크다는 의미입니다.
- tanh 함수의 경우 순전파 출력 y값이 −1이나 1에 가까울수록 역전파 xb값은 0에 가까워집니다. 순전파 출력 y값이 −1이나 1에 가깝다는 것은 순전파 입력 값 x의 크기가 양 또는 음의 방향으로 어느 정도 크다는 의미입니다.
- ReLU 함수의 경우 순전파 입력 값 x값이 0보다 크면 x값이 y로 전달되며, 0보다 작거나 같으면 0값이 y로 전달됩니다. 역전파의 경우 순전파 출력 값 y가 0보다 크면 yb값이 xb로 전달되며, 출력 값 y가 0보다 작거나 같으면 xb로 0이 전달됩니다. 이 경우 xb에서 전 단계의 모든 노드로 전달되는 역전파 값은 0이 됩니다.

이상에서 필요한 수식을 정리하면 다음과 같습니다.

- 시그모이드 순전파와 역전파

$$y = \frac{1}{1+e^{-x}} \; \text{❶} \quad x_b = y(1-y)y_b \; \text{❷}$$

- tanh 순전파와 역전파

$$y = \tanh(x) \; \text{❸} \quad x_b = (1+y)(1-y)y_b \; \text{❹}$$

- ReLU 순전파와 역전파

$$y = (x>0)x \; \text{❺} \quad x_b = (y>0)1y_b \; \text{❻}$$

지금까지 정리한 수식을 구현을 통해 살펴봅니다. 다음 그림을 살펴봅니다.

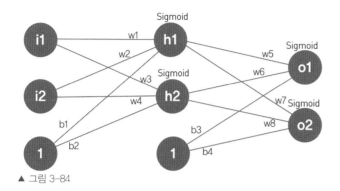
▲ 그림 3-84

이 그림은 앞에서 구현한 2개의 입력, 2개의 은닉 신경, 2개의 출력 신경으로 구성된 인공 신경망입니다. 여기서는 은닉 신경과 출력 신경에 시그모이드(sigmoid) 활성화 함수를 추가해 봅니다. 이전 예제와 같이 목표 값은 각각 0.01, 0.99입니다.

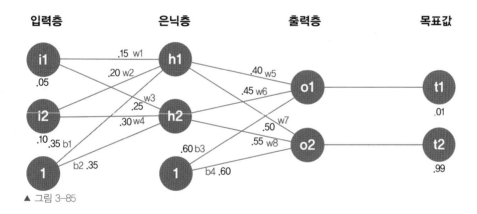
▲ 그림 3-85

1 이전 예제를 복사합니다.

2 다음과 같이 예제를 수정합니다.

343_1.py

```
01 from math import exp
02
03 i1, i2 = .05, .10
04 t1, t2 = .01, .99
05
06 w1, w3 = .15, .25
07 w2, w4 = .20, .30
08 b1, b2 = .35, .35
09
10 w5, w7 = .40, .50
```

```
11  w6, w8 = .45, .55
12  b3, b4 = .60, .60
13
14  for epoch in range(2000):
15
16      print('epoch = %d' %epoch)
17
18      h1 = i1*w1 + i2*w2 + 1*b1
19      h2 = i1*w3 + i2*w4 + 1*b2
20      h1 = 1/(1+exp(-h1)) # ❶
21      h2 = 1/(1+exp(-h2)) # ❶
22
23      o1 = h1*w5 + h2*w6 + 1*b3
24      o2 = h1*w7 + h2*w8 + 1*b4
25      o1 = 1/(1+exp(-o1)) # ❶
26      o2 = 1/(1+exp(-o2)) # ❶
27
28      print(' o1,  o2  = %6.3f, %6.3f' %(o1, o2))
29
30      E = (o1-t1)**2/2 + (o2-t2)**2/2
31      if E < 0.0000001:
32              break
33
34      o1b, o2b = o1 - t1, o2 - t2
35      o1b, o2b = o1b*o1*(1-o1), o2b*o2*(1-o2) # ❷
36
37      h1b, h2b = o1b*w5+o2b*w7, o1b*w6+o2b*w8
38      h1b, h2b = h1b*h1*(1-h1), h2b*h2*(1-h2) # ❷
39
40      w1b, w3b = i1*h1b, i1*h2b
41      w2b, w4b = i2*h1b, i2*h2b
42      b1b, b2b = 1*h1b, 1*h2b
43      w5b, w7b = h1*o1b, h1*o2b
44      w6b, w8b = h2*o1b, h2*o2b
45      b3b, b4b = 1*o1b, 1*o2b
46
47      lr = 0.01
48      w1, w3 = w1 - lr*w1b, w3 - lr*w3b
49      w2, w4 = w2 - lr*w2b, w4 - lr*w4b
50      b1, b2 = b1 - lr*b1b, b2 - lr*b2b
51      w5, w7 = w5 - lr*w5b, w7 - lr*w7b
52      w6, w8 = w6 - lr*w6b, w8 - lr*w8b
53      b3, b4 = b3 - lr*b3b, b4 - lr*b4b
```

01　: math 모듈에서 exp 함수를 불러옵니다.

20, 21　: h1, h2 노드에 순전파 시그모이드 활성화 함수를 적용합니다.

25, 26 : o1, o2 노드에 순전파 시그모이드 활성화 함수를 적용합니다.

35 : o1b, o2b 노드에 역전파 시그모이드 활성화 함수를 적용합니다.

38 : h1b, h2b 노드에 역전파 시그모이드 활성화 함수를 적용합니다.

❸ ▶ 버튼을 눌러 프로그램을 실행시킵니다. 다음은 실행 결과 화면입니다.

```
epoch = 1998
 o1,  o2  =  0.180,   0.878
epoch = 1999
 o1,  o2  =  0.180,   0.878
```

▲ 그림 3–87

(1999+1)번째에 o1, o2가 각각 0.180, 0.878이 됩니다.

❹ 다음과 같이 예제를 수정합니다.

```
14 for epoch in range(20000):
```

14 : 2000을 20000으로 수정합니다.

❺ ▶ 버튼을 눌러 프로그램을 실행시킵니다. 다음은 실행 결과 화면입니다.

```
epoch = 19998
 o1,  o2  =  0.042,   0.959
epoch = 19999
 o1,  o2  =  0.042,   0.959
```

▲ 그림 3–88

(19999+1)번째에 o1, o2가 각각 0.042, 0.959가 됩니다.

tanh 함수 적용해 보기

이번에는 이전 예제에 적용했던 sigmoid 함수를 tanh 함수로 변경해 봅니다. 다음 그림을 살펴봅니다.

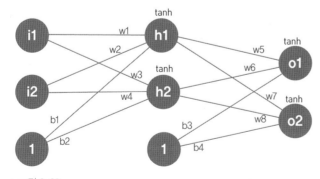

▲ 그림 3–89

여기서는 은닉 신경과 출력 신경에 tanh 활성화 함수를 적용해 봅니다. 이전 예제와 같이 목표 값은 각각 0.01, 0.99입니다.

1 이전 예제를 복사합니다.

2 다음과 같이 예제를 수정합니다.

```
343_2.py

01 from math import exp, tanh
```

01 : math 모듈에서 tanh 함수를 추가로 불러옵니다.

```
18          h1 = i1*w1 + i2*w2 + 1*b1
19          h2 = i1*w3 + i2*w4 + 1*b2
20          h1 = tanh(h1) # ❸
21          h2 = tanh(h2) # ❸
22
23          o1 = h1*w5 + h2*w6 + 1*b3
24          o2 = h1*w7 + h2*w8 + 1*b4
25          o1 = tanh(o1) # ❸
26          o2 = tanh(o2) # ❸
```

20, 21 : h1, h2 노드에 순전파 tanh 활성화 함수를 적용합니다.
25, 26 : o1, o2 노드에 순전파 tanh 활성화 함수를 적용합니다.

```
34          o1b, o2b = o1 - t1, o2 - t2
35          o1b, o2b = o1b*(1+o1)*(1-o1), o2b*(1+o2)*(1-o2) # ❹
36
37          h1b, h2b = o1b*w5+o2b*w7, o1b*w6+o2b*w8
38          h1b, h2b = h1b*(1+h1)*(1-h1), h2b*(1+h2)*(1-h2) # ❹
```

35 : o1b, o2b 노드에 역전파 tanh 활성화 함수를 적용합니다.
38 : h1b, h2b 노드에 역전파 tanh 활성화 함수를 적용합니다.

3 ▶ 버튼을 눌러 프로그램을 실행시킵니다. 다음은 실행 결과 화면입니다.

```
epoch = 19998
 o1,  o2  =  0.010,  0.979
epoch = 19999
 o1,  o2  =  0.010,  0.979
```

▲ 그림 3-90

(19999+1)번째에 o1, o2가 각각 0.010, 0.979가 됩니다.

ReLU 함수 적용해 보기

이번에는 이전 예제에 적용했던 tanh 함수를 ReLU 함수로 변경해 봅니다. 다음 그림을 살펴봅니다.

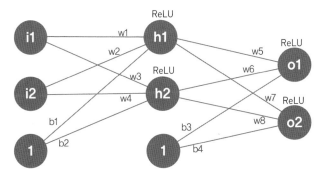

▲ 그림 3-91

여기서는 은닉 신경과 출력 신경에 ReLU 활성화 함수를 적용해 봅니다. 이전 예제와 같이 목표 값
은 각각 0.01, 0.99입니다.

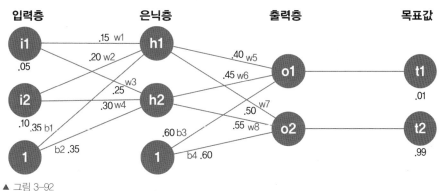

▲ 그림 3-92

1️⃣ 이전 예제를 복사합니다.

2️⃣ 다음과 같이 예제를 수정합니다.

```
343_3.py
18      h1 = i1*w1 + i2*w2 + 1*b1
19      h2 = i1*w3 + i2*w4 + 1*b2
20      h1 = (h1>0)*h1 # ❺
21      h2 = (h2>0)*h2 # ❺
22
23      o1 = h1*w5 + h2*w6 + 1*b3
24      o2 = h1*w7 + h2*w8 + 1*b4
25      o1 = (o1>0)*o1 # ❺
26      o2 = (o2>0)*o2 # ❺
```

20, 21 : h1, h2 노드에 순전파 ReLU 활성화 함수를 적용합니다.
25, 26 : o1, o2 노드에 순전파 ReLU 활성화 함수를 적용합니다.

```
34          o1b, o2b = o1 - t1, o2 - t2
35          o1b, o2b = o1b*(o1>0)*1, o2b*(o2>0)*1 # ❻
36
37          h1b, h2b = o1b*w5+o2b*w7, o1b*w6+o2b*w8
38          h1b, h2b = h1b*(h1>0)*1, h2b*(h2>0)*1 # ❻
```

35 : o1b, o2b 노드에 역전파 ReLU 활성화 함수를 적용합니다.
38 : h1b, h2b 노드에 역전파 ReLU 활성화 함수를 적용합니다.

3 ▶ 버튼을 눌러 프로그램을 실행시킵니다. 다음은 실행 결과 화면입니다.

```
epoch = 664
 o1,  o2 =  0.010,  0.990
epoch = 665
 o1,  o2 =  0.010,  0.990
```

▲ 그림 3-93

(665+1)번째에 오차가 0.0000001(천만분의 1)보다 작아집니다. o1, o2는 각각 0.010, 0.990이 된 상태입니다. sigmoid, tanh 함수보다 결과가 훨씬 더 빨리 나오는 것을 볼 수 있습니다.

04-4 출력 층에 softmax 함수 적용해 보기

이전 단원에서 우리는 은닉 신경과 출력 신경에 시그모이드(sigmoid), tanh, ReLU 활성화 함수를 차례대로 적용해 보았습니다. 이 단원에서는 출력 신경의 활성화 함수를 소프트맥스(softmax)로 변경해 봅니다. softmax 활성화 함수는 크로스 엔트로피 오차(cross entropy error) 함수와 같이 사용되며, 분류(classification)에 사용됩니다.

softmax와 cross entropy

다음은 출력 층에서 활성화 함수로 사용되는 소프트맥스(softmax) 함수를 나타냅니다.

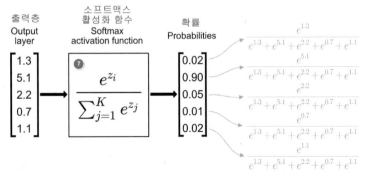

▲ 그림 3-94

소프트맥스 함수는 출력 층에서 사용되는 활성화함수로 다중 분류를 위해 주로 사용됩니다. 소프트맥스 함수는 확률의 총합이 1이 되도록 만든 함수이며 아래에 나타낸 크로스 엔트로피 오차 함수와 같이 사용됩니다.

$$E = - \sum_k t_k \log o_k \quad \textbf{⑧}$$

우리는 앞에서 다음과 같은 평균 제곱 오차 함수를 살펴보았습니다.

$$E = \sum_k \frac{1}{2}(o_k - t_k)^2$$

평균 제곱 오차 함수의 경우 역전파 시 전파되는 오차가 다음과 같이 예측 값과 목표 값의 차인 것을 우리는 이미 앞에서 살펴보았습니다.

$$o_{kb} = o_k - t_k$$

소프트맥스 함수는 크로스 엔트로피 함수와 같이 사용될 때 역전파 시 소프트맥스 함수를 역으로 거쳐 전파되는 오차가 다음과 같이 예측 값과 목표 값의 차가 됩니다.

$$o_{kb} = o_k - t_k \quad \textbf{⑨}$$

그래서 소프트맥스 함수를 활성화 함수로 사용할 경우 오차 함수는 크로스 엔트로피 오차 함수가 됩니다.

출력 층에 softmax 함수 적용해 보기

다음은 우리가 사용할 인공 신경망의 구조입니다.

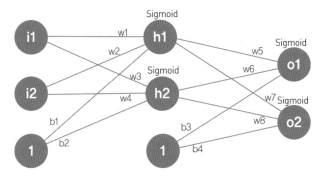

▲ 그림 3-95

여기서는 은닉 신경에는 sigmoid, 출력 신경에는 softmax 활성화 함수를 적용합니다. 목표 값은 0, 1를 사용합니다. 소프트맥스 활성화 함수와 크로스 엔트로피 오차 함수를 같이 사용할 때 일반적으로 목표 값은 0 또는 1의 값만 가지며, 총 합은 1이 됩니다. 다음 그림의 맨 오른쪽에 추가된 2개의 노드는 목표 값을 나타내며, 출력 층으로 나오는 예측 값을 목표 값에 가깝도록 가중치를 조정하게 됩니다.

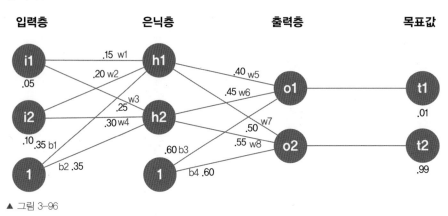

▲ 그림 3-96

1 이전 예제를 복사합니다.

2 다음과 같이 예제를 수정합니다.

```
344_1.py
```

```
01 from math import exp, tanh, log
02
03 i1, i2 = .05, .10
04 t1, t2 =   0,   1
05
06 w1, w3 = .15, .25
07 w2, w4 = .20, .30
08 b1, b2 = .35, .35
09
10 w5, w7 = .40, .50
11 w6, w8 = .45, .55
12 b3, b4 = .60, .60
13
14 for epoch in range(20000):
15
16     print('epoch = %d' %epoch)
17
18     h1 = i1*w1 + i2*w2 + 1*b1
19     h2 = i1*w3 + i2*w4 + 1*b2
20     h1 = 1/(1+exp(-h1)) # ❶
21     h2 = 1/(1+exp(-h2)) # ❶
22
23     o1 = h1*w5 + h2*w6 + 1*b3
```

```
24      o2 = h1*w7 + h2*w8 + 1*b4
25      o1m = o1 - max(o1, o2) # ❼
26      o2m = o2 - max(o1, o2) # ❼
27      o1 = exp(o1m)/(exp(o1m)+exp(o2m)) # ❼
28      o2 = exp(o2m)/(exp(o1m)+exp(o2m)) # ❼
29
30      print(' o1,  o2  = %6.3f, %6.3f' %(o1, o2))
31
32      E = -t1*log(o1) + -t2*log(o2) # ❽
33      if E < 0.0001:
34              break
35
36      o1b, o2b = o1 - t1, o2 - t2 # ❾
37      # nothing for softmax + cross entropy error
38
39      h1b, h2b = o1b*w5+o2b*w7, o1b*w6+o2b*w8
40      h1b, h2b = h1b*h1*(1-h1), h2b*h2*(1-h2) # ❷
41
42      w1b, w3b = i1*h1b, i1*h2b
43      w2b, w4b = i2*h1b, i2*h2b
44      b1b, b2b = 1*h1b, 1*h2b
45      w5b, w7b = h1*o1b, h1*o2b
46      w6b, w8b = h2*o1b, h2*o2b
47      b3b, b4b = 1*o1b, 1*o2b
48
49      lr = 0.01
50      w1, w3 = w1 - lr*w1b, w3 - lr*w3b
51      w2, w4 = w2 - lr*w2b, w4 - lr*w4b
52      b1, b2 = b1 - lr*b1b, b2 - lr*b2b
53      w5, w7 = w5 - lr*w5b, w7 - lr*w7b
54      w6, w8 = w6 - lr*w6b, w8 - lr*w8b
55      b3, b4 = b3 - lr*b3b, b4 - lr*b4b
```

01   : math 라이브러리에서 log 함수를 추가로 불러옵니다. log 함수는 자연로그 함수입니다.

04   : 목표 값을 각각 0과 1로 변경합니다.

25~28 : 출력 층의 활성화 함수를 소프트맥스로 변경합니다.

25, 26 : o1, o2에 대해 둘 중 더 큰 값을 빼줍니다. 이렇게 하면 26, 27 줄에서 오버플로우를 막을 수 있습니다. o1, o2에 대한 최종 결과는 같습니다. 자세한 내용은 [소프트맥스 오버플로우]를 검색해 봅니다.

32   : 오차 계산을 크로스 엔트로피 오차 형태의 수식으로 변경합니다. 소프트맥스 활성화 함수는 크로스 엔트로피 오차와 같이 사용합니다.

$$E = -\sum_k t_k \log o_k$$

33   : for 문을 빠져 나가는 오차 값을 0.0001로 변경합니다. 여기서 사용하는 값의 크기에 따라 학습의 정확도와 학습 시간이 결정됩니다.

36   : 소프트맥스 함수의 역전파 오차 계산 부분은 다음과 같습니다. 소프트맥스 함수는 크로스 엔트로피 함수와 같이 사용될 때 역전파 시 소프트맥스 함수를 역으로 거쳐 전파되는 오차가 다음과 같이 예측 값과 목표 값의 차가 됩니다.

$$o_{kb} = o_k - t_k$$

그래서 소프트맥스 함수를 활성화 함수로 사용할 경우 오차 함수는 크로스 엔트로피 오차 함수가 됩니다.

3 ⊙ 버튼을 눌러 프로그램을 실행시킵니다. 다음은 실행 결과 화면입니다.

```
epoch = 19998
 o1,  o2 = 0.001,  0.999
epoch = 19999
 o1,  o2 = 0.001,  0.999
```

▲ 그림 3-97

(19999+1)번째에 o1, o2가 각각 0.001, 0.999가 됩니다.

tanh와 softmax

여기서는 은닉 층 활성화 함수를 tanh로 변경해 봅니다. 다음 그림을 살펴봅니다.

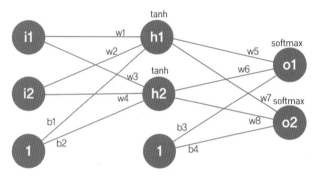

▲ 그림 3-98

여기서는 은닉 신경에는 tanh, 출력 신경에는 softmax 활성화 함수를 적용합니다. 목표 값은 0, 1를 사용합니다. 소프트맥스 활성화 함수와 크로스 엔트로피 오차 함수를 같이 사용할 때 일반적으로 목표 값은 0 또는 1의 값만 가지며, 총 합은 1이 됩니다. 다음 그림의 맨 오른쪽에 추가된 2개의 노드는 목표 값을 나타내며, 출력 층으로 나오는 예측 값을 목표 값에 가깝도록 가중치를 조정하게 됩니다.

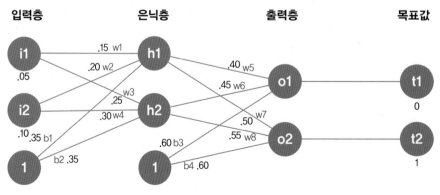

▲ 그림 3-99

1 이전 예제를 복사합니다.

2 다음과 같이 예제를 수정합니다.

```
344_2.py
18      h1 = i1*w1 + i2*w2 + 1*b1
19      h2 = i1*w3 + i2*w4 + 1*b2
20      h1 = tanh(h1) # ❸
21      h2 = tanh(h2) # ❸
22
23      o1 = h1*w5 + h2*w6 + 1*b3
24      o2 = h1*w7 + h2*w8 + 1*b4
25      o1m = o1 - max(o1, o2) # ❼
26      o2m = o2 - max(o1, o2) # ❼
27      o1 = exp(o1m)/(exp(o1m)+exp(o2m)) # ❼
28      o2 = exp(o2m)/(exp(o1m)+exp(o2m)) # ❼
```

20, 21 : h1, h2 노드에 순전파 tanh 활성화 함수를 적용합니다.
25~28 : 출력 층의 활성화 함수는 softmax입니다.

```
36      o1b, o2b = o1 - t1, o2 - t2 # ❾
37      # nothing for softmax + cross entropy error
38
39      h1b, h2b = o1b*w5+o2b*w7, o1b*w6+o2b*w8
40      h1b, h2b = h1b*(1+h1)*(1-h1), h2b*(1+h2)*(1-h2) # ❹
```

36 : softmax 함수의 역전파 오차 계산 부분입니다.
40 : h1b, h2b 노드에 역전파 tanh 활성화 함수를 적용합니다.

3 ▶ 버튼을 눌러 프로그램을 실행시킵니다. 다음은 실행 결과 화면입니다.

```
epoch = 19998
 o1,  o2  =  0.001,  0.999
epoch = 19999
 o1,  o2  =  0.001,  0.999
```

▲ 그림 3-100

(19999+1)번째에 o1, o2가 각각 0.001, 0.999가 됩니다.

ReLU와 softmax

여기서는 은닉 층 활성화 함수를 ReLU로 변경해 봅니다. 다음 그림을 살펴봅니다.

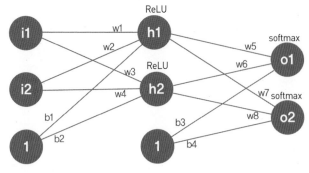

▲ 그림 3-101

여기서는 은닉 신경에는 ReLU, 출력 신경에는 softmax 활성화 함수를 적용합니다. 목표 값은 0, 1를 사용합니다. 소프트맥스 활성화 함수와 크로스 엔트로피 오차 함수를 같이 사용할 때 일반적으로 목표 값은 0 또는 1의 값만 가지며, 총 합은 1이 됩니다. 다음 그림의 맨 오른쪽에 추가된 2개의 노드는 목표 값을 나타내며, 출력 층으로 나오는 예측 값을 목표 값에 가깝도록 가중치를 조정하게 됩니다.

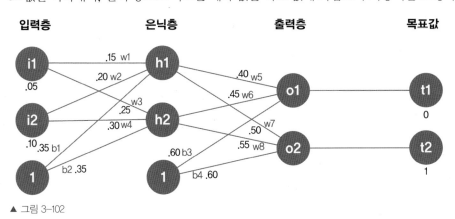

▲ 그림 3-102

1 이전 예제를 복사합니다.

2 다음과 같이 예제를 수정합니다.

```
344_3.py
18      h1 = i1*w1 + i2*w2 + 1*b1
19      h2 = i1*w3 + i2*w4 + 1*b2
20      h1 = (h1>0)*h1  # ❺
21      h2 = (h2>0)*h2  # ❺
22
23      o1 = h1*w5 + h2*w6 + 1*b3
24      o2 = h1*w7 + h2*w8 + 1*b4
25      o1m = o1 - max(o1, o2)  # ❼
26      o2m = o2 - max(o1, o2)  # ❼
27      o1 = exp(o1m)/(exp(o1m)+exp(o2m))  # ❼
28      o2 = exp(o2m)/(exp(o1m)+exp(o2m))  # ❼
```

20, 21 : h1, h2 노드에 순전파 ReLU 활성화 함수를 적용합니다.
25~28 : 출력 층의 활성화 함수는 softmax입니다.

```
36        o1b, o2b = o1 - t1, o2 - t2 # ❾
37        # nothing for softmax + cross entropy error
38
39        h1b, h2b = o1b*w5+o2b*w7, o1b*w6+o2b*w8
40        h1b, h2b = h1b*(h1>0)*1, h2b*(h2>0)*1 # ❻
```

36 : softmax 함수의 역전파 오차 계산 부분입니다.
40 : h1b, h2b 노드에 역전파 ReLU 활성화 함수를 적용합니다.

3 ▶ 버튼을 눌러 프로그램을 실행시킵니다. 다음은 실행 결과 화면입니다.

```
epoch = 19998
 o1,  o2  =  0.000,  1.000
epoch = 19999
 o1,  o2  =  0.000,  1.000
```

▲ 그림 3-103

(19999+1)번째에 o1, o2가 각각 0.000, 1.000이 됩니다.

이상에서 출력 층의 활성화 함수는 소프트맥스, 오차 계산 함수는 크로스 엔트로피 오차 함수인 인공 신경망을 구현해 보았습니다.

04

NumPy DNN
구현과 활용

이번 장에서는 NumPy 라이브러리를 이용하여 행렬 기반으로 DNN 알고리즘을 구현하고 활용해 봅니다. 행렬을 이용하면 딥러닝 알고리즘을 일반화하여 자유자재로 인공 신경망을 확장할 수 있습니다. 첫 번째, NumPy를 이용하여 2입력 2출력 인공 신경망, 3입력 3출력 인공 신경망, 2입력 1출력 인공 신경, 1입력 1출력 인공 신경, 2입력 2은닉 2출력 인공 신경망을 구현해 봅니다. 이 과정에서 딥러닝 학습에 필요한 행렬 계산식을 유도하고 일반화합니다. 두 번째, 직접 구현한 NumPy DNN 라이브러리를 활용해 봅니다. 이 과정에서 7세그먼트 입력 2진수 출력 인공 신경망, 초음파 센서 자율주행 인공 신경망에 DNN 라이브러리를 적용해 봅니다

01 _ NumPy DNN구현하기

여기서는 인공 신경망을 확장할 수 있도록 NumPy 라이브러리를 활용하여 인공 신경망을 구현해 봅니다. NumPy 라이브러리를 이용하면, 커다란 인공 신경망을 자유롭게 구성하고 테스트해 볼 수 있습니다. 예를 들어, 1장에서 tensorflow 라이브러리를 이용하여 살펴보았던 다음과 같은 형태의 인공 신경망을 구성해서 테스트해 볼 수 있습니다.

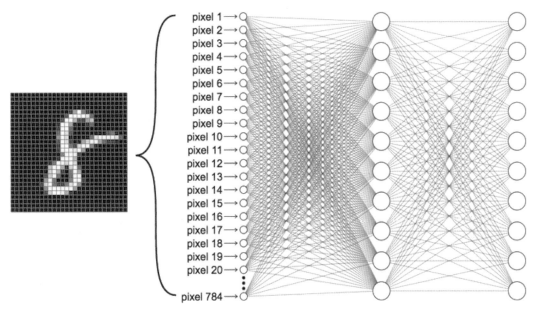

▲ 그림 4-1 784개의 입력, 64개의 은닉 층, 10개의 출력 층

01-1 2입력 2출력 인공 신경망 구현하기

다음 그림은 입력2 출력2로 구성된 인공 신경망과 순전파 역전파 수식을 나타냅니다. 우리는 다음 수식을 행렬 계산식으로 유도한 후, NumPy를 이용하여 인공 신경망을 구현해 봅니다.

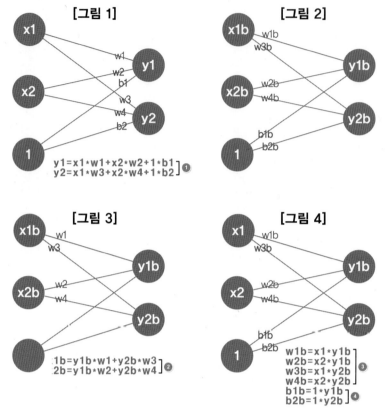

▲ 그림 4-2

TIP ❷ x1b, x2b값은 앞부분에 또 다른 인공 신경과 연결되어 있을 경우 y1b, y2b처럼 해당 인공 신경으로 역전파되는 값입니다. 역전파된 x1b, x2b값은 해당 인공 신경의 가중치와 편향 학습에 사용됩니다.

행렬 계산식 유도하기

이 그림을 통해 앞에서 우리는 다음 표의 왼쪽과 같은 수식을 유도했습니다. 이런 형태의 수식을 다원일차연립방정식이라고 합니다. 다원일차연립방정식은 행렬을 이용하면 깔끔하게 정리할 수 있습니다. 행렬 계산식으로 정리하면 다음 표의 오른쪽과 같습니다.

	다원일차연립방정식	행렬 계산식
순전파	$\left.\begin{matrix} x_1 w_1 + x_2 w_2 + 1 b_1 = y_1 \\ x_1 w_3 + x_2 w_4 + 1 b_2 = y_2 \end{matrix}\right]$ ❶	$\begin{bmatrix} x_1 \, x_2 \end{bmatrix} \begin{bmatrix} w_1 \, w_3 \\ w_2 \, w_4 \end{bmatrix} + \begin{bmatrix} b_1 \, b_2 \end{bmatrix} = \begin{bmatrix} y_1 \, y_2 \end{bmatrix}$ ❶
입력역전파	$\left.\begin{matrix} y_{1b} w_1 + y_{2b} w_3 = x_{1b} \\ y_{1b} w_2 + y_{2b} w_4 = x_{2b} \end{matrix}\right]$ ❷	$\begin{bmatrix} y_{1b} \, y_{2b} \end{bmatrix} \begin{bmatrix} w_1 \, w_2 \\ w_3 \, w_4 \end{bmatrix} =$ $\begin{bmatrix} y_{1b} \, y_{2b} \end{bmatrix} \begin{bmatrix} w_1 \, w_3 \\ w_2 \, w_4 \end{bmatrix}^{T} = \begin{bmatrix} x_{1b} \, x_{2b} \end{bmatrix}$ ❷

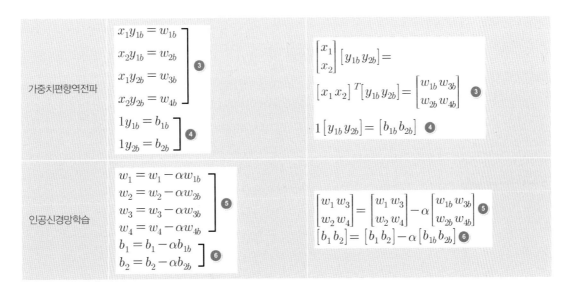

가중치편향역전파	$x_1 y_{1b} = w_{1b}$ $x_2 y_{1b} = w_{2b}$ $x_1 y_{2b} = w_{3b}$ $x_2 y_{2b} = w_{4b}$ ③ $1 y_{1b} = b_{1b}$ $1 y_{2b} = b_{2b}$ ④	$\begin{bmatrix} x_1 \\ x_2 \end{bmatrix} \begin{bmatrix} y_{1b} \, y_{2b} \end{bmatrix} =$ $\begin{bmatrix} x_1 \, x_2 \end{bmatrix}^T \begin{bmatrix} y_{1b} \, y_{2b} \end{bmatrix} = \begin{bmatrix} w_{1b} \, w_{3b} \\ w_{2b} \, w_{4b} \end{bmatrix}$ ③ $1 \begin{bmatrix} y_{1b} \, y_{2b} \end{bmatrix} = \begin{bmatrix} b_{1b} \, b_{2b} \end{bmatrix}$ ④
인공신경망학습	$w_1 = w_1 - \alpha w_{1b}$ $w_2 = w_2 - \alpha w_{2b}$ $w_3 = w_3 - \alpha w_{3b}$ $w_4 = w_4 - \alpha w_{4b}$ ⑤ $b_1 = b_1 - \alpha b_{1b}$ $b_2 = b_2 - \alpha b_{2b}$ ⑥	$\begin{bmatrix} w_1 \, w_3 \\ w_2 \, w_4 \end{bmatrix} = \begin{bmatrix} w_1 \, w_3 \\ w_2 \, w_4 \end{bmatrix} - \alpha \begin{bmatrix} w_{1b} \, w_{3b} \\ w_{2b} \, w_{4b} \end{bmatrix}$ ⑤ $\begin{bmatrix} b_1 \, b_2 \end{bmatrix} = \begin{bmatrix} b_1 \, b_2 \end{bmatrix} - \alpha \begin{bmatrix} b_{1b} \, b_{2b} \end{bmatrix}$ ⑥

이 표에서 몇 가지 계산에 주의할 행렬 계산식을 살펴봅니다.

순전파

행렬 계산식 ❶에서 다음은 순전파의 행렬 계산식이 일차연립방정식으로 해석되는 과정을 나타냅니다.

$$\begin{bmatrix} x_1 \, x_2 \end{bmatrix} \begin{bmatrix} w_1 \, w_3 \\ w_2 \, w_4 \end{bmatrix} + \begin{bmatrix} b_1 \, b_2 \end{bmatrix} = \begin{bmatrix} y_1 \, y_2 \end{bmatrix}$$

$$X \qquad W \qquad B \qquad Y$$

$$x_1 w_1 + x_2 w_2 + b_1 = y_1$$
$$x_1 w_3 + x_2 w_4 + b_2 = y_2$$

▲ 그림 4-4

행렬의 곱 X@W는 앞에 오는 X 행렬의 가로줄 항목, 뒤에 오는 W 행렬의 세로줄 항목이 순서대로 곱해진 후, 모두 더해져서 임시 행렬(예를 들어, XW 행렬)의 항목 하나를 구성합니다. 그래서 X 행렬의 가로줄 항목 개수와 W 행렬의 세로줄 항목 개수는 같아야 합니다. 계속해서 XW 행렬의 각 항목은 B 행렬의 각 항목과 더해져 Y 행렬의 각 항목을 구성합니다.

TIP. 여기서 @ 문자는 행렬의 곱을 나타내기 위해 사용했습니다. 실제로 파이썬에서는 @문자를 이용하여 행렬의 곱을 수행합니다.

다음은 순전파의 행렬 계산식을 숫자로 표현한 구체적인 예입니다.

$$\begin{bmatrix} 2 \, 3 \end{bmatrix} \begin{bmatrix} 3 \, 5 \\ 4 \, 6 \end{bmatrix} + \begin{bmatrix} 1 \, 2 \end{bmatrix} = \begin{bmatrix} 19 \, 30 \end{bmatrix}$$

$$X \qquad W \qquad B \qquad Y$$

$$2 \times 3 + 3 \times 4 + 1 = 19$$
$$2 \times 5 + 3 \times 6 + 2 = 30$$

▲ 그림 4-5

입력 역전파

행렬 계산식 ❷에서 다음은 순전파 때 사용된 가중치의 전치 행렬입니다.

$$\begin{bmatrix} x_1 \\ x_2 \end{bmatrix} = \begin{bmatrix} x_1 \ x_2 \end{bmatrix}^T$$

전치행렬은 가로줄과 세로줄이 바뀐 행렬입니다. 다음은 입력 역전파의 행렬 계산식이 일차연립방정식으로 해석되는 과정을 나타냅니다.

$$\begin{bmatrix} y_{1b} \, y_{2b} \end{bmatrix} \begin{bmatrix} w_1 & w_2 \\ w_3 & w_4 \end{bmatrix} = \begin{bmatrix} x_{1b} & x_{2b} \end{bmatrix}$$

$$\quad Y_b \qquad W^T \qquad X_b$$

$$y_{1b}w_1 + y_{2b}w_3 = x_{1b}$$
$$y_{1b}w_2 + y_{2b}w_4 = x_{2b}$$

▲ 그림 4-6

행렬의 곱 Yb@W.T는 앞에 오는 Yb 행렬의 가로줄 항목, 뒤에 오는 W.T 행렬의 세로줄 항목이 순서대로 곱해진 후, 모두 더해져서 Xb 행렬의 항목 하나를 구성합니다. 그래서 Yb 행렬의 가로줄 항목 개수와 W.T 행렬의 세로줄 항목 개수는 같아야 합니다. 또 W.T 행렬의 가로줄 개수와 Xb 행렬의 가로줄 개수는 같아야 합니다.

TIP 여기서 @ 문자는 행렬의 곱을 나타내기 위해 사용했습니다. 실제로 파이썬에서는 @문자를 이용하여 행렬의 곱을 수행합니다.

TIP 여기서 W.T로 W 행렬의 전치행렬을 나타내기위해 사용했습니다. 실제로 파이썬에서는 NumPy 행렬에 T문자를 점(.)으로 연결하여 전치 행렬을 나타냅니다.

다음은 입력 역전파의 행렬 계산식을 숫자로 표현한 구체적인 예입니다.

$$\begin{bmatrix} -8 & 60 \end{bmatrix} \begin{bmatrix} 3 & 4 \\ 5 & 6 \end{bmatrix} = \begin{bmatrix} 276 & 328 \end{bmatrix}$$

$$\quad Y_b \qquad W^T \qquad X_b$$

$$-8 \times 3 + 60 \times 5 = 276$$
$$-8 \times 4 + 60 \times 6 = 328$$

▲ 그림 4-7

가중치 역전파

행렬 계산식 ❸에서 다음은 순전파 때 사용된 입력의 전치 행렬입니다.

$$\begin{bmatrix} x_1 \\ x_2 \end{bmatrix} = \begin{bmatrix} x_1 \ x_2 \end{bmatrix}^T$$

다음은 가중치 역전파의 행렬 계산식이 일차연립방정식으로 해석되는 과정을 나타냅니다.

$$\begin{bmatrix} x_1 \\ x_2 \end{bmatrix} \begin{bmatrix} y_{1b} & y_{2b} \end{bmatrix} = \begin{bmatrix} w_{1b} & w_{3b} \\ w_{2b} & w_{4b} \end{bmatrix}$$

$$X^T \qquad Y_b \qquad\qquad W_b$$

$$x_1 y_{1b} = w_{1b} \qquad x_1 y_{2b} = w_{3b}$$
$$x_2 y_{1b} = w_{2b} \qquad x_2 y_{2b} = w_{4b}$$

▲ 그림 4-8

행렬의 곱 X.T@Yb는 앞에 오는 X.T 행렬의 가로줄 항목 각각에 대해, 뒤에 오는 Yb 행렬의 세로줄 항목 각각에 곱해진 후, Wb 행렬의 각각의 항목을 구성합니다.

TIP 여기서 @ 문자는 행렬의 곱을 나타내기 위해 사용했습니다. 실제로 파이썬에서는 @문자를 이용하여 행렬의 곱을 수행합니다.

다음은 순전파의 행렬 계산식을 숫자로 표현한 구체적인 예입니다.

$$\begin{bmatrix} 2 \\ 3 \end{bmatrix} \begin{bmatrix} -8 & 60 \end{bmatrix} = \begin{bmatrix} -16 & 120 \\ -24 & 180 \end{bmatrix}$$

$$X^T \qquad Y_b \qquad\qquad W_b$$

$$2 \times -8 = -16 \qquad 2 \times 60 = 120$$
$$3 \times -8 = -24 \qquad 3 \times 60 = 180$$

▲ 그림 4-9

인공 신경망 행렬 계산식 정리하기

위 수식에서 표현된 행렬들에 다음 표의 왼쪽과 같이 이름을 붙여줍니다. 그러면 위의 행렬 계산식은 다음표의 오른쪽과 같이 정리할 수 있습니다. 오른쪽의 행렬 계산식은 행렬의 크기와 상관없이 성립합니다. 주의할 점은 행렬 곱은 순서를 변경하면 안 됩니다.

행렬 이름	인공 신경망 행렬 계산식
$\begin{bmatrix} x_1 & x_2 \end{bmatrix} = X$ $\begin{bmatrix} w_1 & w_3 \\ w_2 & w_4 \end{bmatrix} = W$ $\begin{bmatrix} b_1 & b_2 \end{bmatrix} = B$ $\begin{bmatrix} y_1 & y_2 \end{bmatrix} = Y$ $\begin{bmatrix} y_{1b} & y_{2b} \end{bmatrix} = Y_b$ $\begin{bmatrix} w_1 & w_2 \\ w_3 & w_4 \end{bmatrix} = \begin{bmatrix} w_1 & w_3 \\ w_2 & w_4 \end{bmatrix}^T = W^T$ $\begin{bmatrix} x_{1b} & x_{2b} \end{bmatrix} = X_b$ $\begin{bmatrix} x_1 \\ x_2 \end{bmatrix} = \begin{bmatrix} x_1 & x_2 \end{bmatrix}^T = X^T$ $\begin{bmatrix} w_{1b} & w_{3b} \\ w_{2b} & w_{4b} \end{bmatrix} = W_b$ $\begin{bmatrix} b_{1b} & b_{2b} \end{bmatrix} = B_b$	**순전파** $Y = XW + B$ ❶ **입력 역전파** $Y_b W^T = X_b$ ❷ **가중치, 편향 역전파** $X^T Y_b = W_b$ ❸ $1 Y_b = B_b$ ❹ **인공 신경망 학습** $W = W - \alpha W_b$ ❺ $B = B - \alpha B_b$ ❻

NumPy로 인공 신경망 구현하기

지금까지 정리한 수식을 구현을 통해 살펴봅니다. 다음 그림을 살펴봅니다.

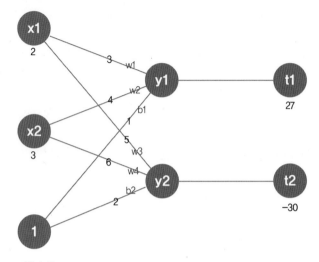

▲ 그림 4-10

이 그림에서 입력 값 X, 가중치 W, 편향 B, 목표 값 T는 다음과 같습니다.

$$[x_1 \, x_2] = [2 \, 3] = X$$
$$\begin{bmatrix} w_1 \, w_3 \\ w_2 \, w_4 \end{bmatrix} = \begin{bmatrix} 3 \, 5 \\ 4 \, 6 \end{bmatrix} = W$$
$$[b_1 \, b_2] = [1 \, 2] = B$$
$$[t_1 \, t_2] = [27 \, -30] = T$$

X를 상수로 고정한 채 W, B에 대해 학습을 수행해 봅니다.

TIP 이 값들은 임의의 값들입니다. 다른 값들을 사용하여 학습을 수행할 수도 있습니다.

1 다음과 같이 예제를 작성합니다.

```
411_1.py

01 from ulab import numpy as np
02
03 X = np.array([[2, 3]])
04 T = np.array([[27, -30]])
05 W = np.array([[3, 5],
06               [4, 6]])
07 B = np.array([[1, 2]])
08
09 for epoch in range(1000):
10
```

```
11          print('epoch = %d' %epoch)
12
13          Y = np.dot(X, W) + B # ❶
14          print(' Y =', Y)
15
16          E = np.sum((Y - T) ** 2 / 2)
17          print(' E = %.7f' %E)
18          if E < 0.0000001:
19                  break
20
21          Yb = Y - T
22          Xb = np.dot(Yb, W.T) # ❷
23          Wb = np.dot(X.T, Yb) # ❸
24          Bb = 1 * Yb # ❹
25          print(' Xb =\n', Xb)
26          print(' Wb =\n', Wb)
27          print(' Bb =\n', Bb)
28
29          lr = 0.01
30          W = W - lr * Wb # ❺
31          B = B - lr * Bb # ❻
32          print(' W =\n', W)
33          print(' B =\n', B)
```

01 : import문을 이용하여 ulab 모듈로부터 numpy 모듈을 np라는 이름으로 불러옵니다. numpy 모듈은 행렬 계산을 편하게 해주는 라이브러리입니다. 인공 신경망은 일반적으로 행렬 계산식으로 구성하게 됩니다. micropython에서는 ulab 모듈을 통해 numpy 모듈이 제한적으로 지원됩니다.

03 : np.array 함수를 호출하여 1x2 행렬을 생성하여 X 변수에 할당합니다.

04 : np.array 함수를 호출하여 1x2 행렬을 생성하여 T 변수에 할당합니다.

05, 06 : np.array 함수를 호출하여 2x2 행렬을 생성하여 W 변수에 할당합니다.

07 : np.array 함수를 호출하여 1x2 행렬을 생성하여 B 변수에 할당합니다.

09 : epoch값을 0에서 1000 미만까지 바꾸어가며 13~33줄을 1000회 수행합니다.

11 : print 함수를 호출하여 Y값을 출력합니다.

13 : np.dot 함수를 호출하여 입력 X와 가중치 W에 대해 행렬 곱을 수행한 후, 편향 B를 더해준 후, Y 변수에 할당합니다. np.dot 함수는 행렬 곱을 수행하는 함수입니다. 행렬 곱의 순서를 변경하지 않도록 주의합니다.

16 : 평균 제곱 오차를 구합니다.

17 : print 함수를 호출하여 E값을 출력합니다. 소수점 이하 7자리까지 출력합니다.

18, 19 : 평균 제곱 오차가 0.0000001(천만분의 1)보다 작으면 break문을 사용하여 11줄의 for 문을 빠져 나갑니다.

21 : 예측 값을 가진 Y 행렬에서 목표 값을 가진 T 행렬을 뺀 후, 결과 값을 Yb 변수에 할당합니다. Yb는 역전파 오차 값을 갖는 행렬입니다.

22 : Xb 변수를 선언한 후, 입력 값에 대한 역전파 값을 받아봅니다. 이 부분은 이 예제에서 필요한 부분은 아니며, 역전파 연습을 위해 추가하였습니다. W.T는 가중치 W의 전치 행렬을 내어줍니다. np.dot 함수를 호출하여 Yb와 W.T에 대해 행렬 곱을 수행한 후, 결과 값을 Xb 변수에 할당합니다. 행렬 곱의 순서를 변경하지 않도록 주의합니다.

23 : X.T는 입력 X의 전치 행렬을 내어줍니다. np.dot 함수를 호출하여 X.T와 Yb에 대해 행렬 곱을 수행한 후, 결과 값을 Wb 변수에 할당합니다. 행렬 곱의 순서를 변경하지 않도록 주의합니다.

24 : Yb 행렬에 1을 곱해주어 Bb에 할당합니다. 여기서 1은 수식을 강조하기 위해 생략하지 않았습니다.

25~27 : print 함수를 호출하여 Xb, Wb, Bb값을 출력합니다.

29   : lr 변수를 선언한 후, 0.01을 할당합니다. lr 변수는 학습률 변수입니다.

30   : 가중치를 갱신합니다.

31   : 편향을 갱신합니다.

32, 33 : print 함수를 호출하여 W, B값을 출력합니다.

2 ▶ 버튼을 눌러 프로그램을 실행시킵니다. 다음은 실행 결과 화면입니다.

```
epoch = 78
 Y  = array([[26.99994, -29.99953]], dtype=float32)
 E  = 0.0000001
 Xb =
array([[-0.001907044, -0.003529093]], dtype=float32)
 Wb =
array([[-0.0001182556, 0.0009307861],
        [-0.0001773834, 0.001396179]], dtype=float32)
 Bb =
array([[-5.912781e-05, 0.0004653931]], dtype=float32)
 W  =
array([[4.142849, -3.57137],
        [5.714274, -6.857058]], dtype=float32)
 B  =
array([[1.571424, -2.285686]], dtype=float32)
epoch = 79
 Y  = array([[26.99995, -29.9996]], dtype=float32)
 E  = 0.0000001
```

▲ 그림 4-11

(79+1)회 째 학습이 완료되는 것을 볼 수 있습니다.

332_1.py 예제의 결과와 비교해 봅니다.

```
epoch = 78
 y1,  y2  = 27.000, -30.000
 E  = 0.0000001
 x1b, x2b = -0.002, -0.004
 w1b, w3b = -0.000,  0.001
 w2b, w4b = -0.000,  0.001
 b1b, b2b = -0.000,  0.000
 w1,  w3  =  4.143, -3.571
 w2,  w4  =  5.714, -6.857
 b1,  b2  =  1.571, -2.286
epoch = 79
 y1,  y2  = 27.000, -30.000
 E  = 0.0000001
```

▲ 그림 4-12

01-2 3입력 3출력 인공 신경망 구현하기

다음 그림은 입력3 출력3으로 구성된 인공 신경망과 순전파 역전파 수식을 나타냅니다. 우리는 다음 수식을 행렬 계산식으로 유도한 후, NumPy를 이용하여 인공 신경을 구현해 봅니다.

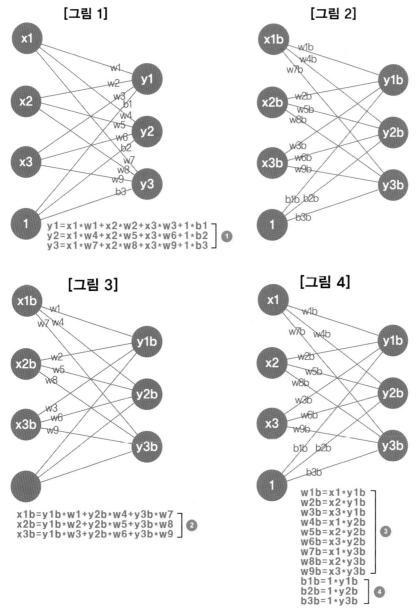

[그림 1]

x1
x2
x3
1

w1
w2
w3
b1
w4
w5
w6
b2
w7
w8
w9
b3

y1
y2
y3

y1=x1*w1+x2*w2+x3*w3+1*b1
y2=x1*w4+x2*w5+x3*w6+1*b2   ❶
y3=x1*w7+x2*w8+x3*w9+1*b3

[그림 2]

x1b
x2b
x3b
1

w1b
w4b
w7b
w2b
w5b
w8b
w3b
w6b
w9b
b1b b2b
b3b

y1b
y2b
y3b

[그림 3]

x1b
x2b
x3b

w1
w7 w4
w2
w5
w8
w3
w6
w9

y1b
y2b
y3b

x1b=y1b*w1+y2b*w4+y3b*w7
x2b=y1b*w2+y2b*w5+y3b*w8   ❷
x3b=y1b*w3+y2b*w6+y3b*w9

[그림 4]

x1
x2
x3
1

w4b
w7b w4b
w2b
w5b
w8b
w3b
w6b
w9b
b1b b2b
b3b

y1b
y2b
y3b

w1b=x1*y1b
w2b=x2*y1b
w3b=x3*y1b
w4b=x1*y2b
w5b=x2*y2b   ❸
w6b=x3*y2b
w7b=x1*y3b
w8b=x2*y3b
w9b=x3*y3b
b1b=1*y1b
b2b=1*y2b   ❹
b3b=1*y3b

▲ 그림 4-13

TIP ❷ x1b, x2b, x3b값은 앞부분에 또 다른 인공 신경과 연결되어 있을 경우 y1b, y2b, y3b처럼 해당 인공 신경으로 역전파되는 값입니다. 역전파된 x1b, x2b, x3b값은 해당 인공 신경의 가중치와 편향 학습에 사용됩니다.

행렬 계산식 유도하기

이 그림을 통해 앞에서 우리는 다음 표의 왼쪽과 같은 수식을 유도했습니다. 이런 형태의 수식을 다원일차연립방정식이라고 합니다. 다원일차연립방정식은 행렬을 이용하면 깔끔하게 정리할 수 있습니다. 행렬 계산식으로 정리하면 다음 표의 오른쪽과 같습니다.

	다원일차연립방정식	행렬 계산식
순전파	$$\left.\begin{array}{l} x_1w_1 + x_2w_2 + x_3w_3 + 1b_1 = y_1 \\ x_1w_4 + x_2w_5 + x_3w_6 + 1b_2 = y_2 \\ x_1w_7 + x_2w_8 + x_3w_9 + 1b_3 = y_3 \end{array}\right] \text{①}$$	$$\begin{bmatrix} x_1\,x_2\,x_3 \end{bmatrix} \begin{bmatrix} w_1\,w_4\,w_7 \\ w_2\,w_5\,w_8 \\ w_3\,w_6\,w_9 \end{bmatrix} + \begin{bmatrix} b_1\,b_2\,b_3 \end{bmatrix} = \begin{bmatrix} y_1\,y_2\,y_3 \end{bmatrix} \ \text{①}$$
입력역전파	$$\left.\begin{array}{l} y_{1b}w_1 + y_{2b}w_4 + y_{3b}w_7 = x_{1b} \\ y_{1b}w_2 + y_{2b}w_5 + y_{3b}w_8 = x_{2b} \\ y_{1b}w_3 + y_{2b}w_6 + y_{3b}w_9 = x_{3b} \end{array}\right] \text{②}$$	$$\begin{bmatrix} y_{1b}\,y_{2b}\,y_{3b} \end{bmatrix} \begin{bmatrix} w_1\,w_2\,w_3 \\ w_4\,w_5\,w_6 \\ w_7\,w_8\,w_9 \end{bmatrix} =$$ $$\begin{bmatrix} y_{1b}\,y_{2b}\,y_{3b} \end{bmatrix} \begin{bmatrix} w_1\,w_4\,w_7 \\ w_2\,w_5\,w_8 \\ w_3\,w_6\,w_9 \end{bmatrix}^T = \begin{bmatrix} x_{1b}\,x_{2b}\,x_{3b} \end{bmatrix} \ \text{②}$$
기중치편향역전파	$$\left.\begin{array}{l} x_1y_{1b} = w_{1b} \\ x_2y_{1b} = w_{2b} \\ x_3y_{1b} = w_{3b} \\ x_1y_{2b} = w_{4b} \\ x_2y_{2b} = w_{5b} \\ x_3y_{2b} = w_{6b} \\ x_1y_{3b} = w_{7b} \\ x_2y_{3b} = w_{8b} \\ x_3y_{3b} = w_{9b} \end{array}\right] \text{③}$$ $$\left.\begin{array}{l} 1y_{1b} = b_{1b} \\ 1y_{2b} = b_{2b} \\ 1y_{3b} = b_{3b} \end{array}\right] \text{④}$$	$$\begin{bmatrix} x_1 \\ x_2 \\ x_3 \end{bmatrix} \begin{bmatrix} y_{1b}\,y_{2b}\,y_{3b} \end{bmatrix} =$$ $$\begin{bmatrix} x_1\,x_2\,x_3 \end{bmatrix}^T \begin{bmatrix} y_{1b}\,y_{2b}\,y_{3b} \end{bmatrix} = \begin{bmatrix} w_{1b}\,w_{4b}\,w_{7b} \\ w_{2b}\,w_{5b}\,w_{8b} \\ w_{3b}\,w_{6b}\,w_{9b} \end{bmatrix} \ \text{③}$$ $$1\begin{bmatrix} y_{1b}\,y_{2b}\,y_{3b} \end{bmatrix} = \begin{bmatrix} b_{1b}\,b_{2b}\,b_{3b} \end{bmatrix} \ \text{④}$$
인공신경망학습	$$\left.\begin{array}{l} w_1 = w_1 - \alpha w_{1b} \\ w_2 = w_2 - \alpha w_{2b} \\ w_3 = w_3 - \alpha w_{3b} \\ w_4 = w_4 - \alpha w_{4b} \\ w_5 = w_5 - \alpha w_{5b} \\ w_6 = w_6 - \alpha w_{6b} \\ w_7 = w_7 - \alpha w_{7b} \\ w_8 = w_8 - \alpha w_{8b} \\ w_9 = w_9 - \alpha w_{9b} \end{array}\right] \text{⑤}$$ $$\left.\begin{array}{l} b_1 = b_1 - \alpha b_{1b} \\ b_2 = b_2 - \alpha b_{2b} \\ b_3 = b_3 - \alpha b_{3b} \end{array}\right] \text{⑥}$$	$$\begin{bmatrix} w_1\,w_4\,w_7 \\ w_2\,w_5\,w_8 \\ w_3\,w_6\,w_9 \end{bmatrix} = \begin{bmatrix} w_1\,w_4\,w_7 \\ w_2\,w_5\,w_8 \\ w_3\,w_6\,w_9 \end{bmatrix} - \alpha \begin{bmatrix} w_{1b}\,w_{4b}\,w_{7b} \\ w_{2b}\,w_{5b}\,w_{8b} \\ w_{3b}\,w_{6b}\,w_{9b} \end{bmatrix} \ \text{⑤}$$ $$\begin{bmatrix} b_1\,b_2\,b_3 \end{bmatrix} = \begin{bmatrix} b_1\,b_2\,b_3 \end{bmatrix} - \alpha \begin{bmatrix} b_{1b}\,b_{2b}\,b_{3b} \end{bmatrix} \ \text{⑥}$$

행렬 계산식 ❷에서 다음은 순전파 때 사용된 가중치의 전치 행렬입니다.

$$\begin{bmatrix} w_1\,w_2\,w_3 \\ w_4\,w_5\,w_6 \\ w_7\,w_8\,w_9 \end{bmatrix} = \begin{bmatrix} w_1\,w_4\,w_7 \\ w_2\,w_5\,w_8 \\ w_3\,w_6\,w_9 \end{bmatrix}^T$$

전치행렬은 가로줄과 세로줄이 바뀐 행렬입니다.

행렬 계산식 ❸에서 다음은 순전파 때 사용된 입력의 전치 행렬입니다.

$$\begin{bmatrix} x_1 \\ x_2 \\ x_3 \end{bmatrix} = \begin{bmatrix} x_1\, x_2\, x_3 \end{bmatrix}^T$$

인공 신경망 행렬 계산식 정리하기

위 수식에서 표현된 행렬들에 다음 표의 왼쪽과 같이 이름을 붙여줍니다. 그러면 위의 행렬 계산식은 다음표의 오른쪽과 같이 정리할 수 있습니다. 오른쪽의 행렬 계산식은 행렬의 크기와 상관없이 성립합니다. 주의할 점은 행렬 곱은 순서를 변경하면 안 됩니다.

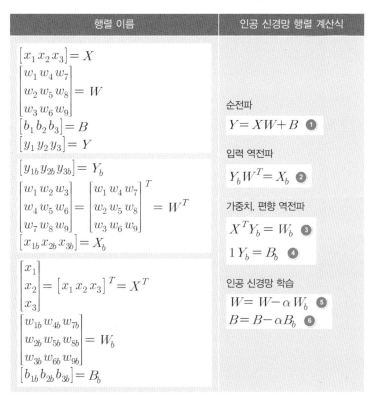

행렬 이름	인공 신경망 행렬 계산식
$\begin{bmatrix} x_1\, x_2\, x_3 \end{bmatrix} = X$ $\begin{bmatrix} w_1\, w_4\, w_7 \\ w_2\, w_5\, w_8 \\ w_3\, w_6\, w_9 \end{bmatrix} = W$ $\begin{bmatrix} b_1\, b_2\, b_3 \end{bmatrix} = B$ $\begin{bmatrix} y_1\, y_2\, y_3 \end{bmatrix} = Y$	순전파 $Y = XW + B$ ❶
$\begin{bmatrix} y_{1b}\, y_{2b}\, y_{3b} \end{bmatrix} = Y_b$ $\begin{bmatrix} w_1\, w_2\, w_3 \\ w_4\, w_5\, w_6 \\ w_7\, w_8\, w_9 \end{bmatrix} = \begin{bmatrix} w_1\, w_4\, w_7 \\ w_2\, w_5\, w_8 \\ w_3\, w_6\, w_9 \end{bmatrix}^T = W^T$ $\begin{bmatrix} x_{1b}\, x_{2b}\, x_{3b} \end{bmatrix} = X_b$	입력 역전파 $Y_b W^T = X_b$ ❷ 가중치, 편향 역전파 $X^T Y_b = W_b$ ❸ $1\, Y_b = B_b$ ❹
$\begin{bmatrix} x_1 \\ x_2 \\ x_3 \end{bmatrix} = \begin{bmatrix} x_1\, x_2\, x_3 \end{bmatrix}^T = X^T$ $\begin{bmatrix} w_{1b}\, w_{4b}\, w_{7b} \\ w_{2b}\, w_{5b}\, w_{8b} \\ w_{3b}\, w_{6b}\, w_{9b} \end{bmatrix} = W_b$ $\begin{bmatrix} b_{1b}\, b_{2b}\, b_{3b} \end{bmatrix} = B_b$	인공 신경망 학습 $W = W - \alpha W_b$ ❺ $B = B - \alpha B_b$ ❻

NumPy로 인공 신경망 구현하기

지금까지 정리한 수식을 구현을 통해 살펴봅니다. 다음 그림을 살펴봅니다.

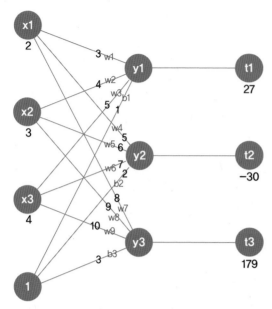

▲ 그림 4-14

이 그림에서 입력 값 X, 가중치 W, 편향 B, 목표 값 T는 다음과 같습니다.

$$[x_1\,x_2\,x_3] = [2\,3\,4] = X$$

TIP 이 값들은 임의의 값들입니다. 다른 값들을 사용하여 학습을 수행할 수도 있습니다.

$$\begin{bmatrix} w_1\,w_4\,w_7 \\ w_2\,w_5\,w_8 \\ w_3\,w_6\,w_9 \end{bmatrix} = \begin{bmatrix} 3\,5\,8 \\ 4\,6\,9 \\ 5\,7\,10 \end{bmatrix} = W$$

$$[b_1\,b_2\,b_3] = [1\,2\,3] = B$$

$$[t_1\,t_2\,t_3] = [27 - 30\,179] = T$$

X를 상수로 고정한 채 W, B에 대해 학습을 수행해 봅니다.

1 이전 예제를 복사합니다.

2 다음과 같이 예제를 수정합니다.

```
412_1.py

01 from ulab import numpy as np
02
03 X = np.array([[2, 3, 4]])
04 T = np.array([[27, -30, 179]])
05 W = np.array([[3, 5, 8],
06              [4, 6, 9],
07              [5, 7, 10]])
08 B = np.array([[1, 2, 3]])
09
10~끝 # 이전 예제와 같습니다.
```

03~08 : X, T, W, B를 변경해줍니다.

3 ▶ 버튼을 눌러 프로그램을 실행시킵니다. 다음은 실행 결과 화면입니다.

```
epoch = 35
 Y  = array([[27.00005, -29.99967, 178.9997]], dtype=float32)
 E  = 0.0000001
 Xb =
 array([[-0.005167882, -0.007223486, -0.009279093]], dtype=float32)
 Wb =
 array([[9.536743e-05, 0.000667572, -0.0007019043],
        [0.0001430511, 0.001001358, -0.001052856],
        [0.0001907349, 0.001335144, -0.001403809]], dtype=float32)
 Bb =
 array([[4.768372e-05, 0.000333786, -0.0003509521]], dtype=float32)
 W  =
 array([[2.200002, -0.8666516, 14.19999],
        [2.800003, -2.799977, 18.29997],
        [3.400004, -4.733302, 22.39997]], dtype=float32)
 B  =
 array([[0.6000011, -0.9333257, 6.099992]], dtype=float32)
epoch = 36
 Y  = array([[27.00003, -29.99977, 178.9998]], dtype=float32)
 E  = 0.0000001
```

▲ 그림 4-15

(36+1)회 째 학습이 완료되는 것을 볼 수 있습니다.

333_1 예제의 결과와 비교해 봅니다.

```
epoch = 35
 y1,  y2,  y3  = 27.000, -30.000, 179.000
 E  = 0.0000001
 x1b, x2b, x2b = -0.005, -0.007, -0.009
 w1b, w4b, w7b =  0.000,  0.001, -0.001
 w2b, w5b, w8b =  0.000,  0.001, -0.001
 w3b, w6b, w9b =  0.000,  0.001, -0.001
 b1b, b2b, b3b =  0.000,  0.000, -0.000
 w1,  w4,  w7  =  2.200, -0.867, 14.200
 w2,  w5,  w8  =  2.800, -2.800, 18.300
 w3,  w6,  w9  =  3.400, -4.733, 22.400
 b1,  b2,  b3  =  0.600, -0.933,  6.100
epoch = 36
 y1,  y2,  y3  = 27.000, -30.000, 179.000
 E  = 0.0000001
```

▲ 그림 4-16

01-3 2입력 1출력 인공 신경 구현하기

다음 그림은 입력2 출력1로 구성된 인공 신경과 순전파 역전파 수식을 나타냅니다. 우리는 다음 수식을 행렬 계산식으로 유도한 후, NumPy를 이용하여 인공 신경을 구현해 봅니다.

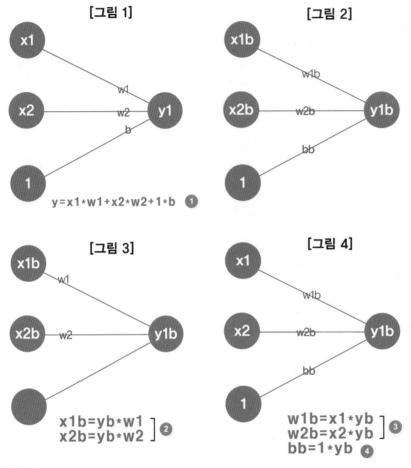

▲ 그림 4-17

TIP ❷ x1b, x2b값은 앞부분에 또 다른 인공 신경과 연결되어 있을 경우 yb처럼 해당 인공 신경으로 역전파되는 값입니다. 역전파된 x1b, x2b값은 해당 인공 신경의 가중치와 편향 학습에 사용됩니다.

행렬 계산식 유도하기

이 그림을 통해 앞에서 우리는 다음 표의 왼쪽과 같은 수식을 유도했습니다. 이런 형태의 수식을 다원일차연립방정식이라고 합니다. 다원일차연립방정식은 행렬을 이용하면 깔끔하게 정리할 수 있습니다. 행렬 계산식으로 정리하면 다음 표의 오른쪽과 같습니다.

	다원일차연립방정식	행렬 계산식
순전파	$x_1 w_1 + x_2 w_2 + 1b = y$ ❶	$\begin{bmatrix} x_1\, x_2 \end{bmatrix} \begin{bmatrix} w_1 \\ w_2 \end{bmatrix} + \begin{bmatrix} b \end{bmatrix} = \begin{bmatrix} y \end{bmatrix}$ ❶
입력역전파	$\left.\begin{array}{l} y_b w_1 = x_{1b} \\ y_b w_2 = x_{2b} \end{array}\right\}$ ❷	$\begin{bmatrix} y_b \end{bmatrix} \begin{bmatrix} w_1\, w_2 \end{bmatrix} =$ $\begin{bmatrix} y_b \end{bmatrix} \begin{bmatrix} w_1 \\ w_2 \end{bmatrix}^T = \begin{bmatrix} x_{1b}\, x_{2b} \end{bmatrix}$ ❷
가중치편향역전파	$\left.\begin{array}{l} x_1 y_b = w_{1b} \\ x_2 y_b = w_{2b} \end{array}\right\}$ ❸ $1 y_b = b_b$ ❹	$\begin{bmatrix} x_1 \\ x_2 \end{bmatrix} \begin{bmatrix} y_b \end{bmatrix} =$ $\begin{bmatrix} x_1\, x_2 \end{bmatrix}^T \begin{bmatrix} y_b \end{bmatrix} = \begin{bmatrix} w_{1b} \\ w_{2b} \end{bmatrix}$ ❸ $1 \begin{bmatrix} y_b \end{bmatrix} = \begin{bmatrix} b_b \end{bmatrix}$ ❹
인공신경망학습	$\left.\begin{array}{l} w_1 = w_1 - \alpha w_{1b} \\ w_2 = w_2 - \alpha w_{2b} \end{array}\right\}$ ❺ $b = b - \alpha b_b$ ❻	$\begin{bmatrix} w_1 \\ w_2 \end{bmatrix} = \begin{bmatrix} w_1 \\ w_2 \end{bmatrix} - \alpha \begin{bmatrix} w_{1b} \\ w_{2b} \end{bmatrix}$ ❺ $\begin{bmatrix} b \end{bmatrix} = \begin{bmatrix} b \end{bmatrix} - \alpha \begin{bmatrix} b_b \end{bmatrix}$ ❻

행렬 계산식 ❷에서 다음은 순전파 때 사용된 가중치의 전치 행렬입니다.

$$\begin{bmatrix} w_1\, w_2 \end{bmatrix} = \begin{bmatrix} w_1 \\ w_2 \end{bmatrix}^T$$

전치행렬은 가로줄과 세로줄이 바뀐 행렬입니다.

행렬 계산식 ❸에서 다음은 순전파 때 사용된 입력의 전치 행렬입니다.

$$\begin{bmatrix} x_1 \\ x_2 \end{bmatrix} = \begin{bmatrix} x_1\, x_2 \end{bmatrix}^T$$

인공 신경망 행렬 계산식 정리하기

위 수식에서 표현된 행렬들에 다음 표의 왼쪽과 같이 이름을 붙여줍니다. 그러면 위의 행렬 계산식은 다음표의 오른쪽과 같이 정리할 수 있습니다. 오른쪽의 행렬 계산식은 행렬의 크기와 상관없이 성립합니다. 주의할 점은 행렬 곱은 순서를 변경하면 안 됩니다.

행렬 이름	인공 신경망 행렬 계산식
$\begin{bmatrix} x_1 \, x_2 \end{bmatrix} = X$ $\begin{bmatrix} w_1 \\ w_2 \end{bmatrix} = W$ $\begin{bmatrix} b \end{bmatrix} = B$ $\begin{bmatrix} y \end{bmatrix} = Y$ $\begin{bmatrix} y_b \end{bmatrix} = Y_b$ $\begin{bmatrix} w_1 \, w_2 \end{bmatrix} = \begin{bmatrix} w_1 \\ w_2 \end{bmatrix}^T = W^T$ $\begin{bmatrix} x_{1b} \, x_{2b} \end{bmatrix} = X_b$ $\begin{bmatrix} x_1 \\ x_2 \end{bmatrix} = \begin{bmatrix} x_1 \, x_2 \end{bmatrix}^T = X^T$ $\begin{bmatrix} w_{1b} \\ w_{2b} \end{bmatrix} = W_b$ $\begin{bmatrix} b_b \end{bmatrix} = B_b$	순전파 $Y = XW + B$ ❶ 입력 역전파 $Y_b W^T = X_b$ ❷ 가중치, 편향 역전파 $X^T Y_b = W_b$ ❸ $1 Y_b = B_b$ ❹ 인공 신경망 학습 $W = W - \alpha W_b$ ❺ $B = B - \alpha B_b$ ❻

NumPy로 인공 신경망 구현하기

지금까지 정리한 수식을 구현을 통해 살펴봅니다. 다음 그림을 살펴봅니다.

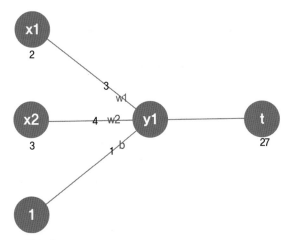

▲ 그림 4-18

이 그림에서 입력 값 X, 가중치 W, 편향 B, 목표 값 T는 다음과 같습니다.

$$\begin{bmatrix} x_1 \, x_2 \end{bmatrix} = \begin{bmatrix} 2 \, 3 \end{bmatrix} = X$$
$$\begin{bmatrix} w_1 \\ w_2 \end{bmatrix} = \begin{bmatrix} 3 \\ 4 \end{bmatrix} = W$$
$$\begin{bmatrix} b \end{bmatrix} = \begin{bmatrix} 1 \end{bmatrix} = B$$
$$\begin{bmatrix} t \end{bmatrix} = \begin{bmatrix} 27 \end{bmatrix} = T$$

X를 상수로 고정한 채 W, B에 대해 학습을 수행해 봅니다.

TIP 이 값들은 임의의 값들입니다. 다른 값들을 사용하여 학습을 수행할 수도 있습니다.

1 이전 예제를 복사합니다.

2 다음과 같이 예제를 수정합니다.

```
413_1.py

01 from ulab import numpy as np
02
03 X = np.array([[2, 3]])
04 T = np.array([[27]])
05 W = np.array([[3],
06             [4]])
07 B = np.array([[1]])
08
09~끝 # 이전 예제와 같습니다.
```

03~07 : X, T, W, B를 변경해줍니다.

3 ◉ 버튼을 눌러 프로그램을 실행시킵니다. 다음은 실행 결과 화면입니다.

```
epoch = 64
 Y  = array([[26.99949]], dtype=float32)
 E  = 0.0000001
 Xb =
 array([[-0.002125566, -0.002931811]], dtype=float32)
 Wb =
 array([[-0.001026154],
       [-0.00153923]], dtype=float32)
 Bb =
 array([[-0.0005130768]], dtype=float32)
 W  =
 array([[4.142794],
       [5.714191]], dtype=float32)
 B  =
 array([[1.571397]], dtype=float32)
epoch = 65
 Y  = array([[26.99956]], dtype=float32)
 E  = 0.0000001
```

▲ 그림 4-19

(65+1)회 째 학습이 완료되는 것을 볼 수 있습니다. 331_1.py 예제의 결과와 비교해 봅니다.

```
epoch = 64
 y  = 26.999
 E  = 0.0000001
 x1b, x2b = -0.002, -0.003
 w1b, w2b, bb = -0.001, -0.002, -0.001
 w1,  w2,  b  =  4.143,  5.714,  1.571
epoch = 65
 y  = 27.000
 E  = 0.0000001
```

▲ 그림 4-20

01-4 1입력 1출력 인공 신경 구현하기

다음 그림은 입력1 출력1로 구성된 인공 신경과 순전파 역전파 수식을 나타냅니다. 우리는 다음 수식을 행렬 계산식으로 유도한 후, NumPy를 이용하여 인공 신경을 구현해 봅니다.

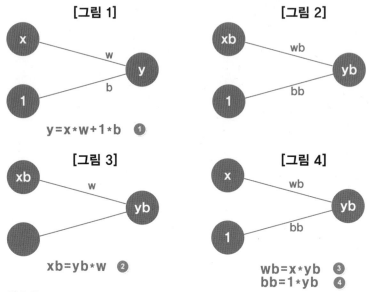

[그림 1]

$y = x*w + 1*b$ ❶

[그림 2]

[그림 3]

$xb = yb*w$ ❷

[그림 4]

$wb = x*yb$ ❸
$bb = 1*yb$ ❹

▲ 그림 4-21

TIP ❷ xb값은 앞부분에 또 다른 인공 신경과 연결되어 있을 경우 yb처럼 해당 인공 신경으로 역전파되는 값입니다. 역전파된 xb 값은 해당 인공 신경의 가중치와 편향 학습에 사용됩니다.

행렬 계산식 유도하기

이 그림을 통해 앞에서 우리는 다음 표의 왼쪽과 같은 수식을 유도했습니다. 이런 형태의 수식을 다원일차연립방정식이라고 합니다. 다원일차연립방정식은 행렬을 이용하면 깔끔하게 정리할 수 있습니다. 행렬 계산식으로 정리하면 다음 표의 오른쪽과 같습니다.

	다원일차연립방정식	행렬 계산식
순전파	$xw + 1b = y$ ❶	$[x][w] + 1[b] = [y]$ ❶
입력역전파	$y_b w = x_b$ ❷	$[y_b][w] =$ $[y_b][w]^T = [x_b]$ ❷
가중치편향역전파	$xy_b = w_b$ ❸ $1y_b = b_b$ ❹	$[x][y_b] =$ $[x]^T[y_b] = [w_b]$ ❸ $1[y_b] = [b_b]$ ❹
인공신경망학습	$w = w - \alpha w_b$ ❺ $b = b - \alpha b_b$ ❻	$[w] = [w] - \alpha[w_b]$ ❺ $[b] = [b] - \alpha[b_b]$ ❻

행렬 계산식 ❷에서 다음은 순전파 때 사용된 가중치의 전치 행렬입니다.

$$[w] = [w]^T$$

전치행렬은 가로줄과 세로줄이 바뀐 행렬입니다. 여기서 가중치는 1x1 행렬이며 전치 행렬과 원래 행렬의 모양은 같습니다. 여기서는 수식을 일반화하기 위해 전치 행렬 형태로 표현하고 있습니다.

행렬 계산식 ❸에서 다음은 순전파 때 사용된 입력의 전치 행렬입니다.

$$[x] = [x]^T$$

여기서 입력은 1x1 행렬이며 전치 행렬과 원래 행렬의 모양은 같습니다. 여기서는 수식을 일반화하기 위해 전치 행렬 형태로 표현하고 있습니다.

인공 신경망 행렬 계산식 정리하기

위 수식에서 표현된 행렬들에 다음 표의 왼쪽과 같이 이름을 붙여줍니다. 그러면 위의 행렬 계산식은 다음표의 오른쪽과 같이 정리할 수 있습니다. 오른쪽의 행렬 계산식은 행렬의 크기와 상관없이 성립합니다. 주의할 점은 행렬 곱은 순서를 변경하면 안 됩니다.

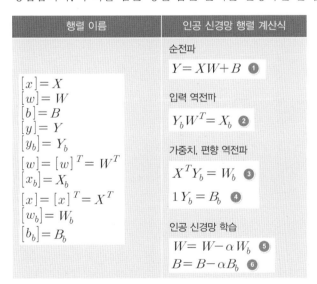

행렬 이름	인공 신경망 행렬 계산식
$[x] = X$ $[w] = W$ $[b] = B$ $[y] = Y$ $[y_b] = Y_b$ $[w] = [w]^T = W^T$ $[x_b] = X_b$ $[x] = [x]^T = X^T$ $[w_b] = W_b$ $[b_b] = B_b$	순전파 $Y = XW + B$ ❶ 입력 역전파 $Y_b W^T = X_b$ ❷ 가중치, 편향 역전파 $X^T Y_b = W_b$ ❸ $1 Y_b = B_b$ ❹ 인공 신경망 학습 $W = W - \alpha W_b$ ❺ $B = B - \alpha B_b$ ❻

NumPy로 인공 신경망 구현하기

지금까지 정리한 수식을 구현을 통해 살펴봅니다. 다음 그림을 살펴봅니다.

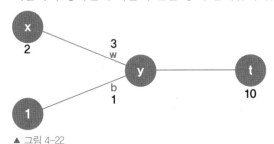

▲ 그림 4-22

이 그림에서 입력 값 X, 가중치 W, 편향 B, 목표 값 T는 다음과 같습니다.

$$[x] = [2] = X$$
$$[w] = [3] = W$$
$$[b] = [1] = B$$
$$[t] = [10] = T$$

X를 상수로 고정한 채 W, B에 대해 학습을 수행해 봅니다.

TIP 이 값들은 임의의 값들입니다. 다른 값들을 사용하여 학습을 수행할 수도 있습니다.

1 이전 예제를 복사합니다.

2 다음과 같이 예제를 수정합니다.

```
414_1.py
01 from ulab import numpy as np
02
03 X = np.array([[2]])
04 T = np.array([[10]])
05 W = np.array([[3]])
06 B = np.array([[1]])
07
08~끝 # 이전 예제와 같습니다.
```

03~06 : X, T, W, B를 변경해줍니다.

3 ▶ 버튼을 눌러 프로그램을 실행시킵니다. 다음은 실행 결과 화면입니다.

```
epoch = 171
 Y  = array([[9.999535]], dtype=float32)
 E  = 0.0000001
 Xb =
 array([[-0.001954564]], dtype=float32)
 Wb =
 array([[-0.0009307861]], dtype=float32)
 Bb =
 array([[-0.0004653931]], dtype=float32)
 W  =
 array([[4.199824]], dtype=float32)
 B  =
 array([[1.599911]], dtype=float32)
epoch = 172
 Y  = array([[9.999558]], dtype=float32)
 E  = 0.0000001
```

▲ 그림 4-23

(172+1)회 째 학습이 완료되는 것을 볼 수 있습니다.

322_1.py 예제의 결과와 비교해 봅니다.

```
epoch = 171
 y  = 10.000
 E  = 0.0000001
 xb = -0.002, wb = -0.001, bb = -0.000
 x  =  2.000, w  =  4.200, b  =  1.600
epoch = 172
 y  = 10.000
 E  = 0.0000001
```

▲ 그림 4-24

01-5 행렬 계산식과 1입력 1출력 수식 비교하기

지금까지의 내용을 정리하면 일반적인 인공 신경의 행렬 계산식은 다음과 같습니다. 그리고 입력1 출력1 인공 신경의 수식은 표의 오른쪽 기본 수식과 같습니다. 행렬 계산식의 구조가 기본 수식의 구조와 같은 것을 볼 수 있습니다.

인공 신경망 동작	행렬 계산식	기본 수식
순전파	$Y = XW + B$	$y = xw + b$
입력역전파	$X_b = Y_b W^T$	$x_b = y_b w$
가중치편향역전파	$W_b = X^T Y_b$ $B_b = Y_b$	$w_b = x y_b$ $b_b = y_b$
인공신경망학습	$W = W - \alpha W_b$ $B = B - \alpha B_b$	$w = w - \alpha w_b$ $b = b - \alpha b_b$

TIP 행렬 곱 연산은 순서를 지켜야 합니다.

❶ 2입력 3출력

❶ 다음은 입력2 출력3의 인공 신경망입니다. 이 인공 신경망의 순전파, 역전파 행렬 계산식을 구합니다.

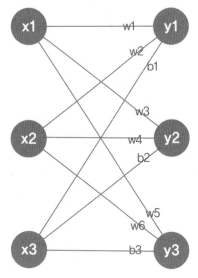

▲ 그림 4-25

❷ 앞에서 구한 행렬 계산식을 이용하여 다음과 같이 초기화된 인공 신경망을 NumPy를 이용하여 구현하고 학습시켜 봅니다. 입력 값 X는 상수로 처리합니다.

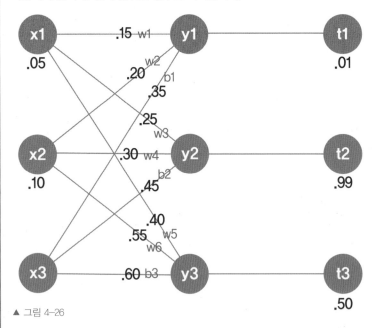

▲ 그림 4-26

❷ 3입력 2출력

1 다음은 입력3 출력2의 인공 신경망입니다. 이 인공 신경망의 순전파, 역전파 행렬 계산식을 구합니다.

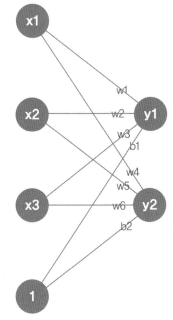

▲ 그림 4–27

2 앞에서 구한 행렬 계산식을 이용하여 다음과 같이 초기화된 인공 신경망을 NumPy를 이용하여 구현하고 학습시켜 봅니다. 입력 값 X는 상수로 처리합니다.

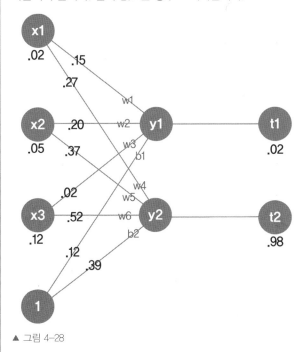

▲ 그림 4–28

01-6 2입력 2은닉 2출력 인공 신경망 구현하기

다음 그림은 입력2 은닉2 출력2로 구성된 인공 신경망과 순전파 역전파 수식을 나타냅니다. 우리는 다음 수식을 행렬 계산식으로 유도한 후, NumPy를 이용하여 인공 신경망을 구현해 봅니다.

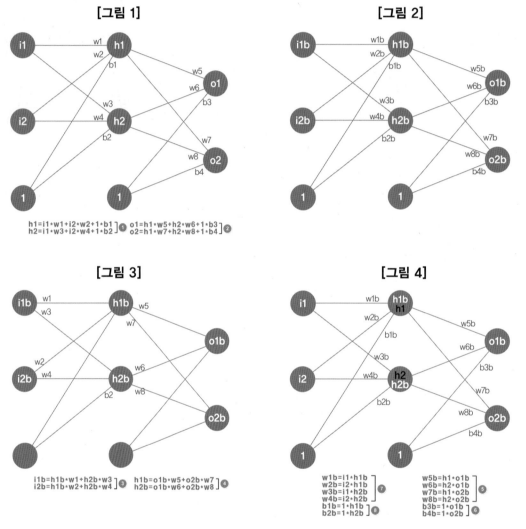

▲ 그림 4-29

TIP ❸ i1b, i2b값은 앞부분에 또 다른 인공 신경과 연결되어 있을 경우 h1b, h2b처럼 해당 인공 신경으로 역전파되는 값입니다. 역전파된 i1b, i2b값은 해당 인공 신경의 가중치와 편향 학습에 사용됩니다. 여기서 i1, i2는 은닉 층에 연결된 입력 층이므로 i1b, i2b의 수식은 필요치 않습니다.

행렬 계산식 유도하기

이 그림을 통해 앞에서 우리는 다음 표의 왼쪽과 같은 수식을 유도했습니다. 이런 형태의 수식을 다원일차연립방정식이라고 합니다. 다원일차연립방정식은 행렬을 이용하면 깔끔하게 정리할 수 있습니다. 행렬 계산식으로 정리하면 다음 표의 오른쪽과 같습니다.

	다원일차연립방정식	행렬 계산식
순전파	$i_1 w_1 + i_2 w_2 + 1 b_1 = h_1$ $i_1 w_3 + i_2 w_4 + 1 b_2 = h_2$ ❶ $h_1 w_5 + h_2 w_6 + 1 b_3 = o_1$ $h_1 w_7 + h_2 w_8 + 1 b_4 = o_2$ ❷	$\begin{bmatrix} i_1 & i_2 \end{bmatrix} \begin{bmatrix} w_1 & w_3 \\ w_2 & w_4 \end{bmatrix} + \begin{bmatrix} b_1 & b_2 \end{bmatrix} = \begin{bmatrix} h_1 & h_2 \end{bmatrix}$ ❶ $\begin{bmatrix} h_1 & h_2 \end{bmatrix} \begin{bmatrix} w_5 & w_7 \\ w_6 & w_8 \end{bmatrix} + \begin{bmatrix} b_3 & b_4 \end{bmatrix} = \begin{bmatrix} o_1 & o_2 \end{bmatrix}$ ❷
입력역전파	$o_{1b} w_5 + o_{2b} w_7 = h_{1b}$ $o_{1b} w_6 + o_{2b} w_8 = h_{2b}$ ❹	$\begin{bmatrix} o_{1b} & o_{2b} \end{bmatrix} \begin{bmatrix} w_5 & w_6 \\ w_7 & w_8 \end{bmatrix} = \begin{bmatrix} h_{1b} & h_{2b} \end{bmatrix}$ $\begin{bmatrix} o_{1b} & o_{2b} \end{bmatrix} \begin{bmatrix} w_5 & w_7 \\ w_6 & w_8 \end{bmatrix}^T = \begin{bmatrix} h_{1b} & h_{2b} \end{bmatrix}$ ❹
가중치편향역전파	$i_1 h_{1b} = w_{1b}$ $i_2 h_{1b} = w_{2b}$ $i_1 h_{2b} = w_{3b}$ $i_2 h_{2b} = w_{4b}$ ❼ $1 h_{1b} = b_{1b}$ $1 h_{2b} = b_{2b}$ ❽ $h_1 o_{1b} = w_{5b}$ $h_2 o_{1b} = w_{6b}$ $h_1 o_{2b} = w_{7b}$ $h_2 o_{2b} = w_{8b}$ ❺ $1 o_{1b} = b_{3b}$ $1 o_{2b} = b_{4b}$ ❻	$\begin{bmatrix} i_1 \\ i_2 \end{bmatrix} \begin{bmatrix} h_{1b} & h_{2b} \end{bmatrix} = \begin{bmatrix} w_{1b} & w_{3b} \\ w_{2b} & w_{4b} \end{bmatrix}$ $\begin{bmatrix} i_1 & i_2 \end{bmatrix}^T \begin{bmatrix} h_{1b} & h_{2b} \end{bmatrix} = \begin{bmatrix} w_{1b} & w_{3b} \\ w_{2b} & w_{4b} \end{bmatrix}$ ❼ $1 \begin{bmatrix} h_{1b} & h_{2b} \end{bmatrix} = \begin{bmatrix} b_{1b} & b_{2b} \end{bmatrix}$ ❽ $\begin{bmatrix} h_1 \\ h_2 \end{bmatrix} \begin{bmatrix} o_{1b} & o_{2b} \end{bmatrix} = \begin{bmatrix} w_{5b} & w_{7b} \\ w_{6b} & w_{8b} \end{bmatrix}$ $\begin{bmatrix} h_1 & h_2 \end{bmatrix}^T \begin{bmatrix} o_{1b} & o_{2b} \end{bmatrix} = \begin{bmatrix} w_{5b} & w_{7b} \\ w_{6b} & w_{8b} \end{bmatrix}$ ❺ $1 \begin{bmatrix} o_{1b} & o_{2b} \end{bmatrix} = \begin{bmatrix} b_{3b} & b_{4b} \end{bmatrix}$ ❻
인공신경망학습	$w_1 = w_1 - \alpha w_{1b}$ $w_2 = w_2 - \alpha w_{2b}$ $w_3 = w_3 - \alpha w_{3b}$ $w_4 = w_4 - \alpha w_{4b}$ ⓫ $b_1 = b_1 - \alpha b_{1b}$ $b_2 = b_2 - \alpha b_{2b}$ ⓬ $w_5 = w_5 - \alpha w_{5b}$ $w_6 = w_6 - \alpha w_{6b}$ $w_7 = w_7 - \alpha w_{7b}$ $w_8 = w_8 - \alpha w_{8b}$ ❾ $b_3 = b_3 - \alpha b_{3b}$ $b_4 = b_4 - \alpha b_{4b}$ ❿	$\begin{bmatrix} w_1 & w_3 \\ w_2 & w_4 \end{bmatrix} = \begin{bmatrix} w_1 & w_3 \\ w_2 & w_4 \end{bmatrix} - \alpha \begin{bmatrix} w_{1b} & w_{3b} \\ w_{2b} & w_{4b} \end{bmatrix}$ ⓫ $\begin{bmatrix} b_1 & b_2 \end{bmatrix} = \begin{bmatrix} b_1 & b_2 \end{bmatrix} - \alpha \begin{bmatrix} b_{1b} & b_{2b} \end{bmatrix}$ ⓬ $\begin{bmatrix} w_5 & w_7 \\ w_6 & w_8 \end{bmatrix} = \begin{bmatrix} w_5 & w_7 \\ w_6 & w_8 \end{bmatrix} - \alpha \begin{bmatrix} w_{5b} & w_{7b} \\ w_{6b} & w_{8b} \end{bmatrix}$ ❾ $\begin{bmatrix} b_3 & b_4 \end{bmatrix} = \begin{bmatrix} b_3 & b_4 \end{bmatrix} - \alpha \begin{bmatrix} b_{3b} & b_{4b} \end{bmatrix}$ ❿

행렬 계산식 ❹에서 다음은 순전파 때 사용된 가중치의 전치 행렬입니다.

$$\begin{bmatrix} w_5 & w_6 \\ w_7 & w_8 \end{bmatrix} = \begin{bmatrix} w_5 & w_7 \\ w_6 & w_8 \end{bmatrix}^T$$

전치행렬은 가로줄과 세로줄이 바뀐 행렬입니다.

행렬 계산식 ❼, ❺에서 다음은 순전파 때 사용된 입력의 전치 행렬입니다.

$$\begin{bmatrix} i_1 \\ i_2 \end{bmatrix} = \begin{bmatrix} i_1 \, i_2 \end{bmatrix}^T$$

$$\begin{bmatrix} h_1 \\ h_2 \end{bmatrix} = \begin{bmatrix} h_1 \, h_2 \end{bmatrix}^T$$

인공 신경망 행렬 계산식 정리하기

위 수식에서 표현된 행렬들에 다음 표의 왼쪽과 같이 이름을 붙여줍니다. 그러면 위의 행렬 계산식은 다음표의 오른쪽과 같이 정리할 수 있습니다. 오른쪽의 행렬 계산식은 행렬의 크기와 상관없이 성립합니다. 주의할 점은 행렬 곱은 순서를 변경하면 안 됩니다.

행렬 이름	인공 신경망 행렬 계산식
$\begin{bmatrix} i_1 \, i_2 \end{bmatrix} = I$ $\qquad \begin{bmatrix} h_{1b} \, h_{2b} \end{bmatrix} = H_b$ $\begin{bmatrix} w_1 \, w_3 \\ w_2 \, w_4 \end{bmatrix} = W_h \quad \begin{bmatrix} i_1 \, i_2 \end{bmatrix}^T = I^T$ $\begin{bmatrix} b_1 \, b_2 \end{bmatrix} = B_h \quad \begin{bmatrix} w_{1b} \, w_{3b} \\ w_{2b} \, w_{4b} \end{bmatrix} = W_{hb}$ $\begin{bmatrix} h_1 \, h_2 \end{bmatrix} = H \quad \begin{bmatrix} b_{1b} \, b_{2b} \end{bmatrix} = B_{hb}$ $\begin{bmatrix} w_5 \, w_7 \\ w_6 \, w_8 \end{bmatrix} = W_o \quad \begin{bmatrix} h_1 \, h_2 \end{bmatrix}^T = H^T$ $\begin{bmatrix} b_1 \, b_2 \end{bmatrix} = B_o \quad \begin{bmatrix} w_{5b} \, w_{7b} \\ w_{6b} \, w_{8b} \end{bmatrix} = W_{ob}$ $\begin{bmatrix} o_1 \, o_2 \end{bmatrix} = O \quad \begin{bmatrix} b_{3b} \, b_{4b} \end{bmatrix} = B_{ob}$ $\begin{bmatrix} o_{1b} \, o_{2b} \end{bmatrix} = O_b$ $\begin{bmatrix} w_5 \, w_7 \\ w_6 \, w_8 \end{bmatrix}^T = W_o^T$	**순전파** $H = I W_h + B_h$ ❶ $O = H W_o + B_o$ ❷ **입력 역전파** $O_b W_o^T = H_b$ ❹ **가중치, 편향 역전파** $I^T H_b = W_{hb}$ ❼ $1 H_b = B_{hb}$ ❽ $H^T O_b = W_{ob}$ ❺ $1 O_b = B_{ob}$ ❻ **인공 신경망 학습** $W_h = W_h - \alpha W_{hb}$ ⓫ $B_h = B_h - \alpha B_{hb}$ ⓬ $W_o = W_o - \alpha W_{ob}$ ❾ $B_o = B_o - \alpha B_{ob}$ ❿

NumPy로 인공 신경망 구현하기

지금까지 정리한 수식을 구현을 통해 살펴봅니다. 다음 그림을 살펴봅니다.

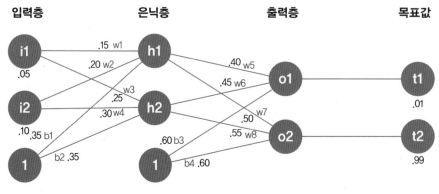

▲ 그림 4-30

이 그림에서 입력 값 I, 가중치 Wh, Wo, 편향 Bh, Bo, 목표 값 T는 다음과 같습니다.

$$\begin{bmatrix} i_1\, i_2 \end{bmatrix} = [.05\ .10] = I$$
$$\begin{bmatrix} w_1\, w_3 \\ w_2\, w_4 \end{bmatrix} = \begin{bmatrix} .15\ .25 \\ .20\ .30 \end{bmatrix} = W_h$$
$$\begin{bmatrix} b_1\, b_2 \end{bmatrix} = [.35\ .35] = B_h$$
$$\begin{bmatrix} w_5\, w_7 \\ w_6\, w_8 \end{bmatrix} = \begin{bmatrix} .40\ .50 \\ .45\ .55 \end{bmatrix} = W_o$$
$$\begin{bmatrix} b_3\, b_4 \end{bmatrix} = [.60\ .60] = B_o$$
$$\begin{bmatrix} t_1\, t_2 \end{bmatrix} = [.01\ .99] = T$$

I를 상수로 고정한 채 Wh, Wo, Bh, Bo에 대해 학습을 수행해 봅니다.

TIP 이 값들은 임의의 값들입니다. 다른 값들을 사용하여 학습을 수행할 수도 있습니다.

1 다음과 같이 예제를 작성합니다.

```
416_1.py
01 from ulab import numpy as np
02
03 I = np.array([[.05, .10]])
04 T = np.array([[.01, .99]])
05 WH = np.array([[.15, .25],
06                [.20, .30]])
07 BH = np.array([[.35, .35]])
08 WO = np.array([[.40, .50],
09                [.45, .55]])
10 BO = np.array([[.60, .60]])
11
12 for epoch in range(1000):
13
14     print('epoch = %d' %epoch)
15
16     H = np.dot(I, WH) + BH # ❶
17     O = np.dot(H, WO) + BO # ❷
18     print(' O  =\n', O)
19
20     E = np.sum((O - T) ** 2 / 2)
21     print(' E  = %.7f' %E)
22     if E < 0.0000001:
23             break
24
25     Ob = O - T
26     Hb = np.dot(Ob, WO.T) # ❹
27     WHb = np.dot(I.T, Hb) # ❼
28     BHb = 1 * Hb # ❽
```

```
29        WOb = np.dot(H.T, Ob) # ❺
30        BOb = 1 * Ob # ❻
31        print(' WHb =\n', WHb)
32        print(' BHb =\n', BHb)
33        print(' WOb =\n', WOb)
34        print(' BOb =\n', BOb)
35
36        lr = 0.01
37        WH = WH - lr * WHb #  ⓫
38        BH = BH - lr * BHb #  ⓬
39        WO = WO - lr * WOb # ❾
40        BO = BO - lr * BOb # ❿
41        print(' WH  =\n', WH)
42        print(' BH  =\n', BH)
43        print(' WO  =\n', WO)
44        print(' BO  =\n', BO)
```

3 ▶ 버튼을 눌러 프로그램을 실행시킵니다. 다음은 실행 결과 화면입니다.

```
epoch = 664
 O =
 array([[0.01041593, 0.9898296]], dtype=float32)
 E  = 0.0000001
 WHb =
 array([[-3.292622e-07, 2.892826e-07],
        [-6.585243e-07, 5.785652e-07]], dtype=float32)
 BHb =
 array([[-6.585243e-06, 5.785652e-06]], dtype=float32)
 WOb =
 array([[9.938012e-05, -4.071711e-05],
        [9.418975e-05, -3.859055e-05]], dtype=float32)
 BOb =
 array([[0.0004159268, -0.0001704097]], dtype=float32)
 WH  =
 array([[0.1431573, 0.2418005],
        [0.1863148, 0.2836011]], dtype=float32)
 BH  =
 array([[0.2131473, 0.1860073]], dtype=float32)
 WO  =
 array([[0.2027305, 0.5334602],
        [0.2526767, 0.582771]], dtype=float32)
 BO  =
 array([[-0.09524895, 0.7303955]], dtype=float32)
epoch = 665
 O  =
 array([[0.01041131, 0.9898315]], dtype=float32)
 E  = 0.0000001
```

▲ 그림 4–31

(665+1)회 째 학습이 완료되는 것을 볼 수 있습니다.

334_1.py 예제의 결과와 비교해 봅니다.

```
epoch = 664
 h1,  h2  =   0.239,   0.226
 o1,  o2  =   0.010,   0.990
 E  = 0.0000001
 w1b, w3b = -0.000,   0.000
 w2b, w4b = -0.000,   0.000
 b1b, b2b = -0.000,   0.000
 w5b, w7b =  0.000,  -0.000
 w6b, w8b =  0.000,  -0.000
 b3b, b4b =  0.000,  -0.000
 w1,  w3  =   0.143,   0.242
 w2,  w4  =   0.186,   0.284
 b1,  b2  =   0.213,   0.186
 w5,  w7  =   0.203,   0.533
 w6,  w8  =   0.253,   0.583
 b3,  b4  =  -0.095,   0.730
epoch = 665
 h1,  h2  =   0.239,   0.226
 o1,  o2  =   0.010,   0.990
 E  = 0.0000001
```

▲ 그림 4-32

연 습 문 제

2입력 2은닉 3은닉 2출력

1 다음은 입력2 은닉3 은닉2 출력3의 심층 인공 신경망입니다. 이 신경망에는 2개의 은닉 층이 포함되어 있습니다. 일반적으로 은닉 층이 2층 이상일 경우 심층 인공 신경망이라고 합니다. 이 신경망의 순전파, 역전파 행렬 계산식을 구합니다.

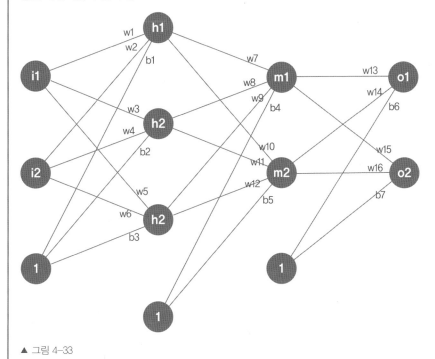

▲ 그림 4-33

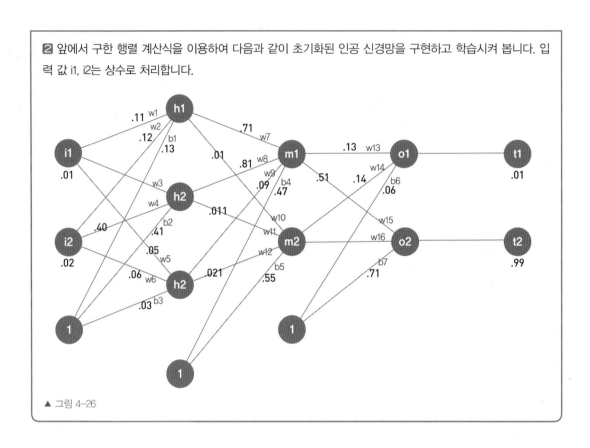

2 앞에서 구한 행렬 계산식을 이용하여 다음과 같이 초기화된 인공 신경망을 구현하고 학습시켜 봅니다. 입력 값 i1, i2는 상수로 처리합니다.

▲ 그림 4-26

01-7 활성화 함수 적용하기

여기서는 sigmoid, tanh, ReLU 활성화 함수의 순전파와 역전파 수식을 살펴보고, 앞에서 NumPy를 이용해 구현한 인공 신경망에 활성화 함수를 적용하여 봅니다. 다음 그림은 활성화 함수의 순전파와 역전파 NumPy 수식을 나타냅니다.

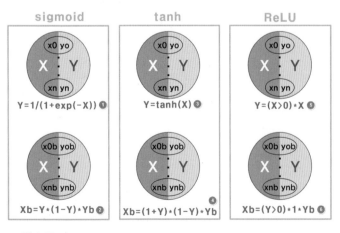

▲ 그림 4-27

이 그림에서 X, Y는 각각 x0~xn, y0~yn(n은 0보다 큰 정수)의 집합을 나타냅니다. 예를 들어, x0, y0는 하나의 노드 내에서 활성화 함수의 입력과 출력을 의미합니다. X, Y는 하나의 층 내에서 활성화 함수의 입력과 출력 행렬을 의미합니다.

이상에서 필요한 행렬 계산식을 정리하면 다음과 같습니다.

• 시그모이드 순전파와 역전파

$$Y = \frac{1}{1 + e^{-X}} \ \text{❶} \qquad X_b = Y(1 - Y)Y_b \ \text{❷}$$

• tanh 순전파와 역전파

$$Y = \tanh(X) \ \text{❸} \qquad X_b = (1 + Y)(1 - Y)Y_b \ \text{❹}$$

• ReLU 순전파와 역전파

$$Y = (X > 0)X \ \text{❺} \qquad X_b = (Y > 0)1\,Y_b \ \text{❻}$$

---

sigmoid 함수 적용해 보기

지금까지 정리한 행렬 계산식을 구현을 통해 살펴봅니다. 다음 그림을 살펴봅니다.

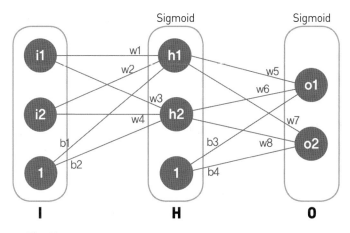

▲ 그림 4-28

1 이전 예제를 복사합니다.

2 다음과 같이 예제를 수정합니다.

417_1.py

```
01 from ulab import numpy as np
02
03 I = np.array([[.05, .10]])
04 T = np.array([[.01, .99]])
05 WH = np.array([[.15, .25],
```

```
06                  [.20, .30]])
07 BH = np.array([[.35, .35]])
08 WO = np.array([[.40, .50],
09                  [.45, .55]])
10 BO = np.array([[.60, .60]])
11
12 for epoch in range(1000):
13
14     print('epoch = %d' %epoch)
15
16     H = np.dot(I, WH) + BH
17     H = 1/(1+np.exp(-H)) # ❶
18
19     O = np.dot(H, WO) + BO
20     O = 1/(1+np.exp(-O)) # ❶
21
22     print(' O  =\n', O)
23
24     E = np.sum((O - T) ** 2 / 2)
25     if E < 0.0000001:
26             break
27
28     Ob = O - T
29     Ob = Ob*O*(1-O) # ❷
30
31     Hb = np.dot(Ob, WO.T)
32     Hb = Hb*H*(1-H) # ❷
33
34     WHb = np.dot(I.T, Hb)
35     BHb = 1 * Hb
36     WOb = np.dot(H.T, Ob)
37     BOb = 1 * Ob
38
39     lr = 0.01
40     WH = WH - lr * WHb
41     BH = BH - lr * BHb
42     WO = WO - lr * WOb
43     BO = BO - lr * BOb
```

17 : 은닉 층 H에 순전파 시그모이드 활성화 함수를 적용합니다.

20 : 출력 층 O에 순전파 시그모이드 활성화 함수를 적용합니다.

29 : 역 출력 층 Ob에 역전파 시그모이드 활성화 함수를 적용합니다.

32 : 역 은닉 층 Hb에 역전파 시그모이드 활성화 함수를 적용합니다.

③ ▶ 버튼을 눌러 프로그램을 실행시킵니다. 다음은 실행 결과 화면입니다.

```
epoch = 998
 O =
 array([[0.3059052, 0.8440722]], dtype=float32)
epoch = 999
 O =
 array([[0.3056745, 0.8441187]], dtype=float32)
```

▲ 그림 4-29

(999+1)번째에 o1, o2가 각각 0.306, 0.844가 됩니다.

④ 다음과 같이 예제를 수정합니다.

```
14 for epoch in range(10000):
```

⑤ ▶ 버튼을 눌러 프로그램을 실행시킵니다. 다음은 실행 결과 화면입니다.

```
epoch = 9998
 O =
 array([[0.0625474, 0.9427186]], dtype=float32)
epoch = 9999
 O =
 array([[0.06254376, 0.9427216]], dtype=float32)
```

▲ 그림 4-30

(9999+1)번째에 o1, o2가 각각 0.063, 0.943이 됩니다.

tanh 함수 적용해 보기

이번에는 이전 예제에 적용했던 sigmoid 함수를 tanh 함수로 변경해 봅니다. 다음 그림을 살펴봅니다.

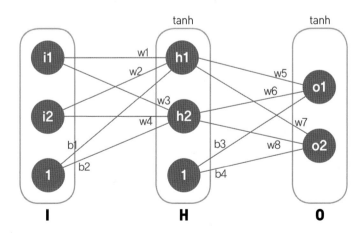

▲ 그림 4-31

① 이전 예제를 복사합니다.

```
417_2.py
16        H = np.dot(I, WH) + BH
17        H = np.tanh(H) # ❸
18
19        O = np.dot(H, WO) + BO
20        O = np.tanh(O) # ❸
```

17 : 은닉 층 H에 순전파 tanh 활성화 함수를 적용합니다.
20 : 출력 층 O에 순전파 tanh 활성화 함수를 적용합니다.

```
28        Ob = O - T
29        Ob = Ob*(1+O)*(1-O) # ❹
30
31        Hb = np.dot(Ob, WO.T)
32        Hb = Hb*(1+H)*(1-H) # ❹
```

29 : 역 출력 층 Ob에 역전파 tanh 활성화 함수를 적용합니다.
32 : 역 은닉 층 Hb에 역전파 tanh 활성화 함수를 적용합니다.

3 ▶ 버튼을 눌러 프로그램을 실행시킵니다. 다음은 실행 결과 화면입니다.

```
epoch = 9998
 O =
 array([[0.01010731, 0.9711369]], dtype=float32)
epoch = 9999
 O =
 array([[0.01010725, 0.9711382]], dtype=float32)
```

▲ 그림 4-32

(9999+1)번째에 o1, o2가 각각 0.010, 0.971이 됩니다.

ReLU 함수 적용해 보기

이번에는 이전 예제에 적용했던 tanh 함수를 ReLU 함수로 변경해 봅니다. 다음 그림을 살펴봅니다.

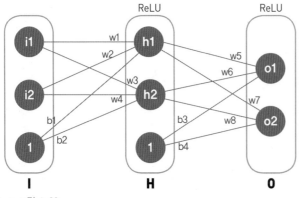

▲ 그림 4-33

1 이전 예제를 복사합니다.

2 다음과 같이 예제를 수정합니다.

```
417_3.py
16        H = np.dot(I, WH) + BH
17        H = (H>0)*H # ❸
18
19        O = np.dot(H, WO) + BO
20        O = (O>0)*O # ❸
```

17 : 은닉 층 H에 순전파 ReLU 활성화 함수를 적용합니다.
20 : 출력 층 O에 순전파 ReLU 활성화 함수를 적용합니다.

```
28        Ob = O - T
29        Ob = Ob*(O>0)*1 # ❹
30
31        Hb = np.dot(Ob, WO.T)
32        Hb = Hb*(H>0)*1 # ❹
```

29 : 역 출력 층 Ob에 역전파 ReLU 활성화 함수를 적용합니다.
32 : 역 은닉 층 Hb에 역전파 ReLU 활성화 함수를 적용합니다.

3 ▶ 버튼을 눌러 프로그램을 실행시킵니다. 다음은 실행 결과 화면입니다.

```
epoch = 664
 O =
 array([[0.01041593, 0.9898296]], dtype=float32)
epoch = 665
 O =
 array([[0.01041131, 0.9898315]], dtype=float32)
```

▲ 그림 4-34

(665+1)번째에 오차가 0.0000001(천만분의 1)보다 작아집니다. o1, o2는 각각 0.010, 0.990이 된 상태입니다. sigmoid, tanh 함수보다 결과가 훨씬 더 빨리 나오는 것을 볼 수 있습니다.

01-8 출력 층에 softmax 함수 적용해 보기

여기서는 출력 층에 소프트맥스 함수를 적용해 봅니다.

sigmoid와 softmax

먼저 은닉 층은 sigmoid, 출력 층은 softmax 활성화 함수를 적용해 봅니다. 다음 그림을 살펴봅니다.

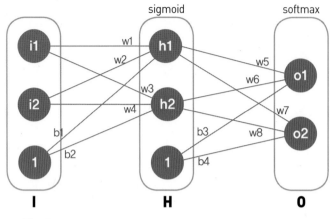

▲ 그림 4-35

■1 이전 예제를 복사합니다.

■2 다음과 같이 예제를 수정합니다.

```
418_1.py
01 from ulab import numpy as np
02
03 I = np.array([[.05, .10]])
04 T = np.array([[  0,   1]])
05 WH = np.array([[.15, .25],
06                [.20, .30]])
07 BH = np.array([[.35, .35]])
08 WO = np.array([[.40, .50],
09                [.45, .55]])
10 BO = np.array([[.60, .60]])
11
12 for epoch in range(10000):
13
14     print('epoch = %d' %epoch)
15
16     H = np.dot(I, WH) + BH
17     H = 1/(1+np.exp(-H))
18
19     O = np.dot(H, WO) + BO
20     OM = O - np.max(O)
21     O = np.exp(OM)/np.sum(np.exp(OM))
22
23     print(' O  =\n', O)
24
25     E = np.sum(-T*np.log(O))
26     if E < 0.0001:
```

```
27              break
28
29          Ob = 0 - T
30          # nothing for softmax + cross entropy error
31
32          Hb = np.dot(Ob, WO.T)
33          Hb = Hb*H*(1-H)
34
35          WHb = np.dot(I.T, Hb)
36          BHb = 1 * Hb
37          WOb = np.dot(H.T, Ob)
38          BOb = 1 * Ob
39
40          lr = 0.01
41          WH = WH - lr * WHb
42          BH = BH - lr * BHb
43          WO = WO - lr * WOb
44          BO = BO - lr * BOb
```

04 : 목표 값을 각각 0과 1로 변경합니다.

20, 21 : 출력 층의 활성화 함수를 소프트맥스로 변경합니다.

20 : O의 각 항목에서 O의 가장 큰 항목 값을 빼줍니다. 이렇게 하면 21 줄에서 오버플로우를 막을 수 있습니다. O에 대한 최종 결과는 같습니다. 자세한 내용은 [소프트맥스 오버플로우]를 검색해 봅니다.

25 : 오차 계산을 크로스 엔트로피 오차 형태의 수식으로 변경합니다. 소프트맥스 활성화 함수는 크로스 엔트로피 오차와 같이 사용합니다.

$$E = - \sum_k t_k \log o_k$$

26 : for 문을 빠져 나가는 오차 값을 0.0001로 변경합니다. 여기서 사용하는 값의 크기에 따라 학습의 정확도와 학습 시간이 결정됩니다.

29 : 소프트맥스 함수의 역전파 오차 계산 부분은 다음과 같습니다. 소프트맥스 함수는 크로스 엔트로피 함수와 같이 사용될 때 역전파 시 소프트맥스 함수를 역으로 거쳐 전파되는 오차가 다음과 같이 예측 값과 목표 값의 차가 됩니다.

$$o_{kb} = o_k - t_k$$

그래서 일반적으로 소프트맥스 함수를 활성화 함수로 사용할 경우 오차 함수는 크로스 엔트로피 오차 함수가 됩니다.

3 ▶ 버튼을 눌러 프로그램을 실행시킵니다. 다음은 실행 결과 화면입니다.

```
epoch = 9998
 O =
 array([[0.002483801, 0.9975162]], dtype=float32)
epoch = 9999
 O =
 array([[0.002483538, 0.9975165]], dtype=float32)
```

▲ 그림 4-36

(9999+1)번째에 o1, o2가 각각 0.002, 0.998이 됩니다.

tanh와 softmax

여기서는 은닉 층 활성화 함수를 tanh로 변경해 봅니다. 다음 그림을 살펴봅니다.

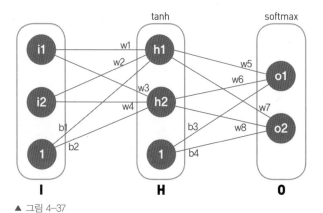

▲ 그림 4-37

1 이전 예제를 복사합니다.

2 다음과 같이 예제를 수정합니다.

```
418_2.py

16        H = np.dot(I, WH) + BH
17        H = np.tanh(H)
18
19        O = np.dot(H, WO) + BO
20        OM = O - np.max(O)
21        O = np.exp(OM)/np.sum(np.exp(OM))
```

17 : 은닉 층 H에 순전파 tanh 활성화 함수를 적용합니다.
20, 21 : 출력 층의 활성화 함수는 softmax입니다.

```
29        Ob = O - T
30        # nothing for softmax + cross entropy error
31
32        Hb = np.dot(Ob, WO.T)
33        Hb = Hb*(1+H)*(1-H)
```

29 : softmax 함수의 역전파 오차 계산 부분입니다.
33 : 역 은닉 층 Hb에 역전파 tanh 활성화 함수를 적용합니다.

3 ▶ 버튼을 눌러 프로그램을 실행시킵니다. 다음은 실행 결과 화면입니다.

```
epoch = 9998
 O =
 array([[0.001968064, 0.9980319]], dtype=float32)
epoch = 9999
 O =
 array([[0.001967852, 0.9980322]], dtype=float32)
```

(9999+1)번째에 o1, o2가 각각 0.002, 0.998이 됩니다.

▲ 그림 4-38

ReLU와 softmax

여기서는 은닉 층 활성화 함수를 ReLU로 변경해 봅니다. 다음 그림을 살펴봅니다.

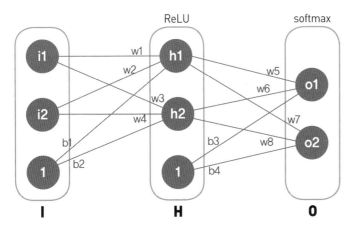

▲ 그림 4-39

1 이전 예제를 복사합니다.

2 다음과 같이 예제를 수정합니다.

```
418_3.py
16      H = np.dot(I, WH) + BH
17      H = (H>0)*H
18
19      O = np.dot(H, WO) + BO
20      OM = O - np.max(O)
21      O = np.exp(OM)/np.sum(np.exp(OM))
```

17 : 은닉 층 H에 순전파 ReLU 활성화 함수를 적용합니다.
20, 21 : 출력 층의 활성화 함수는 softmax입니다.

```
29      Ob = O - T
30      # nothing for softmax + cross entropy error
31
32      Hb = np.dot(Ob, WO.T)
33      Hb = Hb*(H>0)*1
```

29 : softmax 함수의 역전파 오차 계산 부분입니다.
33 : 역 은닉 층 Hb에 역전파 ReLU 활성화 함수를 적용합니다.

3 ▶ 버튼을 눌러 프로그램을 실행시킵니다. 다음은 실행 결과 화면입니다.

```
epoch = 9998
 O =
 array([[0.0008200751, 0.9991799]], dtype=float32)
epoch = 9999
 O =
 array([[0.0008199724, 0.99918]], dtype=float32)
```

(9999+1)번째에 o1, o2가 각각 0.010, 0.971이 됩니다.

▲ 그림 4–40

이상에서 NumPy의 행렬 계산식을 이용하여 출력 층의 활성화 함수는 소프트맥스, 오차 계산 함수는 크로스 엔트로피 오차 함수인 인공 신경망을 구현해 보았습니다.

01-9 인공 신경망 행렬 계산식

여기서는 인공 신경망의 순전파 역전파를 행렬 계산식으로 정리해 봅니다. 인공 신경망을 행렬 계산식으로 정리하면 인공 신경망의 크기, 깊이와 상관없이 간결하게 정리할 수 있습니다. 다음 그림은 입력 층, 은닉 층, 출력 층으로 구성된 인공 신경을 나타냅니다.

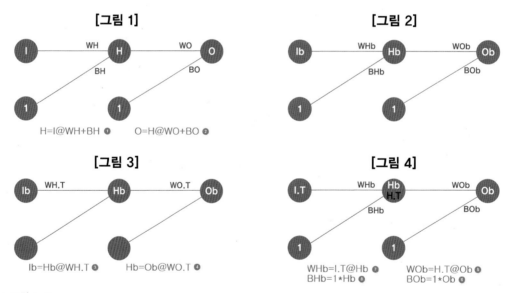

▲ 그림 4–41

[그림1]은 순전파 과정에 필요한 행렬과 행렬 계산식을 나타냅니다.

[그림2]는 역전파에 필요한 행렬입니다. 순전파에 대응되는 행렬이 모두 필요합니다.

[그림3]은 입력의 역전파에 필요한 행렬과 행렬 계산식을 나타냅니다.

[그림4]는 가중치와 편향의 역전파에 필요한 행렬과 행렬 계산식을 나타냅니다.

TIP ❸ Ib는 I 층이 앞부분에 또 다른 인공 신경과 연결되어 있을 경우 Hb처럼 해당 인공 신경으로 역전파되는 행렬 값입니다. 여기서 I는 은닉 층에 연결된 입력 층이므로 Ib의 수식은 필요치 않습니다.

TIP @ 문자는 행렬 곱을 의미합니다.

이상에서 필요한 행렬 계산식을 정리하면 다음과 같습니다.

- 순전파

$H = I@WH + BH$ **1**

$O = H@WO + BO$ **2**

- 역전파 오차

$Ob = O - T$

- 입력 역전파

$Hb = Ob@WO.T$ **4**

- 가중치, 편향 역전파

$WHb = I.T@Hb$ **7**

$BHb = 1*Hb$ **8**

$WOb = H.T@Ob$ **5**

$BOb = 1*Ob$ **6**

- 가중치 편향 학습

$WH = WH - lr*WHb$

$BH = BH - lr*BHb$

$WO = WO - lr*WOb$

$BO = BO - lr*BOb$

TIP lr은 학습률을 나타냅니다.

연습 문제

1 다음은 입력I 은닉H 은닉M 출력O의 심층 인공 신경망입니다. 이 신경망에는 2개의 은닉 층이 포함되어 있습니다. 일반적으로 은닉 층이 2층 이상일 경우 심층 인공 신경망이라고 합니다. 이 신경망의 입력 역전파 그래프와 가중치, 편향 역전파 그래프를 그리고 순전파, 역전파 행렬 계산식을 구합니다.

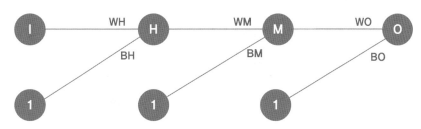

▲ 그림 4-42

2 다음은 입력I 은닉H 은닉M 은닉N 출력O의 심층 인공 신경망입니다. 이 신경망에는 3개의 은닉 층이 포함되어 있습니다. 일반적으로 은닉 층이 2층 이상일 경우 심층 인공 신경망이라고 합니다. 이 신경망의 입력 역전파 그래프와 가중치, 편향 역전파 그래프를 그리고 순전파, 역전파 행렬 계산식을 구합니다.

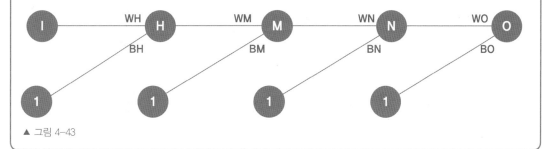

▲ 그림 4-43

01-10 가중치 초기화하기

여기서는 활성화 함수에 따라 은닉 층과 출력 층의 가중치를 초기화하는 방법에 대해 살펴보고 해당 방법을 적용하여 은닉 층과 출력 층의 가중치를 초기화한 후 학습을 시켜봅니다. 미리 말씀드리면 활성화 함수에 따른 가중치와 편향의 적절한 초기화는 인공 신경망 학습에 아주 중요한 부분입니다. 우리는 앞으로 수행할 예제에서 은닉 층의 활성화 함수로 ReLU를 사용하고 출력 층의 활성화 함수로 sigmoid나 softmax를 사용합니다. 출력 층의 활성화 함수를 sigmoid로 사용할 경우 오차 계산 함수는 평균 제곱 오차 함수를 사용하고, 출력 층의 활성화 함수를 softmax로 사용할 경우 오차 계산 함수는 크로스 엔트로피 오차 함수를 사용하도록 합니다. 다음 그림을 참조합니다.

ReLU–sigmoid–mse 신경망

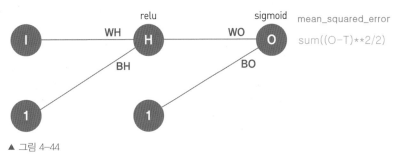

▲ 그림 4-44

ReLU–softmax–cee 신경망

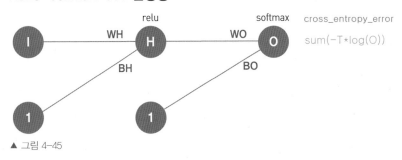

▲ 그림 4-45

ReLU와 He 초기화

ReLU 활성화 함수를 사용할 경우엔 Kaming He가 2010년에 발표한 He 초기화 방법을 사용합니다. 수식은 다음과 같습니다.

$$normal(mean = 0, stddev), stddev = \sqrt{\frac{2}{input}}$$

여기서 normal은 종모양의 정규 분포를 의미하며, mean은 평균값, stddev는 표준편차로 종모양이 퍼진 정도를 의미합니다. 이 수식을 적용하면 0에 가까운 값이 많도록 가중치가 초기화됩니다.

sigmoid, softmax와 Lecun 초기화

sigmoid와 softmax 활성화 함수를 사용할 경우엔 Yann Lecun 교수가 1998년에 발표한 Lecun 초기화 방법을 사용합니다. 수식은 다음과 같습니다.

$$normal(mean = 0, stddev), stddev = \sqrt{\frac{1}{input}}$$

여기서 normal은 종모양의 표준 정규 분포를 의미하며, mean은 평균값, stddev는 표준편차로 종모양이 퍼진 정도를 의미합니다. 이 수식을 적용하면 0에 가까운 값이 많도록 가중치가 초기화됩니다.

He와 Lecun 가중치 초기화하기

이제 He와 Lecun으로 가중치를 초기화하여 학습시켜 봅니다.

1 다음과 같이 예제를 작성합니다.

```
4110_1.py

01 from ulab import numpy as np
02 import urandom
03 import time
04 from math import sqrt, log
05
06 def randn() :
07
08      while True :
09              u = urandom.random() * 2 -1 # -1.0 ~ 1.0 까지의 값
10              v = urandom.random() * 2 -1 # -1.0 ~ 1.0 까지의 값
11
12              r = u * u + v * v;
13
14              if not(r == 0 or r >= 1) :
15                      break
16
17      c = sqrt( (-2 * log(r)) / r )
18
19      return u * c
20
21 NUM_I = 222 NUM_H = 2
23 NUM_O = 2
24
25 I = np.array([[.05, .10]])
26 T = np.array([[.01, .99]])
27 WH = np.zeros((NUM_I, NUM_H))
28 BH = np.zeros((1, NUM_H))
29 WO = np.zeros((NUM_H, NUM_O))
30 BO = np.zeros((1, NUM_O))
31
```

```
32 urandom.seed(time.time())
33
34 for m in range(NUM_I):
35     for n in range(NUM_H):
36         WH[m, n] = randn()/sqrt(NUM_I/2) # He
37
38 for m in range(NUM_H):
39     for n in range(NUM_O):
40         WO[m, n] = randn()/sqrt(NUM_H) # Lecun
41
42 print("WH =\n", WH)
43 print("WO =\n", WO)
44 print()
45
46 for epoch in range(1, 100001):
47
48     H = np.dot(I, WH) + BH
49     H = (H>0)*H # ReLU
50
51     O = np.dot(H, WO) + BO
52     O = 1/(1+np.exp(-O)) #sigmoid
53
54     E = np.sum((O-T)**2/2) #mean squared error
55
56     if epoch==1 :
57             print("epoch  = %d" %epoch)
58             print("Error  = %.4f" %E)
59             print("output =", O)
60             print()
61
62     if E<0.001 or epoch == 100000:
63             print("epoch  = %d" %epoch)
64             print("Error  = %.4f" %E)
65             print("output =", O)
66             break
67
68     Ob = O - T
69     Ob = Ob*O*(1-O) #sigmoid
70
71     Hb = np.dot(Ob, WO.T)
72     Hb = Hb*(H>0)*1 # ReLU
73
74     WHb = np.dot(I.T, Hb)
75     BHb = 1 * Hb
76     WOb = np.dot(H.T, Ob)
77     BOb = 1 * Ob
78
79     lr = 0.01
80     WH = WH - lr * WHb
81     BH = BH - lr * BHb
82     WO = WO - lr * WOb
83     BO = BO - lr * BOb
```

01   : ulab 하위 모듈인 numpy 모듈을 np라는 이름으로 불러옵니다.

02   : urandom 모듈을 불러옵니다.

03   : time 모듈을 불러옵니다.

04   : math 모듈로부터 sqrt, log 함수를 불러옵니다.

06~19 : randn 함수를 정의합니다. randn 함수는 표준 정규 분포에 따른 난수를 생성하는 함수입니다. randn 함수에 대한 설명은 따로 하지 않습니다.

21   : NUM_I 변수를 선언한 후, 2로 초기화합니다. NUM_I 변수는 입력층 노드의 개수를 저장합니다.

22   : NUM_H 변수를 선언한 후, 2로 초기화합니다. NUM_H 변수는 은닉층 노드의 개수를 저장합니다.

23   : NUM_O 변수를 선언한 후, 2로 초기화합니다. NUM_O 변수는 출력층 노드의 개수를 저장합니다.

27   : 초기 값 0을 갖는 NUM_I x NUM_H 행렬을 생성한 후, 가중치 변수 WH에 할당합니다.

28   : 초기 값 0을 갖는 1 x NUM_H 행렬을 생성한 후, 편향 변수 BH에 할당합니다. 일반적으로 편향의 초기 값은 0으로 시작합니다.

29   : 초기 값 0을 갖는 NUM_H x NUM_O 행렬을 생성한 후, 가중치 변수 WO에 할당합니다.

30   : 초기 값 0을 갖는 1 x NUM_O 행렬을 생성한 후, 편향 변수 BO에 할당합니다. 일반적으로 편향의 초기 값은 0으로 시작합니다.

32   : urandom.seed 함수를 호출하여 난수 생성기를 초기화합니다. time.time 함수는 초단위의 현재 시간을 내어줍니다.

34~36 : WH 행렬의 각 항목에 대해 He 초기화를 수행합니다.

38~40 : WO 행렬의 각 항목에 대해 Lecun 초기화를 수행합니다.

42, 43 : print 함수를 호출하여 WH, WO 값을 출력해 봅니다.

46   : epoch 변수 1에서 100001(십만일) 미만에 대하여 48~83줄을 수행합니다.

49   : 은닉 층의 활성화 함수를 ReLU로 사용합니다.

52   : 출력 층의 활성화 함수를 sigmoid로 사용합니다.

54   : 오차 계산 함수는 평균 제곱 오차를 사용합니다.

56~60 : epoch값이 1일 때, 즉, 처음 시작할 때, 오차 값과 예측 값을 출력합니다.

62~66 : 오차 값이 0.001(천분의 일)보다 작을 때, 오차 값과 예측 값을 출력한 후, 46줄의 for문을 나옵니다.

69   : 출력 층의 역 활성화 함수를 sigmoid로 사용합니다.

72   : 은닉 층의 역 활성화 함수를 ReLU로 사용합니다.

3 ▶ 버튼을 눌러 프로그램을 실행시킵니다. 다음은 실행 결과 화면입니다.

```
WH =
 array([[-0.5129153, -0.1467497],
        [0.01298038, -0.4916947]], dtype=float32)
WO =
 array([[-0.9509138, 1.293943],
        [0.6510501, -0.2956532]], dtype=float32)

epoch  = 1
Error  = 0.2401
output = array([[0.5, 0.5]], dtype=float32)

epoch  = 40533
Error  = 0.0010
output = array([[0.04162265, 0.9583774]], dtype=float32)
```

▲ 그림 4-46

필자의 경우 40533번 학습을 수행하였으며, 오차는 0.0010이고, 첫 번째 항목의 값은 0.04, 두 번째 항목은 0.96입니다. 가중치 초기 값에 따라 독자 여러분의 결과는 다를 수 있습니다.

02 _ NumPy DNN 활용하기

여기서는 지금까지 구현한 인공 신경망 라이브러리를 활용해 인공 신경망을 확장해 봅니다.
인공 신경망 라이브러리를 이용하면, 인공 신경망을 좀 더 자유롭게 구성하고 테스트해 볼 수 있습니다. 예를 들어, 다음과 같은 형태의 인공 신경망을 구성해서 테스트해 볼 수 있습니다.

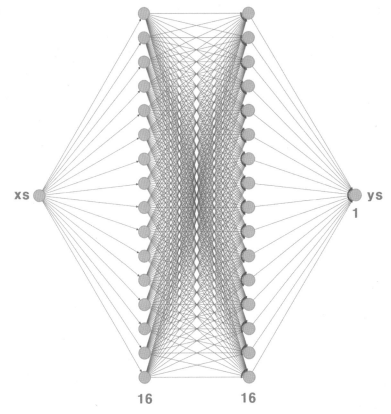

▲ 그림 4-47

02-1 7 세그먼트 입력 2 진수 출력 인공 신경망

여기서는 7 세그먼트에 숫자 값에 따라 표시되는 LED의 ON, OFF 값을 입력으로 받아 2 진수로 출력하는 인공 신경망을 구성하고 학습시켜 봅니다. 다음은 7 세그먼트 디스플레이 2진수 연결 진리표입니다.

7 세그먼트 디스플레이
2 진수 연결 진리표

In	In	In	In	In	In	In	Out	Out	Out	Out
1	1	1	1	1	1	0	0	0	0	0
0	1	1	0	0	0	0	0	0	0	1
1	1	0	1	1	0	1	0	0	1	0
1	1	1	1	0	0	1	0	0	1	1
0	1	1	0	0	1	1	0	1	0	0
1	0	1	1	0	1	1	0	1	0	1
0	0	1	1	1	1	1	0	1	1	0
1	1	1	0	0	0	0	0	1	1	1
1	1	1	1	1	1	1	1	0	0	0
1	1	1	0	0	1	1	1	0	0	1

5 = 1011011 ➡ 0101

▲ 그림 4-48

그림에서 7 세그먼트에 5로 표시되기 위해 7개의 LED가 1011011(1-ON, 0-OFF)의 비트열에 맞춰 켜지거나 꺼져야 합니다. 해당 비트열에 대응하는 이진수는 0101입니다. 여기서는 다음 그림과 같이 7개의 입력, 8개의 은닉 층, 4개의 출력 층으로 구성된 인공 신경망을 학습시켜 봅니다.

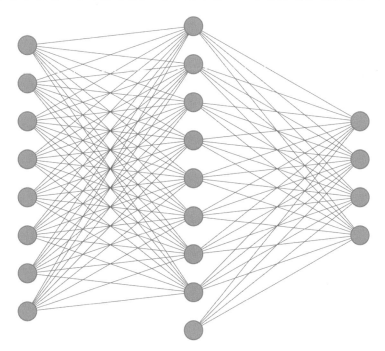

▲ 그림 4-49

다음은 행렬을 이용하여 나타낸 I-H-O 인공 신경망입니다. 이 신경망은 순전파 과정을 나타냅니다.

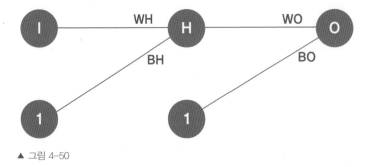

▲ 그림 4-50

다음은 역전파 과정을 나타냅니다.

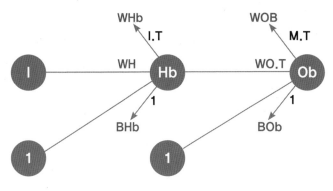

▲ 그림 4-51

1 다음은 앞에서 라즈베리파이 피코에 저장한 파일입니다. 파일을 확인합니다.

```
myrandn.py

01 import urandom
02 from math import sqrt, log
03
04 def randn() :
05
06     while True :
07         u = urandom.random() * 2 -1 # -1.0 ~ 1.0 까지의 값
08         v = urandom.random() * 2 -1 # -1.0 ~ 1.0 까지의 값
09
10         r = u * u + v * v;
11
12         if not(r == 0 or r >= 1) :
13                 break
14
15     c = sqrt( (-2 * log(r)) / r )
16
17     return u * c
```

2 4110_1.py 예제를 421_1.py로 저장합니다.

3 다음과 같이 예제를 수정합니다.

421_1.py

```
01 from ulab import numpy as np
02 import urandom
03 import time
04 from math import sqrt
05 from myrandn import *
06
07 NUM_PATTERN = 10
08 NUM_I = 7
09 NUM_H = 8
10 NUM_O = 4
11
12 I = [
13     np.array([[ 1, 1, 1, 1, 1, 1, 0 ]]),   # 0
14     np.array([[ 0, 1, 1, 0, 0, 0, 0 ]]),   # 1
15     np.array([[ 1, 1, 0, 1, 1, 0, 1 ]]),   # 2
16     np.array([[ 1, 1, 1, 1, 0, 0, 1 ]]),   # 3
17     np.array([[ 0, 1, 1, 0, 0, 1, 1 ]]),   # 4
18     np.array([[ 1, 0, 1, 1, 0, 1, 1 ]]),   # 5
19     np.array([[ 0, 0, 1, 1, 1, 1, 1 ]]),   # 6
20     np.array([[ 1, 1, 1, 0, 0, 0, 0 ]]),   # 7
21     np.array([[ 1, 1, 1, 1, 1, 1, 1 ]]),   # 8
22     np.array([[ 1, 1, 1, 0, 0, 1, 1 ]])    # 9
23 ]
24 T = [
25     np.array([[ 0, 0, 0, 0 ]]),
26     np.array([[ 0, 0, 0, 1 ]]),
27     np.array([[ 0, 0, 1, 0 ]]),
28     np.array([[ 0, 0, 1, 1 ]]),
29     np.array([[ 0, 1, 0, 0 ]]),
30     np.array([[ 0, 1, 0, 1 ]]),
31     np.array([[ 0, 1, 1, 0 ]]),
32     np.array([[ 0, 1, 1, 1 ]]),
33     np.array([[ 1, 0, 0, 0 ]]),
34     np.array([[ 1, 0, 0, 1 ]])
35 ]
36 O = [np.zeros((1, NUM_O)) for no in range(NUM_PATTERN)]
37 WH = np.zeros((NUM_I, NUM_H))
38 BH = np.zeros((1, NUM_H))
39 WO = np.zeros((NUM_H, NUM_O))
40 BO = np.zeros((1, NUM_O))
41
42 urandom.seed(time.time())
```

```
43
44  for m in range(NUM_I):
45      for n in range(NUM_H):
46          WH[m, n] = randn()/sqrt(NUM_I/2) # He
47
48  for m in range(NUM_H):
49      for n in range(NUM_O):
50          WO[m, n] = randn()/sqrt(NUM_H) # Lecun
51
52  for epoch in range(1, 100001):
53
54      H = np.dot(I[2], WH) + BH
55      H = (H>0)*H # ReLU
56
57      O[2] = np.dot(H, WO) + BO
58      O[2] = 1/(1+np.exp(-O[2])) #sigmoid
59
60      E = np.sum((O[2]-T[2])**2/2) #mean squared error
61
62      if epoch==1 :
63              print("epoch  = %d" %epoch)
64              print("Error  = %.4f" %E)
65              print("output =", O[2])
66              print()
67
68      if E<0.001 or epoch == 100000:
69              print("epoch  = %d" %epoch)
70              print("Error  = %.4f" %E)
71              print("output =", O[2])
72              break
73
74      Ob = O[2] - T[2]
75      Ob = Ob*O[2]*(1-O[2]) #sigmoid
76
77      Hb = np.dot(Ob, WO.T)
78      Hb = Hb*(H>0)*1 # ReLU
79
80      WHb = np.dot(I[2].T, Hb)
81      BHb = 1 * Hb
82      WOb = np.dot(H.T, Ob)
83      BOb = 1 * Ob
84
85      lr = 0.01
86      WH = WH - lr * WHb
87      BH = BH - lr * BHb
88      WO = WO - lr * WOb
89      BO = BO - lr * BOb
```

05 : myrandn 모듈의 함수를 불러옵니다.

07 : NUM_PATTERN 변수를 선언한 후, 10으로 초기화합니다. NUM_PATTERN 변수는 다음 진리표의 가로줄의 개수입니다.

7 세그먼트 디스플레이
2 진수 연결 진리표

In	In	In	In	In	In	In	Out	Out	Out	Out
1	1	1	1	1	1	0	0	0	0	0
0	1	1	0	0	0	0	0	0	0	1
1	1	0	1	1	0	1	0	0	1	0
1	1	1	1	0	0	1	0	0	1	1
0	1	1	0	0	1	1	0	1	0	0
1	0	1	1	0	1	1	0	1	0	1
0	0	1	1	1	1	1	0	1	1	0
1	1	1	0	0	0	0	0	1	1	1
1	1	1	1	1	1	1	1	0	0	0
1	1	1	0	0	1	1	1	0	0	1

= 1011011 ➡ 0101

▲ 그림 4-51

08 : NUM_I 변수를 선언한 후, 7로 초기화합니다.

09 : NUM_H 변수를 선언한 후, 8로 초기화합니다.

10 : NUM_O 변수를 선언한 후, 4로 초기화합니다.

12~23 : (1 x 7) 크기의 2차 행렬을 항목으로 갖는 리스트 I를 선언한 후, 진리표의 입력 값에 맞게 2차 행렬 값을 초기화합니다. ulab의 numpy는 3차 이상의 행렬을 지원하지 않습니다. 그래서 2차 행렬을 항목으로 갖는 리스트를 이용합니다.

24~35 : (1 x 4) 크기의 2차 행렬을 항목으로 갖는 리스드 T를 선인한 후, 진리표의 입력 값에 맞게 2차 행렬 값을 초기화합니다. ulab의 numpy는 3차 이상의 행렬을 지원하지 않습니다. 그래서 2차 행렬을 항목으로 갖는 리스트를 이용합니다.

36 : (1 x NUM_O) 크기의 0으로 초기화된 2차 행렬을 항목으로 갖는 리스트 O를 선언합니다. 항목의 개수는 NUM_PATTERN입니다.

37~40 : 가중치와 편향 행렬의 모양을 위 그림에 맞게 변경합니다.

54, 80 : I을 I[2]로 변경합니다. I 행렬의 2번 항목을 입력 값으로 학습 테스트를 수행합니다.

60, 74 : T을 T[2]로 변경합니다. T 행렬의 2번 항목을 목표 값으로 학습 테스트를 수행합니다.

57, 58, 60, 65, 71, 74, 75 : O를 O[2]로 변경합니다. O 행렬의 2번 항목을 예측 값으로 학습 테스트를 수행합니다. 58, 75 줄의 경우 2 군데씩 수정합니다.

4 ▶ 버튼을 눌러 프로그램을 실행시킵니다. 다음은 실행 결과 화면입니다.

```
epoch  = 1
Error  = 0.6434
output = array([[0.6071887, 0.5036945, 0.4328424, 0.5854818]], dtype=float32)

epoch  = 4253
Error  = 0.0010
output = array([[0.02248295, 0.02353702, 0.9773762, 0.02070251]], dtype=float32)
```

▲ 그림 4-52

필자의 경우 4253번 학습을 수행하였으며, 오차는 0.0010이고, 첫 번째, 두 번째, 네 번째 항목의 값은 0에 가깝고, 세 번째 항목의 값은 1에 가깝습니다. 다음 그림에서 진리표의 2번 항목에 맞게 학습된 것을 볼 수 있습니다.

7 세그먼트 디스플레이
2 진수 연결 진리표

In	In	In	In	In	In	In	Out	Out	Out	Out
1	1	1	1	1	1	0	0	0	0	0
0	1	1	0	0	0	0	0	0	0	1
1	1	0	1	1	0	1	0	0	1	0
1	1	1	1	0	0	1	0	0	1	1
0	1	1	0	0	1	1	0	1	0	0
1	0	1	1	0	1	1	0	1	0	1
0	0	1	1	1	1	1	0	1	1	0
1	1	1	0	0	0	0	0	1	1	1
1	1	1	1	1	1	1	1	0	0	0
1	1	1	0	0	1	1	1	0	0	1

 = 1011011 ➡ 0101

▲ 그림 4-53

02-2 7 세그먼트 입력 2 진수 출력 인공 신경망 2

계속해서 7 세그먼트에 숫자 값에 따라 표시되는 LED의 ON, OFF 값을 입력으로 받아 2 진수로 출력하는 인공 신경망을 구성하고 학습시켜 봅니다. 여기서는 다음 진리표의 전체 입력 값에 대해 목표 값에 대응되도록 학습을 시켜봅니다.

7 세그먼트 디스플레이
2 진수 연결 진리표

In	In	In	In	In	In	In	Out	Out	Out	Out
1	1	1	1	1	1	0	0	0	0	0
0	1	1	0	0	0	0	0	0	0	1
1	1	0	1	1	0	1	0	0	1	0
1	1	1	1	0	0	1	0	0	1	1
0	1	1	0	0	1	1	0	1	0	0
1	0	1	1	0	1	1	0	1	0	1
0	0	1	1	1	1	1	0	1	1	0
1	1	1	0	0	0	0	0	1	1	1
1	1	1	1	1	1	1	1	0	0	0
1	1	1	0	0	1	1	1	0	0	1

 = 1011011 ➡ 0101

▲ 그림 4-54

1 먼저 421_1.py 예제를 422_1.py로 저장합니다.

2 다음과 같이 예제를 작성합니다.

422_1.py

```
01 from ulab import numpy as np
02 import urandom
03 import time
04 from math import sqrt
05 from myrandn import *
06
07 NUM_PATTERN = 10
08 NUM_I = 7
09 NUM_H = 8
10 NUM_O = 4
11
12 I = [
13     np.array([[ 1, 1, 1, 1, 1, 1, 0 ]]),  # 0
14     np.array([[ 0, 1, 1, 0, 0, 0, 0 ]]),  # 1
15     np.array([[ 1, 1, 0, 1, 1, 0, 1 ]]),  # 2
16     np.array([[ 1, 1, 1, 1, 0, 0, 1 ]]),  # 3
17     np.array([[ 0, 1, 1, 0, 0, 1, 1 ]]),  # 4
18     np.array([[ 1, 0, 1, 1, 0, 1, 1 ]]),  # 5
19     np.array([[ 0, 0, 1, 1, 1, 1, 1 ]]),  # 6
20     np.array([[ 1, 1, 1, 0, 0, 0, 0 ]]),  # 7
21     np.array([[ 1, 1, 1, 1, 1, 1, 1 ]]),  # 8
22     np.array([[ 1, 1, 1, 0, 0, 1, 1 ]])   # 9
23 ]
24 T = [
25     np.array([[ 0, 0, 0, 0 ]]),
26     np.array([[ 0, 0, 0, 1 ]]),
27     np.array([[ 0, 0, 1, 0 ]]),
28     np.array([[ 0, 0, 1, 1 ]]),
29     np.array([[ 0, 1, 0, 0 ]]),
30     np.array([[ 0, 1, 0, 1 ]]),
31     np.array([[ 0, 1, 1, 0 ]]),
32     np.array([[ 0, 1, 1, 1 ]]),
33     np.array([[ 1, 0, 0, 0 ]]),
34     np.array([[ 1, 0, 0, 1 ]])
35 ]
36 O = [np.zeros((1, NUM_O)) for no in range(NUM_PATTERN)]
37 WH = np.zeros((NUM_I, NUM_H))
38 BH = np.zeros((1, NUM_H))
39 WO = np.zeros((NUM_H, NUM_O))
40 BO = np.zeros((1, NUM_O))
41
42 urandom.seed(time.time())
43
44 for m in range(NUM_I):
45     for n in range(NUM_H):
```

```
46          WH[m, n] = randn()/sqrt(NUM_I/2) # He
47
48 for m in range(NUM_H):
49     for n in range(NUM_O):
50         WO[m, n] = randn()/sqrt(NUM_H) # Lecun
51
52 for epoch in range(1, 10001):
53
54     for pc in range(NUM_PATTERN) :
55
56             H = np.dot(I[pc], WH) + BH
57             H = (H>0)*H # ReLU
58
59             O[pc] = np.dot(H, WO) + BO
60             O[pc] = 1/(1+np.exp(-O[pc])) #sigmoid
61
62             E = np.sum((O[pc]-T[pc])**2/2) #mean squared error
63
64             Ob = O[pc] - T[pc]
65             Ob = Ob*O[pc]*(1-O[pc]) #sigmoid
66
67             Hb = np.dot(Ob, WO.T)
68             Hb = Hb*(H>0)*1 # ReLU
69
70             WHb = np.dot(I[pc].T, Hb)
71             BHb = 1 * Hb
72             WOb = np.dot(H.T, Ob)
73             BOb = 1 * Ob
74
75             lr = 0.01
76             WH = WH - lr * WHb
77             BH = BH - lr * BHb
78             WO = WO - lr * WOb
79             BO = BO - lr * BOb
80
81     if epoch%100==0 :
82             print("epoch : %5d" %(epoch))
83
84 print()
85
86 for pc in range(NUM_PATTERN) :
87     print("target %d : "%pc, end='')
88     for node in range(NUM_O) :
89             print("%.0f "%T[pc][0][node], end='')
90     print("pattern %d : "%pc, end='');
91     for node in range(NUM_O) :
92             print("%.2f "%O[pc][0][node], end='')
93     print()
```

52   : epoch 변수를 1000001(백만일) 미만에서 10001(일만일) 미만으로 변경합니다.

54   : pc 변수 0에서 NUM_PATTERN 미만에 대하여 56~79줄을 수행합니다.

56, 59, 60, 62, 64, 65, 70 : 숫자 2를 pc로 변경합니다. 60, 62, 64, 65줄은 두 군데 변경합니다.

62~64 : if 조건문 2개를 없앱니다.

81   : epoch값이 100의 배수가 될 때마다 현재 학습 회수를 출력합니다.

84   : 개 행 문자를 출력합니다.

86~93 : 학습이 끝난 후에 목표 값과 예측 값을 출력하여 비교합니다.

3 ▶ 버튼을 눌러 프로그램을 실행시킵니다. 다음은 실행 결과 화면입니다.

```
epoch : 10000

target 0 : 0 0 0 0 pattern 0 : 0.03 0.02 0.02 0.03
target 1 : 0 0 0 1 pattern 1 : 0.01 0.07 0.06 0.96
target 2 : 0 0 1 0 pattern 2 : 0.03 0.00 0.99 0.00
target 3 : 0 0 1 1 pattern 3 : 0.00 0.03 0.99 1.00
target 4 : 0 1 0 0 pattern 4 : 0.03 0.94 0.00 0.02
target 5 : 0 1 0 1 pattern 5 : 0.03 0.97 0.03 1.00
target 6 : 0 1 1 0 pattern 6 : 0.00 0.98 0.97 0.00
target 7 : 0 1 1 1 pattern 7 : 0.00 0.93 0.94 1.00
target 8 : 1 0 0 0 pattern 8 : 0.95 0.00 0.00 0.01
target 9 : 1 0 0 1 pattern 9 : 0.97 0.05 0.00 1.00
```

▲ 그림 4-55

학습을 1만 번 수행한 후에 목표 값의 0과 1에 예측 값이 가까운 값을 갖는지 확인합니다.

02-3 입력 데이터 임의로 섞기

여기서는 매 회기마다 입력 데이터를 임의로 섞어 인공 신경망을 학습 시켜봅니다. 입력 데이터를 임의로 섞으면 인공 신경망 학습에 도움이 됩니다.

1 먼저 422_1.py 예제를 423_1.py로 저장합니다.

2 다음과 같이 파일을 수정합니다.

```
423_1.py

001 from ulab import numpy as np
002 import urandom
003 import time
004 from math import sqrt
005 from myrandn import *
006
007 NUM_PATTERN = 10
008 NUM_I = 7
009 NUM_H = 8
010 NUM_O = 4
```

```
012 I = [
013     np.array([[ 1, 1, 1, 1, 1, 1, 0 ]]),   # 0
014     np.array([[ 0, 1, 1, 0, 0, 0, 0 ]]),   # 1
015     np.array([[ 1, 1, 0, 1, 1, 0, 1 ]]),   # 2
016     np.array([[ 1, 1, 1, 1, 0, 0, 1 ]]),   # 3
017     np.array([[ 0, 1, 1, 0, 0, 1, 1 ]]),   # 4
018     np.array([[ 1, 0, 1, 1, 0, 1, 1 ]]),   # 5
019     np.array([[ 0, 0, 1, 1, 1, 1, 1 ]]),   # 6
020     np.array([[ 1, 1, 1, 0, 0, 0, 0 ]]),   # 7
021     np.array([[ 1, 1, 1, 1, 1, 1, 1 ]]),   # 8
022     np.array([[ 1, 1, 1, 0, 0, 1, 1 ]])    # 9
023 ]
024 T = [
025     np.array([[ 0, 0, 0, 0 ]]),
026     np.array([[ 0, 0, 0, 1 ]]),
027     np.array([[ 0, 0, 1, 0 ]]),
028     np.array([[ 0, 0, 1, 1 ]]),
029     np.array([[ 0, 1, 0, 0 ]]),
030     np.array([[ 0, 1, 0, 1 ]]),
031     np.array([[ 0, 1, 1, 0 ]]),
032     np.array([[ 0, 1, 1, 1 ]]),
033     np.array([[ 1, 0, 0, 0 ]]),
034     np.array([[ 1, 0, 0, 1 ]])
035 ]
036 O = [np.zeros((1, NUM_O)) for no in range(NUM_PATTERN)]
037 WH = np.zeros((NUM_I, NUM_H))
038 BH = np.zeros((1, NUM_H))
039 WO = np.zeros((NUM_H, NUM_O))
040 BO = np.zeros((1, NUM_O))
041
042 shuffled_pattern = [pc for pc in range(NUM_PATTERN)] #정수로!
043
044 urandom.seed(time.time())
045
046 for m in range(NUM_I):
047     for n in range(NUM_H):
048         WH[m, n] = randn()/sqrt(NUM_I/2) # He
049
050 for m in range(NUM_H):
051     for n in range(NUM_O):
052         WO[m, n] = randn()/sqrt(NUM_H) # Lecun
053
054 for epoch in range(1, 10001):
055
056     tmp_a = 0;
057     tmp_b = 0;
```

```
058     for pc in range(NUM_PATTERN) :
059             tmp_a = urandom.randrange(0,NUM_PATTERN)
060             tmp_b = shuffled_pattern[pc]
061             shuffled_pattern[pc] = shuffled_pattern[tmp_a]
062             shuffled_pattern[tmp_a] = tmp_b
063
064     sumError = 0.
065
066     for rc in range(NUM_PATTERN) :
067
068             pc = shuffled_pattern[rc]
069
070             H = np.dot(I[pc], WH) + BH
071             H = (H>0)*H # ReLU
072
073             O[pc] = np.dot(H, WO) + BO
074             O[pc] = 1/(1+np.exp(-O[pc])) #sigmoid
075
076             E = np.sum((O[pc]-T[pc])**2/2) #mean squared error
077
078             sumError += E
079
080             Ob = O[pc] - T[pc]
081             Ob = Ob*O[pc]*(1-O[pc]) #sigmoid
082
083             Hb = np.dot(Ob, WO.T)
084             Hb = Hb*(H>0)*1 # ReLU
085
086             WHb = np.dot(I[pc].T, Hb)
087             BHb = 1 * Hb
088             WOb = np.dot(H.T, Ob)
089             BOb = 1 * Ob
090
091             lr = 0.01
092             WH = WH - lr * WHb
093             BH = BH - lr * BHb
094             WO = WO - lr * WOb
095             BO = BO - lr * BOb
096
097     if epoch%100==0 :
098             print("epoch : %5d, sum error : %f" %(epoch, sumError))
099             for i in range(NUM_I) :
100                     for j in range(NUM_H) :
101                             print("%7.3f "%WH[i][j], end='')
102                     print()
103
```

```
104        if sumError<0.0001 : break
105
106 print()
107
108 for pc in range(NUM_PATTERN) :
109        print("target %d : "%pc, end='')
110        for node in range(NUM_O) :
111                print("%.0f "%T[pc][0][node], end='')
112        print("pattern %d : "%pc, end='');
113        for node in range(NUM_O) :
114                print("%.2f "%O[pc][0][node], end='')
115        print()
```

042 : NUM_PATTERN 개수의 정수 배열 shuffled_pattern을 선언하고, 각 항목을 순서대로 초기화해 줍니다.

056, 057 : 입력 데이터의 순서를 변경하기 위해 사용할 정수 변수 2개를 선언합니다.

058 : pc 변수에 대해 0에서 NUM_PATTERN 미만에 대하여 059~062줄을 수행합니다.

059 : urandom.randrange 함수를 호출하여 0에서 NUM_PATTERN 미만 사이 값을 생성하여 tmp_a 변수에 할당합니다. 이 예제에서는 0에서 10 미만 사이의 값이 생성됩니다.

060~062 : shuffled_pattern의 tmp_a 번째 항목과 pc 번째 항목을 서로 바꿔줍니다.

064 : sumError 변수를 선언한 후, 0.0으로 초기화해줍니다.

066 : 이전 예제에서 pc를 rc로 변경해 줍니다.

068 : shuffled_pattern의 rc 번째 항목을 pc로 가져옵니다.

070~076 : 이전 예제와 같습니다.

078 : 076줄에서 얻은 오차 값을 sumError에 더해줍니다.

99~102 : 현재까지 학습된 가중치 WH 값을 출력해 봅니다.

104 : sumError 값이 0.0001보다 작으면 066줄의 for 문을 빠져 나와 106줄로 이동합니다.

108~115 : 이전 예제와 같습니다. 목표 값과 예측 값을 출력합니다.

3 ▶ 버튼을 눌러 프로그램을 실행시킵니다. 다음은 실행 결과 화면입니다.

```
epoch : 10000, sum error : 0.013842
 -2.244    3.470   -0.302    1.025    3.256   -0.266   -0.402   -0.977
  1.102   -1.198    0.703    1.403    1.638   -0.757    2.133   -0.252
  0.417    0.956   -0.647   -0.339    1.375   -0.397   -0.573    1.137
  0.135    0.696   -0.280    0.250   -0.216   -0.294    1.790   -0.991
  0.138   -1.072    0.341   -1.226   -0.619   -0.059    1.115   -1.291
 -1.149   -1.935   -0.421   -2.193    0.143   -0.456    0.614    1.299
 -1.095   -2.089   -0.548    0.507   -0.002    0.664   -0.168    0.428

target 0 : 0 0 0 0 pattern 0 : 0.05 0.04 0.04 0.02
target 1 : 0 0 0 1 pattern 1 : 0.01 0.03 0.03 0.97
target 2 : 0 0 1 0 pattern 2 : 0.02 0.00 0.99 0.02
target 3 : 0 0 1 1 pattern 3 : 0.00 0.03 0.99 1.00
target 4 : 0 1 0 0 pattern 4 : 0.03 0.98 0.01 0.03
target 5 : 0 1 0 1 pattern 5 : 0.02 0.98 0.02 0.97
target 6 : 0 1 1 0 pattern 6 : 0.00 0.95 0.94 0.00
target 7 : 0 1 1 1 pattern 7 : 0.00 0.96 0.96 1.00
target 8 : 1 0 0 0 pattern 8 : 0.95 0.00 0.00 0.01
target 9 : 1 0 0 1 pattern 9 : 0.97 0.02 0.00 0.99
```

▲ 그림 4-57

학습이 진행됨에 따라 가중치 값이 갱신되는 것을 볼 수 있습니다. 학습이 끝나기 전 마지막 1회 가중치 갱신 결과를 볼 수 있으며, 마지막에는 학습된 결과의 예측 값을 목표 값과 비교하여 보여줍니다. 예측 값이 목표 값에 적당히 가까운 것을 볼 수 있습니다. 예측 값을 목표 값에 더 가깝게 하려면 훈련의 횟수를 늘리면 됩니다.

02-4 은닉층 추가하기

여기서는 은닉층을 하나 더 추가해 봅니다. 일반적으로 은닉층의 개수가 2개 이상일 때 심층 인공 신경망이라고 합니다. 다음은 은닉층 M이 추가된 I-H-M-O 심층 인공 신경망입니다. 이 신경망은 순전파 과정을 나타냅니다.

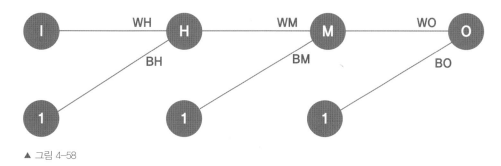

▲ 그림 4-58

다음은 역전파 과정을 나타냅니다.

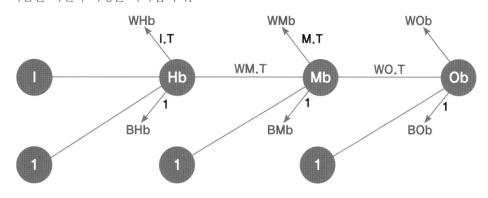

▲ 그림 4-59

1 먼저 423_1.py 예제를 424_1.py로 저장합니다.

2 다음과 같이 파일을 수정합니다.

```
424_1.py
```

```python
001 from ulab import numpy as np
002 import urandom
003 import time
004 from math import sqrt
005 from myrandn import *
006
007 NUM_PATTERN = 10
008 NUM_I = 7
009 NUM_H = 16
010 NUM_M = 16
011 NUM_O = 4
012
013 I = [
014     np.array([[ 1, 1, 1, 1, 1, 1, 0 ]]),   # 0
015     np.array([[ 0, 1, 1, 0, 0, 0, 0 ]]),   # 1
016     np.array([[ 1, 1, 0, 1, 1, 0, 1 ]]),   # 2
017     np.array([[ 1, 1, 1, 1, 0, 0, 1 ]]),   # 3
018     np.array([[ 0, 1, 1, 0, 0, 1, 1 ]]),   # 4
019     np.array([[ 1, 0, 1, 1, 0, 1, 1 ]]),   # 5
020     np.array([[ 0, 0, 1, 1, 1, 1, 1 ]]),   # 6
021     np.array([[ 1, 1, 1, 0, 0, 0, 0 ]]),   # 7
022     np.array([[ 1, 1, 1, 1, 1, 1, 1 ]]),   # 8
023     np.array([[ 1, 1, 1, 0, 0, 1, 1 ]])    # 9
024 ]
025 T = [
026     np.array([[ 0, 0, 0, 0 ]]),
027     np.array([[ 0, 0, 0, 1 ]]),
028     np.array([[ 0, 0, 1, 0 ]]),
029     np.array([[ 0, 0, 1, 1 ]]),
030     np.array([[ 0, 1, 0, 0 ]]),
031     np.array([[ 0, 1, 0, 1 ]]),
032     np.array([[ 0, 1, 1, 0 ]]),
033     np.array([[ 0, 1, 1, 1 ]]),
034     np.array([[ 1, 0, 0, 0 ]]),
035     np.array([[ 1, 0, 0, 1 ]])
036 ]
037 O = [np.zeros((1, NUM_O)) for no in range(NUM_PATTERN)]
038
039
040 WH = np.zeros((NUM_I, NUM_H))
041 BH = np.zeros((1, NUM_H))
042 WM = np.zeros((NUM_H, NUM_M))
043 BM = np.zeros((1, NUM_M))
044 WO = np.zeros((NUM_M, NUM_O))
```

```
045 BO = np.zeros((1, NUM_O))
046
047 shuffled_pattern = [pc for pc in range(NUM_PATTERN)] #정수로!
048
049 urandom.seed(time.time())
050
051 for m in range(NUM_I):
052     for n in range(NUM_H):
053             WH[m, n] = randn()/sqrt(NUM_I/2) # He
054
055 for m in range(NUM_H):
056     for n in range(NUM_M):
057             WM[m, n] = randn()/sqrt(NUM_H/2) # He
058
059 for m in range(NUM_M):
060     for n in range(NUM_O):
061             WO[m, n] = randn()/sqrt(NUM_M) # Lecun
062
063 begin = time.ticks_ms()
064 t_prev = time.ticks_ms()
065
066 for epoch in range(1, 10001):
067
068     tmp_a = 0;
069     tmp_b = 0;
070     for pc in range(NUM_PATTERN) :
071             tmp_a = urandom.randrange(0,NUM_PATTERN)
072             tmp_b = shuffled_pattern[pc]
073             shuffled_pattern[pc] = shuffled_pattern[tmp_a]
074             shuffled_pattern[tmp_a] = tmp_b
075
076     sumError = 0.
077
078     for rc in range(NUM_PATTERN) :
079
080             pc = shuffled_pattern[rc]
081
082             H = np.dot(I[pc], WH) + BH
083             H = (H>0)*H # ReLU
084
085             M = np.dot(H, WM) + BM
086             M = (M>0)*M # ReLU
087
088             O[pc] = np.dot(M, WO) + BO
089             O[pc] = 1/(1+np.exp(-O[pc])) #sigmoid
090
091             E = np.sum((O[pc]-T[pc])**2/2) #mean squared error
092
```

```
094
095               Ob = O[pc] - T[pc]
096               Ob = Ob*O[pc]*(1-O[pc]) #sigmoid
097
098               Mb = np.dot(Ob, WO.T)
099               Mb = Mb*(M>0)*1 # ReLU
100
101               Hb = np.dot(Mb, WM.T)
102               Hb = Hb*(H>0)*1 # ReLU
103
104               WHb = np.dot(I[pc].T, Hb)
105               BHb = 1 * Hb
106               WMb = np.dot(H.T, Mb)
107               BMb = 1 * Mb
108               WOb = np.dot(M.T, Ob)
109               BOb = 1 * Ob
110
111               lr = 0.01
112               WH = WH - lr * WHb
113               BH = BH - lr * BHb
114               WM = WM - lr * WMb
115               BM = BM - lr * BMb
116               WO = WO - lr * WOb
117               BO = BO - lr * BOb
118
119      if epoch%100==0 :
120               t_now = time.ticks_ms()
121               time_taken = t_now - t_prev
122               t_prev = t_now
123               print("epoch : %5d, sum error : %f" %(epoch, sumError), end='')
124               print(", %.3f sec" %(time_taken/1000))
125
126               if sumError<0.0001 : break
127
128 print()
129
130 for pc in range(NUM_PATTERN) :
131      print("target %d : "%pc, end='')
132      for node in range(NUM_O) :
133               print("%.0f "%T[pc][0][node], end='')
134      print("pattern %d : "%pc, end='');
135      for node in range(NUM_O) :
136               print("%.2f "%O[pc][0][node], end='')
137      print()
138
139 end = time.ticks_ms()
140 time_taken = end - begin
141 print("\nTime taken (in seconds) = {}".format(time_taken/1000))
```

009 : NUM_H 값을 16으로 변경합니다.

010 : NUM_M 변수를 선언한 후, 16으로 초기화합니다. NUM_M 변수는 2차 은닉층 노드의 개수를 저장합니다.

042 : 초기 값 0을 갖는 NUM_H x NUM_M 행렬을 생성한 후, 가중치 변수 WM에 할당합니다.

043 : 초기 값 0을 갖는 1 x NUM_M 행렬을 생성한 후, 편향 변수 BM에 할당합니다. 일반적으로 편향의 초기 값은 0으로 시작합니다.

044 : NUM_H를 NUM_M으로 변경합니다.

055~057 : WM 행렬의 각 항목에 대해 He 초기화를 수행합니다.

059, 061 : NUM_H를 NUM_M으로 변경합니다.

063 : begin 변수를 선언하고, time.tick_ms 함수를 호출하여 밀리 초 단위의 현재 시간으로 초기화합니다. begin은 학습을 시작한 최초 시간을 나타냅니다. begin 변수는 140줄에서 사용되어 전체 학습 시간을 측정합니다.

064 : t_prev 변수를 선언하고, time.tick_ms 함수를 호출하여 밀리 초 단위의 현재 시간으로 초기화합니다. t_prev 변수는 121,122줄에서 사용되어 학습을 100회 수행할 때마다의 학습 시간을 측정합니다.

085, 086 : 은닉 층 M의 순전파 과정을 추가합니다.

088 : H를 M으로 바꿔줍니다.

098, 099 : 은닉 층 M의 입력 역전파 과정을 추가합니다.

101 : Ob를 Mb로 WO.T를 WM.T로 바꿔줍니다.

106, 107 : 은닉 층 M의 가중치, 편향 역전파 과정을 추가합니다.

108 : H.T를 M.T로 바꿔줍니다.

114, 115 : 은닉 층 M의 가중치, 편향 갱신 과정을 추가합니다.

119 : epoch 값이 100의 배수이면 120~126줄을 수행합니다.

120 : t_now 변수를 선언하고, time.tick_ms 함수를 호출하여 밀리 초 단위의 현재 시간을 저장합니다.

121 : 학습 100회 수행에 대해 현재 측정 시간에서 이전 측정 시간을 빼서 time_taken 변수에 저장합니다. time_taken 변수는 학습을 100회 수행할 때마다의 학습 시간을 저장합니다.

122 : t_prev 변수값을 t_now 변수값으로 갱신합니다.

123 : end 매개 변수를 추가합니다.

124 : 학습을 100회 수행할 때마다의 학습 시간을 출력합니다.

123~124 : 가중치 WH 값을 출력부분을 지워줍니다.

139 : end 변수를 선언하고, time.tick_ms 함수를 호출하여 밀리 초 단위의 현재 시간을 저장합니다.

140 : end에서 begin을 빼서 time_taken 변수에 저장합니다.

141 : 전체 학습 시간을 출력합니다.

3 ▶ 버튼을 눌러 프로그램을 실행시킵니다. 다음은 실행 결과 화면입니다.

```
epoch : 10000, sum error : 0.001731, 7.348 sec

target 0 : 0 0 0 0 pattern 0 : 0.02 0.01 0.01 0.01
target 1 : 0 0 0 1 pattern 1 : 0.01 0.02 0.01 1.00
target 2 : 0 0 1 0 pattern 2 : 0.00 0.00 1.00 0.00
target 3 : 0 0 1 1 pattern 3 : 0.00 0.01 0.99 0.99
target 4 : 0 1 0 0 pattern 4 : 0.01 0.99 0.00 0.01
target 5 : 0 1 0 1 pattern 5 : 0.01 0.98 0.01 0.99
target 6 : 0 1 1 0 pattern 6 : 0.00 1.00 0.99 0.00
target 7 : 0 1 1 1 pattern 7 : 0.00 0.98 0.99 0.99
target 8 : 1 0 0 0 pattern 8 : 0.98 0.00 0.00 0.01
target 9 : 1 0 0 1 pattern 9 : 0.99 0.00 0.00 0.99

Time taken (in seconds) = 735.213
```

▲ 그림 4-60

02-5 입력층과 목표층 바꿔보기

먼저 이전 예제의 입력층과 목표층을 바꿔 인공 신경망을 학습 시켜봅니다. 다음과 같이 2진수가 입력되면 해당되는 7 세그먼트의 켜지고 꺼져야 할 LED의 비트열을 출력합니다.

2 진수 7 세그먼트 연결 진리표

In	In	In	In	Out	Out	Out	Out	Out	Out	Out
0	0	0	0	1	1	1	1	1	1	0
0	0	0	1	0	1	1	0	0	0	0
0	0	1	0	1	1	0	1	1	0	1
0	0	1	1	1	1	1	1	0	0	1
0	1	0	0	0	1	1	0	0	1	1
0	1	0	1	1	0	1	1	0	1	1
0	1	1	0	0	0	1	1	1	1	1
0	1	1	1	1	1	1	0	0	0	0
1	0	0	0	1	1	1	1	1	1	1
1	0	0	1	1	1	1	0	0	1	1

0101 ➡ 1011011 = 5

▲ 그림 4-61

예를 들어, "숫자 5에 맞게 7 세그먼트 LED를 켜줘!" 하고 싶을 때, 사용할 수 있는 인공 신경망입니다.

1 먼저 424_1.py 예제를 425_1.py로 저장합니다.

2 다음과 같이 파일을 수정합니다.

```
425_1.py
007 NUM_PATTERN = 10
008 NUM_I = 4
009 NUM_H = 16
010 NUM_M = 16
011 NUM_O = 7
012
013 I = [
014     np.array([[ 0, 0, 0, 0 ]]),  # 0
015     np.array([[ 0, 0, 0, 1 ]]),  # 1
016     np.array([[ 0, 0, 1, 0 ]]),  # 2
017     np.array([[ 0, 0, 1, 1 ]]),  # 3
018     np.array([[ 0, 1, 0, 0 ]]),  # 4
019     np.array([[ 0, 1, 0, 1 ]]),  # 5
020     np.array([[ 0, 1, 1, 0 ]]),  # 6
021     np.array([[ 0, 1, 1, 1 ]]),  # 7
022     np.array([[ 1, 0, 0, 0 ]]),  # 8
023     np.array([[ 1, 0, 0, 1 ]])   # 9
```

```
024 ]
025 T = [
026     np.array([[ 1, 1, 1, 1, 1, 1, 0 ]]),
027     np.array([[ 0, 1, 1, 0, 0, 0, 0 ]]),
028     np.array([[ 1, 1, 0, 1, 1, 0, 1 ]]),
029     np.array([[ 1, 1, 1, 1, 0, 0, 1 ]]),
030     np.array([[ 0, 1, 1, 0, 0, 1, 1 ]]),
031     np.array([[ 1, 0, 1, 1, 0, 1, 1 ]]),
032     np.array([[ 0, 0, 1, 1, 1, 1, 1 ]]),
033     np.array([[ 1, 1, 1, 0, 0, 0, 0 ]]),
034     np.array([[ 1, 1, 1, 1, 1, 1, 1 ]]),
035     np.array([[ 1, 1, 1, 0, 0, 1, 1 ]])
036 ]
```

013~024 : 입력층의 입력값을 출력층의 값으로 변경합니다.
025~036 : 목표층의 목표값을 입력층의 값으로 변경합니다.

3 ⊙ 버튼을 눌러 프로그램을 실행시킵니다. 다음은 실행 결과 화면입니다.

```
epoch : 10000, sum error : 0.002765, 7.561 sec

target 0 : 1 1 1 1 1 1 0 pattern 0 : 0.99 0.99 1.00 0.99 0.99 0.99 0.02
target 1 : 0 1 1 0 0 0 0 pattern 1 : 0.02 1.00 1.00 0.01 0.00 0.01 0.01
target 2 : 1 1 0 1 1 0 1 pattern 2 : 0.99 1.00 0.02 1.00 1.00 0.00 1.00
target 3 : 1 1 1 1 0 0 1 pattern 3 : 0.99 1.00 0.99 0.99 0.01 0.00 0.99
target 4 : 0 1 1 0 0 1 1 pattern 4 : 0.00 0.99 1.00 0.01 0.01 1.00 0.99
target 5 : 1 0 1 1 0 1 1 pattern 5 : 0.99 0.01 1.00 0.98 0.00 1.00 1.00
target 6 : 0 0 1 1 1 1 1 pattern 6 : 0.02 0.01 0.99 0.99 0.99 0.99 0.99
target 7 : 1 1 1 0 0 0 0 pattern 7 : 0.99 0.99 1.00 0.01 0.00 0.01 0.01
target 8 : 1 1 1 1 1 1 1 pattern 8 : 1.00 0.99 1.00 1.00 0.99 1.00 0.99
target 9 : 1 1 1 0 0 1 1 pattern 9 : 1.00 1.00 1.00 0.01 0.00 0.99 0.99

Time taken (in seconds) = 756.32
```

▲ 그림 4-62

예측 값이 목표 값에 적당히 가까운 것을 볼 수 있습니다. 예측값을 목표값에 더 가깝게 하려면 훈련
의 횟수를 늘리면 됩니다.

02-6 7 세그먼트 비트열로 매카넘 바퀴 제어하기

여기서는 7 세그먼트의 비트열을 입력으로 받아 메카넘 휠의 모터를 제어하는 출력을 내도록 인공
신경망을 구성하고, 학습시켜 봅니다.

D7	D6	D5	D4	D3	D2	D1	D0	16진 코드 (C 언어)
a	b	c	d	e	f	g	dp	
1	1	1	1	1	1	0	0	0xFC
0	1	1	0	0	0	0	0	0x60
1	1	0	1	1	0	1	0	0xDA
1	1	1	1	0	0	1	0	0xF2
0	1	1	0	0	1	1	0	0x66
1	0	1	1	0	1	1	0	0xB6
1	0	1	1	1	1	1	0	0xBE
1	1	1	0	0	1	0	0	0xE4
1	1	1	1	1	1	1	0	0xFE
1	1	1	1	0	1	1	0	0xF6
1	1	1	0	1	1	1	0	0xEE
0	0	1	1	1	1	1	0	0x3E
1	0	0	1	1	1	0	0	0x9C
0	1	1	1	1	0	1	0	0x7A
1	0	0	1	1	1	1	0	0x9E
1	0	0	0	1	1	1	0	0x8E

7세그먼트 표준 디스플레이 모양

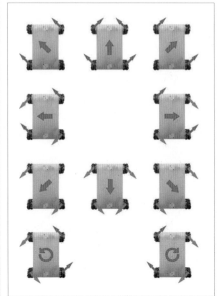

▲ 그림 4-63

예를 들어, "7 세그먼트 숫자 3의 비트열에 맞게 4 바퀴의 메카넘 바퀴를 움직여줘!" 하고 싶을 때, 사용할 수 있는 인공 신경망입니다. 우리 예제에서 이 경우 메카넘 바퀴를 장착한 RC카는 다음과 같이 왼쪽으로 수평 이동합니다.

▲ 그림 4-64

다음과 같이 입력과 출력을 연결할 수 있도록 인공 신경망을 학습시킵니다.

0 : 멈춤
1 : 전진
2 : 후진
3 : 좌이동
4 : 우이동
5 : 좌회전
6 : 우회전
7 : 좌 대각선 전진
8 : 우 대각선 전진
9 : 좌 대각선 후진
A : 우 대각선 후진

다음 그림을 참고합니다.

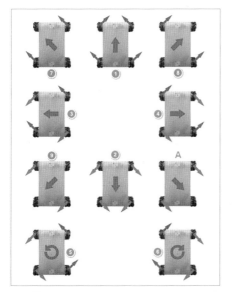

▲ 그림 4-65

1 먼저 425_1.py 예제를 426_1.py로 저장합니다.
2 다음과 같이 파일을 수정합니다.

```
426_1.py
007 NUM_PATTERN = 11
008 NUM_I = 7
009 NUM_H = 16
010 NUM_M = 16
011 NUM_O = 4
012
013 I = [
014     np.array([[ 1, 1, 1, 1, 1, 1, 0 ]]),   # 0
015     np.array([[ 0, 1, 1, 0, 0, 0, 0 ]]),   # 1
016     np.array([[ 1, 1, 0, 1, 1, 0, 1 ]]),   # 2
017     np.array([[ 1, 1, 1, 1, 0, 0, 1 ]]),   # 3
018     np.array([[ 0, 1, 1, 0, 0, 1, 1 ]]),   # 4
019     np.array([[ 1, 0, 1, 1, 0, 1, 1 ]]),   # 5
020     np.array([[ 0, 0, 1, 1, 1, 1, 1 ]]),   # 6
021     np.array([[ 1, 1, 1, 0, 0, 0, 0 ]]),   # 7
022     np.array([[ 1, 1, 1, 1, 1, 1, 1 ]]),   # 8
023     np.array([[ 1, 1, 1, 0, 0, 1, 1 ]]),   # 9
024     np.array([[ 1, 1, 1, 0, 1, 1, 1 ]])    # A
025 ]
026 T = [
027     np.array([[ 0.5, 0.5, 0.5, 0.5 ]]),
028     np.array([[ 1,   1,   1,   1   ]]),
029     np.array([[ 0,   0,   0,   0   ]]),
```

```
030        np.array([[ 0,   1,   0,   1   ]]),
031        np.array([[ 1,   0,   1,   0   ]]),
032        np.array([[ 0,   1,   1,   0   ]]),
033        np.array([[ 1,   0,   0,   1   ]]),
034        np.array([[ 0.5, 1,   0.5, 1   ]]),
035        np.array([[ 1,   0.5, 1,   0.5 ]]),
036        np.array([[ 0.5, 0,   0.5, 0   ]]),
037        np.array([[ 0,   0.5, 0,   0.5 ]])
038 ]
```

007   : 패턴의 개수는 0~9, A까지 11개가 됩니다.

008   : 입력층의 노드 개수는 7개로 합니다. 7 세그먼트의 숫자 표시 LED의 개수가 7개이기 때문입니다.

011   : 출력층의 노드 개수는 4개로 합니다. 4바퀴에 각각에 대한 전진, 멈춤, 후진을 나타내는 값을 출력하게 됩니다.

013~025 : input 배열을 선언하고 초기화합니다. 입력값은 11가지로 7 세그먼트의 0~9, A에 대응되는 비트열입니다. 다음 그림의 D7~D1에 대응되는 비트열입니다.

	D7	D6	D5	D4	D3	D2	D1	D0	16진 코드
	a	b	c	d	e	f	g	dp	(C 언어)
0	1	1	1	1	1	1	0	0	0xFC
1	0	1	1	0	0	0	0	0	0x60
2	1	1	0	1	1	0	1	0	0xDA
3	1	1	1	1	0	0	1	0	0xF2
4	0	1	1	0	0	1	1	0	0x66
5	1	0	1	1	0	1	1	0	0xB6
6	1	0	1	1	1	1	1	0	0xBE
7	1	1	1	0	0	1	0	0	0xE4
8	1	1	1	1	1	1	1	0	0xFE
9	1	1	1	1	0	1	1	0	0xF6
A	1	1	1	0	1	1	1	0	0xEE
b	0	0	1	1	1	1	1	0	0x3E
C	1	0	0	1	1	1	0	0	0x9C
d	0	1	1	1	1	0	1	0	0x7A
E	1	0	0	1	1	1	1	0	0x9E
F	1	0	0	0	1	1	1	0	0x8E
7세그먼트 표준 디스플레이 모양									

▲ 그림 4-66

026~038 : target 배열을 선언하고 초기화합니다. 0번 항목의 경우 메카넘 바퀴를 멈추기 위한 4 바퀴의 값입니다. 차례대로 왼쪽 앞바퀴, 오른쪽 앞바퀴, 오른쪽 뒷바퀴, 왼쪽 뒷바퀴에 대응되는 값입니다. 0.5의 경우 멈춤입니다. 1은 전진을 나타내고, 0은 후진을 나타냅니다. 그래서 1번 항목의 경우 전진을 위한 출력값이며 4 바퀴의 값이 모두 1입니다. 2번 항목의 경우 후진을 위한 출력값이며 4 바퀴의 값이 모두 0입니다. 3번 항목의 경우 좌이동을 위한 출력값이며 4 바퀴의 값이 각각 0(후진), 1(전진), 0(후진), 1(전진)이 됩니다. 다음 그림은 좌이동을 나타내는 그림입니다.

▲ 그림 4-67

3 계속해서 다음과 같이 파일을 수정합니다.

```
426_1.py
132 for pc in range(NUM_PATTERN) :
133     print("target %X : "%pc, end='')
134     for node in range(NUM_O) :
135             print("%.0f "%T[pc][0][node], end='')
136     print("pattern %X : "%pc, end='');
137     for node in range(NUM_O) :
138             print("%.2f "%O[pc][0][node], end='')
139     print()
```

133, 136 : %d를 %X로 변경하여 10진수를 16진수로 표시하게 합니다.

4 ▶ 버튼을 눌러 프로그램을 실행시킵니다. 다음은 실행 결과 화면입니다.

```
epoch : 10000, sum error : 0.002085, 8.098 sec

target 0 : 0 0 0 0 pattern 0 : 0.50 0.50 0.50 0.50
target 1 : 1 1 1 1 pattern 1 : 1.00 0.98 1.00 0.99
target 2 : 0 0 0 0 pattern 2 : 0.00 0.01 0.00 0.01
target 3 : 0 1 0 1 pattern 3 : 0.01 1.00 0.01 0.99
target 4 : 1 0 1 0 pattern 4 : 1.00 0.01 1.00 0.01
target 5 : 0 1 1 0 pattern 5 : 0.01 0.99 0.99 0.01
target 6 : 1 0 0 1 pattern 6 : 0.99 0.02 0.01 1.00
target 7 : 0 1 0 1 pattern 7 : 0.50 0.99 0.50 0.99
target 8 : 1 0 1 0 pattern 8 : 0.98 0.50 0.98 0.50
target 9 : 0 0 0 0 pattern 9 : 0.50 0.02 0.50 0.01
target A : 0 0 0 0 pattern A : 0.01 0.50 0.02 0.50

Time taken (in seconds) = 809.9299
```

▲ 그림 4-68

예측 값이 목표 값에 적당히 가까운 것을 볼 수 있습니다. 예측값을 목표값에 더 가깝게 하려면 훈련의 횟수를 늘리면 됩니다.

02-7 초음파 센서 자율주행 인공 신경망

여기서는 RC카에 장착된 초음파 센서로부터 물체와의 거리를 입력받아 RC카의 모터를 제어하여 출력을 내도록 인공 신경망을 구성하고, 학습시켜 봅니다. 다음 그림은 초음파 센서가 장착된 라즈베리파이 피코 RC카입니다.

▲ 그림 4-69

예를 들어, "왼쪽 25cm, 오른쪽 14cm에 물체가 있으면 왼쪽으로 움직여줘!" 하고 싶을 때, 사용할 수 있는 인공 신경망입니다.

1️⃣ 먼저 426_1.py 예제를 427_1.py로 저장합니다.

2️⃣ 다음과 같이 파일을 수정합니다.

427_1.py

```
007 NUM_PATTERN = 25
008 NUM_I = 2
009 NUM_H = 16
010 NUM_M = 16
011 NUM_O = 3
012
013 I = [
014     np.array([[  25, 14 ]]),  # 0
015     np.array([[  41, 33 ]]),  # 1
016     np.array([[  44, 44 ]]),  # 2
017     np.array([[  33, 41 ]]),  # 3
018     np.array([[  14, 25 ]]),  # 4
019     np.array([[  29, 22 ]]),  # 5
020     np.array([[  43, 33 ]]),  # 6
021     np.array([[  80, 90 ]]),  # 7
022     np.array([[  33, 43 ]]),  # 8
023     np.array([[  22, 29 ]]),   # 9
```

```
024         np.array([[   35,  26 ]]),     # A
025         np.array([[   55,  35 ]]),    # 0
026         np.array([[   55,  55 ]]),    # 1
027         np.array([[   35,  55 ]]),    # 2
028         np.array([[   26,  35 ]]),    # 3
029         np.array([[   33,  25 ]]),    # 4
030         np.array([[   44,  32 ]]),    # 5
031         np.array([[  150,150 ]]),     # 6
032         np.array([[   32,  44 ]]),    # 7
033         np.array([[   25,  33 ]]),    # 8
034         np.array([[   38,  23 ]]),    # 9
035         np.array([[   50,  36 ]]),     # A
036         np.array([[   90,100 ]]),     # 8
037         np.array([[   36,  50 ]]),     # 9
038         np.array([[   23,  38 ]])     # A
039 ]
040 T = [
041         np.array([[ 1,0,0 ]]),
042         np.array([[ 0,1,0 ]]),
043         np.array([[ 0,1,0 ]]),
044         np.array([[ 0,1,0 ]]),
045         np.array([[ 0,0,1 ]]),
046         np.array([[ 1,0,0 ]]),
047         np.array([[ 0,1,0 ]]),
048         np.array([[ 0,1,0 ]]),
049         np.array([[ 0,1,0 ]]),
050         np.array([[ 0,0,1 ]]),
051         np.array([[ 1,0,0 ]]),
052         np.array([[ 0,1,0 ]]),
053         np.array([[ 0,1,0 ]]),
054         np.array([[ 0,1,0 ]]),
055         np.array([[ 0,0,1 ]]),
056         np.array([[ 1,0,0 ]]),
057         np.array([[ 0,1,0 ]]),
058         np.array([[ 0,1,0 ]]),
059         np.array([[ 0,1,0 ]]),
060         np.array([[ 0,0,1 ]]),
061         np.array([[ 1,0,0 ]]),
062         np.array([[ 0,1,0 ]]),
063         np.array([[ 0,1,0 ]]),
064         np.array([[ 0,1,0 ]]),
065         np.array([[ 0,0,1 ]])
066 ]
```

007 : 패턴의 개수는 25개로 합니다.

008 　　: 입력 층의 노드 개수는 2개로 합니다. 오른쪽, 왼쪽 2 방향의 거리 값이 입력이 됩니다.

010 　　: 출력 층의 노드 개수는 3개로 합니다. 오른쪽 전진. 왼쪽 전진, 양쪽 전진의 3가지 동작을 나타내는 값을 출력
　　　　 하게 됩니다.

013~039 : input 배열을 선언하고 초기화합니다. 입력값은 25가지로 오른쪽. 왼쪽 2 방향의 거리 값입니다. 예를 들어 0
　　　　　 번 항목의 경우 왼쪽이 25cm, 오른쪽이 14cm일 경우를 나타냅니다.

040~066 : target 배열을 선언하고 초기화합니다. 0번 항목의 경우 왼쪽 전진을 의미합니다. 왼쪽이 25cm, 오른쪽이
　　　　　 14cm일 경우 물체가 더 먼 왼쪽 방향으로 이동해야 합니다. 2번 항목의 경우 양쪽 전진을 의미합니다. 물체
　　　　　 가 조금 멀리 있는 경우로, 양쪽 전진을 하도록 합니다. 5번 항목의 경우 오른쪽 전진을 의미합니다. 왼쪽이
　　　　　 14cm, 오른쪽이 25cm일 경우 물체가 더 먼 오른쪽 방향으로 이동해야 합니다.

3 계속해서 다음과 같이 파일을 수정합니다.

427_1.py

```
096 for pc in range(NUM_PATTERN):
097     I[pc] /= 250
098
099 for epoch in range(1, 10001):
```

096~097 : 초음파 센서의 입력 값을 250으로 나누어 0.0~1.0 사이의 값이 되도록 합니다. 이 예제에서 사용하는 인공
　　　　　 신경망의 입력값이 0.0~1.0 사이가 되게 합니다.

4 계속해서 다음과 같이 파일을 수정합니다.

427_1.py

```
163 for pc in range(NUM_PATTERN) :
164     print("target %2d : "%pc, end='')
165     for node in range(NUM_O) :
166             print("%.0f "%T[pc][0][node], end='')
167     print("pattern %2d : "%pc, end='');
168     for node in range(NUM_O) :
169             print("%.2f "%O[pc][0][node], end='')
170     print()
```

164, 167 : 입력 패턴의 종류가 25개이기 때문에 print 함수의 출력 형식을 %2d로 하여 10진수 2자리로 출력하도록 합니다.

4 **▶** 버튼을 눌러 프로그램을 실행시킵니다. 다음은 실행 결과 화면입니다.

```
epoch : 10000, sum error : 0.012392, 16.447 sec

target  0 : 1 0 0 pattern  0 : 0.99 0.00 0.01
target  1 : 0 1 0 pattern  1 : 0.02 0.98 0.00
target  2 : 0 1 0 pattern  2 : 0.00 1.00 0.00
target  3 : 0 1 0 pattern  3 : 0.00 0.98 0.02
target  4 : 0 0 1 pattern  4 : 0.01 0.01 0.99
target  5 : 1 0 0 pattern  5 : 0.96 0.00 0.05
target  6 : 0 1 0 pattern  6 : 0.02 0.99 0.00
target  7 : 0 1 0 pattern  7 : 0.00 1.00 0.00
target  8 : 0 1 0 pattern  8 : 0.00 1.00 0.02
target  9 : 0 0 1 pattern  9 : 0.04 0.01 0.95
target 10 : 1 0 0 pattern 10 : 0.95 0.02 0.01
target 11 : 0 1 0 pattern 11 : 0.00 1.00 0.00
target 12 : 0 1 0 pattern 12 : 0.00 1.00 0.00
target 13 : 0 1 0 pattern 13 : 0.00 1.00 0.00
target 14 : 0 0 1 pattern 14 : 0.01 0.02 0.96
target 15 : 1 0 0 pattern 15 : 0.97 0.01 0.03
target 16 : 0 1 0 pattern 16 : 0.04 0.99 0.00
target 17 : 0 1 0 pattern 17 : 0.00 1.00 0.00
target 18 : 0 1 0 pattern 18 : 0.00 1.00 0.04
target 19 : 0 0 1 pattern 19 : 0.03 0.01 0.96
target 20 : 1 0 0 pattern 20 : 0.99 0.02 0.00
target 21 : 0 1 0 pattern 21 : 0.00 1.00 0.00
target 22 : 0 1 0 pattern 22 : 0.00 1.00 0.00
target 23 : 0 1 0 pattern 23 : 0.00 1.00 0.00
target 24 : 0 0 1 pattern 24 : 0.00 0.02 1.00

Time taken (in seconds) = 1645.645
```

▲ 그림 4-70

예측 값이 목표 값이 적당히 가까운 것을 볼 수 있습니다. 예측 값을 목표 값에 더 가깝게 하려면 훈련의 횟수를 늘리면 됩니다.

편미분과 연쇄법칙을 통한 역전파 수식 유도

01 기본 인공 신경

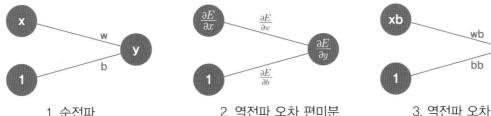

1. 순전파   2. 역전파 오차 편미분   3. 역전파 오차

▲ 부록 1-1

1 다음과 같이 순전파 수식으로 y에 대한 편미분을 구합니다.

$$xw + 1b = y$$

$$\frac{\partial y}{\partial x} = w \qquad \frac{\partial y}{\partial w} = x \qquad \frac{\partial y}{\partial b} = 1$$

2 오차 E에 대한 편미분을 구합니다. 앞에서 구한 편미분과 연쇄법칙을 이용합니다. 이 수식에 대한 유도가 역전파의 핵심입니다.

$$\frac{\partial E}{\partial x} = \frac{\partial y}{\partial x}\frac{\partial E}{\partial y} = w\frac{\partial E}{\partial y}$$
$$\frac{\partial E}{\partial w} = \frac{\partial y}{\partial w}\frac{\partial E}{\partial y} = x\frac{\partial E}{\partial y}$$
$$\frac{\partial E}{\partial b} = \frac{\partial y}{\partial b}\frac{\partial E}{\partial y} = 1\frac{\partial E}{\partial y}$$

3 역전파를 의미하는 변수로 치환합니다.

$$x_b \Leftarrow \frac{\partial E}{\partial x} = \frac{\partial y}{\partial x}\frac{\partial E}{\partial y} = w\frac{\partial E}{\partial y} \Rightarrow y_b$$
$$w_b \Leftarrow \frac{\partial E}{\partial w} = \frac{\partial y}{\partial w}\frac{\partial E}{\partial y} = x\frac{\partial E}{\partial y} \Rightarrow y_b$$
$$b_b \Leftarrow \frac{\partial E}{\partial b} = \frac{\partial y}{\partial b}\frac{\partial E}{\partial y} = 1\frac{\partial E}{\partial y} \Rightarrow y_b$$

4 수식을 정리합니다.

$$x_b = wy_b$$
$$w_b = xy_b$$
$$b_b = 1y_b$$

02 편미분 정리하기

여기서는 편미분에 대해 간단히 정리해 봅니다.

1 다음은 우리가 중학교 때 보던 일차 함수입니다.

$$y = ax + b \text{ (x는 변수, a, b는 상수)}$$

이 수식에서 x는 변수, a, b는 상수가 됩니다.

2 다음은 이 수식에 대한 점 (x, y)에서의 순간 변화율을 의미합니다. x의 미세 변화에 대한 y의 미세 변화의 비를 나타내며, x에 대한 y의 기울기라고도 합니다. 이 경우 기울기는 a가 됩니다.

$$\frac{dy}{dx} = a$$

즉, 이 수식은 점 (x, y)에서의 x에 대한 y의 순간 변화율을 의미합니다.

3 다음은 앞에서 보았던 기본 인공 신경 수식입니다.

$$y = wx + b \text{ (w, x, b는 변수)}$$

이 수식에서는 w, x, b 모두 변수입니다.

4 변수가 여러 개일 경우 각각의 변수의 미세 변화에 대한 y의 미세 변화의 비를 구할 때 편미분을 사용합니다. 이 경우 위 수식은 다음과 같이 3개의 수식으로 나뉘게 됩니다.

❶ $y = wx + b$ (x는 변수, w, b는 상수)
❷ $y = wx + b$ (w는 변수, x, b는 상수)
❸ $y = wx + b$ (b는 변수, w, x는 상수)

5 그리고 각 변수에 대한 편미분은 다음과 같습니다.

❶ $\dfrac{\partial y}{\partial x} = w$ **❷** $\dfrac{\partial y}{\partial w} = x$ **❸** $\dfrac{\partial y}{\partial b} = 1$

03 2입력 1출력 인공 신경

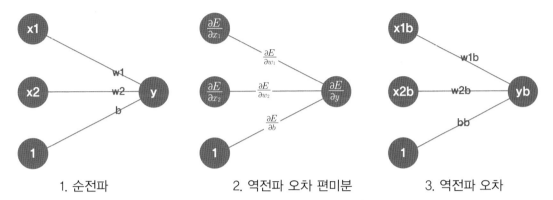

1. 순전파   2. 역전파 오차 편미분   3. 역전파 오차

▲ 부록 1-2

1 다음과 같이 순전파 수식으로 y에 대한 편미분을 구합니다.

$$x_1w_1 + x_2w_2 + 1b = y$$

$$\frac{\partial y}{\partial x_1} = w_1 \qquad \frac{\partial y}{\partial x_2} = w_2$$

$$\frac{\partial y}{\partial w_1} = x_1 \qquad \frac{\partial y}{\partial w_2} = x_2 \qquad \frac{\partial y}{\partial b} = 1$$

2 오차 E에 대한 편미분을 구합니다. 앞에서 구한 편미분과 연쇄법칙을 이용합니다. 이 수식에 대한 유도가 역전파의 핵심입니다.

$$\frac{\partial E}{\partial x_1} = \frac{\partial y}{\partial x_1}\frac{\partial E}{\partial y} = w_1\frac{\partial E}{\partial y}$$

$$\frac{\partial E}{\partial x_2} = \frac{\partial y}{\partial x_2}\frac{\partial E}{\partial y} = w_2\frac{\partial E}{\partial y}$$

$$\frac{\partial E}{\partial w_1} = \frac{\partial y}{\partial w_1}\frac{\partial E}{\partial y} = x_1\frac{\partial E}{\partial y}$$

$$\frac{\partial E}{\partial w_2} = \frac{\partial y}{\partial w_2}\frac{\partial E}{\partial y} = x_2\frac{\partial E}{\partial y}$$

$$\frac{\partial E}{\partial b} = \frac{\partial y}{\partial b}\frac{\partial E}{\partial y} = 1\frac{\partial E}{\partial y}$$

③ 역전파를 의미하는 변수로 치환합니다.

$$x_{1b} \Leftarrow \frac{\partial E}{\partial x_1} = \frac{\partial y}{\partial x_1}\frac{\partial E}{\partial y} = w_1\frac{\partial E}{\partial y} \Rightarrow y_b$$

$$x_{2b} \Leftarrow \frac{\partial E}{\partial x_2} = \frac{\partial y}{\partial x_2}\frac{\partial E}{\partial y} = w_2\frac{\partial E}{\partial y} \Rightarrow y_b$$

$$w_{1b} \Leftarrow \frac{\partial E}{\partial w_1} = \frac{\partial y}{\partial w_1}\frac{\partial E}{\partial y} = x_1\frac{\partial E}{\partial y} \Rightarrow y_b$$

$$w_{2b} \Leftarrow \frac{\partial E}{\partial w_2} = \frac{\partial y}{\partial w_2}\frac{\partial E}{\partial y} = x_2\frac{\partial E}{\partial y} \Rightarrow y_b$$

$$b_b \Leftarrow \frac{\partial E}{\partial b} = \frac{\partial y}{\partial b}\frac{\partial E}{\partial y} = 1\frac{\partial E}{\partial y} \Rightarrow y_b$$

④ 수식을 정리합니다.

$$x_{1b} = w_1 y_b$$
$$x_{2b} = w_2 y_b$$
$$w_{1b} = x_1 y_b$$
$$w_{2b} = x_2 y_b$$
$$b_b = 1 y_b$$

04 2입력 2출력 인공 신경망

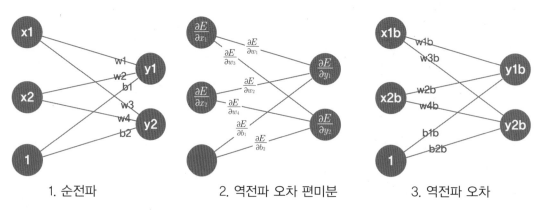

1. 순전파   2. 역전파 오차 편미분   3. 역전파 오차

▲ 부록 2-3

1 다음과 같이 순전파 수식으로 y에 대한 편미분을 구합니다.

$$x_1 w_1 + x_2 w_2 + 1b_1 = y_1$$
$$x_1 w_3 + x_2 w_4 + 1b_2 = y_2$$

$$\frac{\partial y_1}{\partial x_1} = w_1 \qquad \frac{\partial y_1}{\partial x_2} = w_2$$

$$\frac{\partial y_2}{\partial x_1} = w_3 \qquad \frac{\partial y_2}{\partial x_2} = w_4$$

$$\frac{\partial y_1}{\partial w_1} = x_1 \qquad \frac{\partial y_1}{\partial w_2} = x_2 \qquad \frac{\partial y_1}{\partial b_1} = 1$$

$$\frac{\partial y_2}{\partial w_3} = x_1 \qquad \frac{\partial y_2}{\partial w_4} = x_2 \qquad \frac{\partial y_2}{\partial b_2} = 1$$

2 오차 E에 대한 편미분을 구합니다. 앞에서 구한 편미분과 연쇄법칙을 이용합니다. 이 수식에 대한 유도가 역전파의 핵심입니다.

$$\frac{\partial E}{\partial x_1} = \frac{\partial y_1}{\partial x_1} \frac{\partial E}{\partial y_1} + \frac{\partial y_2}{\partial x_1} \frac{\partial E}{\partial y_2} = w_1 \frac{\partial E}{\partial y_1} + w_3 \frac{\partial E}{\partial y_2}$$

$$\frac{\partial E}{\partial x_2} = \frac{\partial y_1}{\partial x_2} \frac{\partial E}{\partial y_1} + \frac{\partial y_2}{\partial x_2} \frac{\partial E}{\partial y_2} = w_2 \frac{\partial E}{\partial y_1} + w_4 \frac{\partial E}{\partial y_2}$$

$$\frac{\partial E}{\partial w_1} = \frac{\partial y_1}{\partial w_1} \frac{\partial E}{\partial y_1} = x_1 \frac{\partial E}{\partial y_1}$$

$$\frac{\partial E}{\partial w_2} = \frac{\partial y_1}{\partial w_2} \frac{\partial E}{\partial y_1} = x_2 \frac{\partial E}{\partial y_1}$$

$$\frac{\partial E}{\partial w_3} = \frac{\partial y_2}{\partial w_3} \frac{\partial E}{\partial y_2} = x_1 \frac{\partial E}{\partial y_2}$$

$$\frac{\partial E}{\partial w_4} = \frac{\partial y_2}{\partial w_4} \frac{\partial E}{\partial y_2} = x_2 \frac{\partial E}{\partial y_2}$$

$$\frac{\partial E}{\partial b_1} = \frac{\partial y_1}{\partial b_1} \frac{\partial E}{\partial y_1} = 1 \frac{\partial E}{\partial y_1}$$

$$\frac{\partial E}{\partial b_2} = \frac{\partial y_2}{\partial b_2} \frac{\partial E}{\partial y_2} = 1 \frac{\partial E}{\partial y_2}$$

3 역전파를 의미하는 변수로 치환합니다.

$$x_{1b} \Leftarrow \frac{\partial E}{\partial x_1} = \frac{\partial y_1}{\partial x_1}\frac{\partial E}{\partial y_1} + \frac{\partial y_2}{\partial x_1}\frac{\partial E}{\partial y_2} = w_1\frac{\partial E}{\partial y_1} + w_3\frac{\partial E}{\partial y_2} \Rightarrow y_{1b} \quad y_{2b}$$

$$x_{2b} \Leftarrow \frac{\partial E}{\partial x_2} = \frac{\partial y_1}{\partial x_2}\frac{\partial E}{\partial y_1} + \frac{\partial y_2}{\partial x_2}\frac{\partial E}{\partial y_2} = w_2\frac{\partial E}{\partial y_1} + w_4\frac{\partial E}{\partial y_2} \Rightarrow y_{1b} \quad y_{2b}$$

$$w_{1b} \Leftarrow \frac{\partial E}{\partial w_1} = \frac{\partial y_1}{\partial w_1}\frac{\partial E}{\partial y_1} = x_1\frac{\partial E}{\partial y_1} \Rightarrow y_{1b}$$

$$w_{2b} \Leftarrow \frac{\partial E}{\partial w_2} = \frac{\partial y_1}{\partial w_2}\frac{\partial E}{\partial y_1} = x_2\frac{\partial E}{\partial y_1} \Rightarrow y_{1b}$$

$$w_{3b} \Leftarrow \frac{\partial E}{\partial w_3} = \frac{\partial y_2}{\partial w_3}\frac{\partial E}{\partial y_2} = x_1\frac{\partial E}{\partial y_2} \Rightarrow y_{2b}$$

$$w_{4b} \Leftarrow \frac{\partial E}{\partial w_4} = \frac{\partial y_2}{\partial w_4}\frac{\partial E}{\partial y_2} = x_2\frac{\partial E}{\partial y_2} \Rightarrow y_{2b}$$

$$b_{1b} \Leftarrow \frac{\partial E}{\partial b_1} = \frac{\partial y_1}{\partial b_1}\frac{\partial E}{\partial y_1} = 1\frac{\partial E}{\partial y_1} \Rightarrow y_{1b}$$

$$b_{2b} \Leftarrow \frac{\partial E}{\partial b_2} = \frac{\partial y_2}{\partial b_2}\frac{\partial E}{\partial y_2} = 1\frac{\partial E}{\partial y_2} \Rightarrow y_{2b}$$

4 수식을 정리합니다.

$$x_{1b} = w_1 y_{1b} + w_3 y_{2b}$$
$$x_{2b} = w_2 y_{1b} + w_4 y_{2b}$$
$$w_{1b} = x_1 y_{1b}$$
$$w_{2b} = x_2 y_{1b}$$
$$w_{3b} = x_1 y_{2b}$$
$$w_{4b} = x_2 y_{2b}$$
$$b_{1b} = 1 y_{1b}$$
$$b_{2b} = 1 y_{2b}$$

05 2입력 2은닉 2출력 인공 신경망

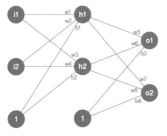

1. 순전파

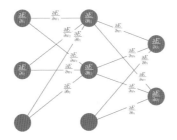

2. 역전파 오차 편미분

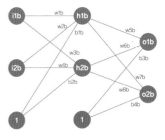

3. 역전파 오차

▲ 부록 1-4

1 다음과 같이 순전파 수식으로 y에 대한 편미분을 구합니다.

$$i_1w_1 + i_2w_2 + 1b_1 = h_1 \qquad h_1w_5 + h_2w_6 + 1b_3 = o_1$$
$$i_1w_3 + i_2w_4 + 1b_2 = h_2 \qquad h_1w_7 + h_2w_8 + 1b_4 = o_2$$

$$\frac{\partial h_1}{\partial i_1} = w_1 \qquad \frac{\partial h_1}{\partial i_2} = w_2 \qquad\qquad \frac{\partial o_1}{\partial h_1} = w_5 \qquad \frac{\partial o_1}{\partial h_2} = w_6$$

$$\frac{\partial h_2}{\partial i_1} = w_3 \qquad \frac{\partial h_2}{\partial i_2} = w_4 \qquad\qquad \frac{\partial o_2}{\partial h_1} = w_7 \qquad \frac{\partial o_2}{\partial h_2} = w_8$$

$$\frac{\partial h_1}{\partial w_1} = i_1 \qquad \frac{\partial h_1}{\partial w_2} = i_2 \qquad \frac{\partial h_1}{\partial b_1} = 1 \qquad \frac{\partial o_1}{\partial w_5} = h_1 \qquad \frac{\partial o_1}{\partial w_6} = h_2 \qquad \frac{\partial o_1}{\partial b_3} = 1$$

$$\frac{\partial h_2}{\partial w_3} = i_1 \qquad \frac{\partial h_2}{\partial w_4} = i_2 \qquad \frac{\partial h_2}{\partial b_2} = 1 \qquad \frac{\partial o_2}{\partial w_7} = h_1 \qquad \frac{\partial o_2}{\partial w_8} = h_2 \qquad \frac{\partial o_2}{\partial b_4} = 1$$

2 오차 E에 대한 편미분을 구합니다. 앞에서 구한 편미분과 연쇄법칙을 이용합니다. 이 수식에 대한 유도가 역전파의 핵심입니다.

$$\frac{\partial E}{\partial i_1} = \frac{\partial h_1}{\partial i_1}\frac{\partial E}{\partial h_1} + \frac{\partial h_2}{\partial i_1}\frac{\partial E}{\partial h_2} = w_1\frac{\partial E}{\partial h_1} + w_3\frac{\partial E}{\partial h_2} \qquad\qquad \frac{\partial E}{\partial h_1} = \frac{\partial o_1}{\partial h_1}\frac{\partial E}{\partial o_1} + \frac{\partial o_2}{\partial h_1}\frac{\partial E}{\partial o_2} = w_5\frac{\partial E}{\partial o_1} + w_7\frac{\partial E}{\partial o_2}$$

$$\frac{\partial E}{\partial i_2} = \frac{\partial h_1}{\partial i_2}\frac{\partial E}{\partial h_1} + \frac{\partial h_2}{\partial i_2}\frac{\partial E}{\partial h_2} = w_2\frac{\partial E}{\partial h_1} + w_4\frac{\partial E}{\partial h_2} \qquad\qquad \frac{\partial E}{\partial h_2} = \frac{\partial o_1}{\partial h_2}\frac{\partial E}{\partial o_1} + \frac{\partial o_2}{\partial h_2}\frac{\partial E}{\partial o_2} = w_6\frac{\partial E}{\partial o_1} + w_8\frac{\partial E}{\partial o_2}$$

$$\frac{\partial E}{\partial w_1} = \frac{\partial h_1}{\partial w_1}\frac{\partial E}{\partial h_1} = i_1\frac{\partial E}{\partial h_1} \qquad\qquad \frac{\partial E}{\partial w_5} = \frac{\partial o_1}{\partial w_5}\frac{\partial E}{\partial o_1} = h_1\frac{\partial E}{\partial o_1}$$

$$\frac{\partial E}{\partial w_2} = \frac{\partial h_1}{\partial w_2}\frac{\partial E}{\partial h_1} = i_2\frac{\partial E}{\partial h_1} \qquad\qquad \frac{\partial E}{\partial w_6} = \frac{\partial o_1}{\partial w_6}\frac{\partial E}{\partial o_1} = h_2\frac{\partial E}{\partial o_1}$$

$$\frac{\partial E}{\partial w_3} = \frac{\partial h_2}{\partial w_3}\frac{\partial E}{\partial h_2} = i_1\frac{\partial E}{\partial h_2} \qquad\qquad \frac{\partial E}{\partial w_7} = \frac{\partial o_2}{\partial w_7}\frac{\partial E}{\partial o_2} = h_1\frac{\partial E}{\partial o_2}$$

$$\frac{\partial E}{\partial w_4} = \frac{\partial h_2}{\partial w_4}\frac{\partial E}{\partial h_2} = i_2\frac{\partial E}{\partial h_2} \qquad\qquad \frac{\partial E}{\partial w_8} = \frac{\partial o_2}{\partial w_8}\frac{\partial E}{\partial o_2} = h_2\frac{\partial E}{\partial o_2}$$

$$\frac{\partial E}{\partial b_1} = \frac{\partial h_1}{\partial b_1}\frac{\partial E}{\partial h_1} = 1\frac{\partial E}{\partial h_1} \qquad\qquad \frac{\partial E}{\partial b_3} = \frac{\partial o_1}{\partial b_1}\frac{\partial E}{\partial o_1} = 1\frac{\partial E}{\partial o_1}$$

$$\frac{\partial E}{\partial b_2} = \frac{\partial h_2}{\partial b_2}\frac{\partial E}{\partial h_2} = 1\frac{\partial E}{\partial h_2} \qquad\qquad \frac{\partial E}{\partial b_4} = \frac{\partial o_2}{\partial b_2}\frac{\partial E}{\partial o_2} = 1\frac{\partial E}{\partial o_2}$$

3 역전파를 의미하는 변수로 치환합니다.

$$i_{1b} \Leftarrow \frac{\partial E}{\partial i_1} = \frac{\partial h_1}{\partial i_1}\frac{\partial E}{\partial h_1} + \frac{\partial h_2}{\partial i_1}\frac{\partial E}{\partial h_2} = w_1\frac{\partial E}{\partial h_1} + w_3\frac{\partial E}{\partial h_2} \Rightarrow h_{1b}\ h_{2b}$$

$$i_{2b} \Leftarrow \frac{\partial E}{\partial i_2} = \frac{\partial h_1}{\partial i_2}\frac{\partial E}{\partial h_1} + \frac{\partial h_2}{\partial i_2}\frac{\partial E}{\partial h_2} = w_2\frac{\partial E}{\partial h_1} + w_4\frac{\partial E}{\partial h_2} \Rightarrow h_{1b}\ h_{2b}$$

$$w_{1b} \Leftarrow \frac{\partial E}{\partial w_1} = \frac{\partial h_1}{\partial w_1}\frac{\partial E}{\partial h_1} = i_1\frac{\partial E}{\partial h_1} \Rightarrow h_{1b}$$

$$w_{2b} \Leftarrow \frac{\partial E}{\partial w_2} = \frac{\partial h_1}{\partial w_2}\frac{\partial E}{\partial h_1} = i_2\frac{\partial E}{\partial h_1} \Rightarrow h_{1b}$$

$$w_{3b} \Leftarrow \frac{\partial E}{\partial w_3} = \frac{\partial h_2}{\partial w_3}\frac{\partial E}{\partial h_2} = i_1\frac{\partial E}{\partial h_2} \Rightarrow h_{2b}$$

$$w_{4b} \Leftarrow \frac{\partial E}{\partial w_4} = \frac{\partial h_2}{\partial w_4}\frac{\partial E}{\partial h_2} = i_2\frac{\partial E}{\partial h_2} \Rightarrow h_{2b}$$

$$b_{1b} \Leftarrow \frac{\partial E}{\partial b_1} = \frac{\partial h_1}{\partial b_1}\frac{\partial E}{\partial h_1} = 1\frac{\partial E}{\partial h_1} \Rightarrow h_{1b}$$

$$b_{1b} \Leftarrow \frac{\partial E}{\partial b_2} = \frac{\partial h_2}{\partial b_2}\frac{\partial E}{\partial h_2} = 1\frac{\partial E}{\partial h_2} \Rightarrow h_{2b}$$

$$h_{1b} \Leftarrow \frac{\partial E}{\partial h_1} = \frac{\partial o_1}{\partial h_1}\frac{\partial E}{\partial o_1} + \frac{\partial o_2}{\partial h_1}\frac{\partial E}{\partial o_2} = w_5\frac{\partial E}{\partial o_1} + w_7\frac{\partial E}{\partial o_2} \Rightarrow o_{1b}\ o_{2b}$$

$$h_{2b} \Leftarrow \frac{\partial E}{\partial h_2} = \frac{\partial o_1}{\partial h_2}\frac{\partial E}{\partial o_1} + \frac{\partial o_2}{\partial h_2}\frac{\partial E}{\partial o_2} = w_6\frac{\partial E}{\partial o_1} + w_8\frac{\partial E}{\partial o_2} \Rightarrow o_{1b}\ o_{2b}$$

$$w_{5b} \Leftarrow \frac{\partial E}{\partial w_5} = \frac{\partial o_1}{\partial w_5}\frac{\partial E}{\partial o_1} = h_1\frac{\partial E}{\partial o_1} \Rightarrow o_{1b}$$

$$w_{6b} \Leftarrow \frac{\partial E}{\partial w_6} = \frac{\partial o_1}{\partial w_6}\frac{\partial E}{\partial o_1} = h_2\frac{\partial E}{\partial o_1} \Rightarrow o_{1b}$$

$$w_{7b} \Leftarrow \frac{\partial E}{\partial w_7} = \frac{\partial o_2}{\partial w_7}\frac{\partial E}{\partial o_2} = h_1\frac{\partial E}{\partial o_2} \Rightarrow o_{2b}$$

$$w_{8b} \Leftarrow \frac{\partial E}{\partial w_8} = \frac{\partial o_2}{\partial w_8}\frac{\partial E}{\partial o_2} = h_2\frac{\partial E}{\partial o_2} \Rightarrow o_{2b}$$

$$b_{3b} \Leftarrow \frac{\partial E}{\partial b_3} = \frac{\partial o_1}{\partial b_1}\frac{\partial E}{\partial o_1} = 1\frac{\partial E}{\partial o_1} \Rightarrow o_{1b}$$

$$b_{4b} \Leftarrow \frac{\partial E}{\partial b_4} = \frac{\partial o_2}{\partial b_2}\frac{\partial E}{\partial o_2} = 1\frac{\partial E}{\partial o_2} \Rightarrow o_{2b}$$

4 수식을 정리합니다.

$$i_{1b} = w_1 h_{1b} + w_3 h_{2b} \qquad h_{1b} = w_5 o_{1b} + w_7 o_{2b}$$
$$i_{2b} = w_2 h_{1b} + w_4 h_{2b} \qquad h_{2b} = w_6 o_{1b} + w_8 o_{2b}$$
$$w_{1b} = i_1 h_{1b} \qquad\qquad w_{5b} = h_1 o_{1b}$$
$$w_{2b} = i_2 h_{1b} \qquad\qquad w_{6b} = h_2 o_{1b}$$
$$w_{3b} = i_1 h_{2b} \qquad\qquad w_{7b} = h_1 o_{2b}$$
$$w_{4b} = i_2 h_{2b} \qquad\qquad w_{8b} = h_2 o_{2b}$$
$$b_{1b} = 1 h_{1b} \qquad\qquad b_{3b} = 1 o_{1b}$$
$$b_{2b} = 1 h_{2b} \qquad\qquad b_{4b} = 1 o_{2b}$$

추천 도서

파이썬 인공지능 입문+실전(종합편)

파이썬+넘파이+텐서플로우로 인공지능 딥러닝
직접 구현하기

서민우 저 | 23,000원

아두이노로 코딩하며 배우는 딥러닝

머신러닝과 딥러닝 원리와 모델을 78개 아두이노 예
제로 직접 구현

서민우 저 | 20,000원

한 권으로 끝내는
아두이노 입문+실전(종합편)
기초부터 수준 높은 프로젝트까지

서민우, 박준원 공저 | 20,000원

진짜 코딩하며 배우는 파이썬

바리스타 프로그램 만들기

서민우, 박준원 공저 | 17,700원